张帆 著

# 中国古代简史（插图本）

An Illustrated Brief History of China until 1840

**图书在版编目(CIP)数据**

中国古代简史:插图本/张帆著.—北京:北京大学出版社,2007.8
(图史系列)
ISBN 978-7-301-12547-2

Ⅰ.中… Ⅱ.张… Ⅲ.中国—古代史—高等学校—教材 Ⅳ.K22

中国版本图书馆 CIP 数据核字(2007)第 109115 号

| | |
|---|---|
| 书　　　名 | 中国古代简史(插图本) |
| | ZHONGGUO GUDAI JIANSHI(CHATU BEN) |
| 著作责任者 | 张　帆　著 |
| 责 任 编 辑 | 刘　方 |
| 标 准 书 号 | ISBN 978-7-301-12547-2 |
| 出 版 发 行 | 北京大学出版社 |
| 地　　　址 | 北京市海淀区成府路 205 号　100871 |
| 网　　　址 | http://www.pup.cn　　新浪微博:@北京大学出版社 |
| 电 子 邮 箱 | 编辑部 wsz@pup.cn　　总编室 zpup@pup.cn |
| 电　　　话 | 邮购部 010-62752015　　发行部 010-62750672 |
| | 编辑部 010-62767315 |
| 印 　刷　者 | 北京中科印刷有限公司 |
| 经 　销　者 | 新华书店 |
| | 787 毫米×1092 毫米　16 开本　23.5 印张　390 千字 |
| | 2007 年 8 月第 1 版　2024 年 5 月第 16 次印刷 |
| 定　　　价 | 88.00 元 |

未经许可,不得以任何方式复制或抄袭本书之部分或全部内容。
**版权所有,侵权必究**
举报电话: 010-62752024　电子邮箱: fd@pup.cn
图书如有印装质量问题,请与出版部联系,电话: 010-62756370

# 目录

## 第一章　早期华夏文明的形成 /1

### 一　史前考古发现与古史传说 /2
史前考古发现：旧石器时代　史前考古发现：新石器时代
古史传说

### 二　早期国家：夏与商 /8
夏朝的有关记载　对夏文化的探索　商朝的兴衰

### 三　商朝甲骨文与青铜文化 /12
殷墟甲骨文　商朝青铜文化

## 第二章　西周与春秋 /17

### 一　西周的兴亡 /18
周朝统治的确立：周灭商与周公摄政　西周的盛世及其衰亡

### 二　周朝典制 /21
井田制　宗法制　国野制　礼乐文化

### 三　春秋历史概况 /26
王权衰微与大国争霸　华夷之争　社会状况的变化
孔子及其思想

第三章　战国时期的社会变动 /35

一　政治形势的变化：割据、兼并、统一 /36

战国七雄的形成和"战"的特点　七国兴衰与秦的统一

二　各国变法运动 /40

各国变法概况　商鞅变法　官僚制的建立

三　士阶层的崛起与百家争鸣 /44

战国的士阶层　百家争鸣　周朝其他文化成果

第四章　统一君主专制帝国的出现：秦 /53

一　法家思想与秦的立国 /54

前期法家及商鞅学派　吕不韦调整治国方针的尝试

韩非法、术、势并重的政治思想

二　巩固统一的各项措施 /57

君主集权的官僚制统治　整齐制度　其他措施

三　秦的暴政和速亡 /63

秦朝的暴政　秦朝的覆亡与楚汉之争

第五章　西汉前、中期政治：从黄老无为到"霸王道杂之" /69

一　黄老无为思想与西汉前期政治 /70

无为而治方针的确立　文景之治

二　汉武帝的功业 /73

加强集权　开拓边疆　垄断财利、统制经济

武帝晚年的政策转变与"昭宣中兴"

三　独尊儒术与"霸王道杂之" /80

罢黜百家、独尊儒术　"霸王道杂之"的统治特征

第六章　王莽改制与东汉兴衰 /85

一　王莽改制 /86

王莽篡位的历史背景　改制及其失败

二　东汉政治述略 /90

东汉的建立及初期统治　外戚、宦官的交替专权　清议与党锢

东汉的边疆形势

第七章　政治分裂的魏晋南北朝（上）/99

一　三国鼎立 /100

三国鼎立局面的形成　曹魏政治概况　蜀与吴

二　西晋的短暂统一 /107

统一局面下的危机　八王之乱与永嘉之乱

三　东晋的偏安之局 /110

士族当权与东晋统治集团的内争　侨寓流民与东晋的军事形势

第八章　政治分裂的魏晋南北朝（下）/115

一　十六国的割据 /116

从西晋灭亡到前秦统一　北方的再分裂与北魏的统一

二　北朝概况 /120

北魏前期统治　魏孝文帝改革与六镇起事

从东、西魏对峙到北周灭齐

三　南朝概况 /129

宋与齐　梁与陈

第九章　两汉魏晋南北朝时期的经济、社会与文化 /133

一　两汉魏晋南北朝时期的经济与社会 /134

农业与手工业　商品经济与自然经济的消长　赋役与户籍

人身依附关系门阀士族的兴衰

二　两汉魏晋南北朝时期的文化 /141

经学与玄学　佛、道二教的传播　史学与文学　艺术与科技

第十章　隋朝与唐前期的鼎盛局面 /151

一　隋朝的兴亡 /152

隋朝的建立和统一　隋朝灭亡与唐朝的建立

二　从贞观之治到开元盛世 /155

贞观之治　武则天的崛起与武周政权　开元盛世

三　隋唐制度 /162

均田制与租庸调制　征兵制　三省六部制　科举、铨选与考课

律令格式

第十一章　割据倾向的再现：从安史之乱到五代十国 /169
　　一　**安史之乱与藩镇割据** /170
　　　　安史之乱　藩镇割据
　　二　**安史乱后的唐朝中央** /173
　　　　财政经济改革　元和中兴　宦官专权与牛李党争　边疆形势
　　　　唐朝的对外关系
　　三　**五代十国** /180
　　　　唐朝的覆亡　五代的更迭　十国概况　后周时的统一趋势

第十二章　北宋变法 /187
　　一　**宋初"防弊"之政及其新弊** /188
　　　　防弊之政的制定　积贫积弱局面　因循苟且与"异论相搅"之风
　　　　庆历新政及其失败
　　二　**王安石变法** /194
　　　　变法的经过和内容　变法的效果和评价　变法余波：北宋晚期党争
　　　　宋朝的文官政治

第十三章　两宋与辽、夏、金、蒙的对峙 /203
　　一　**辽、西夏的统治及其与北宋的关系** /204
　　　　辽朝统治概况　北宋与辽的关系　西夏建国及其与北宋的和战
　　二　**南宋与金朝、蒙古的对峙** /212
　　　　宋、金南北对峙局面的形成　南北对峙局面形成后的宋、金（蒙）关系
　　　　南宋的内政

第十四章　金朝与大蒙古国 /219
　　一　**金朝历史概况** /220
　　　　金朝建立与疆域的奠定　从宗室共治到皇权独尊　金朝的鼎盛与衰亡
　　二　**大蒙古国** /225
　　　　蒙古的崛起与建国　蒙古的对外征服战争
　　　　大蒙古国的内政及其对汉地的统治

第十五章　元朝百年统治 /233
　　一　**元朝的建立与统一** /234

从大蒙古国到元王朝　大一统的重建

　　二　**汉化迟滞与元朝的早衰** /238

　　　　忽必烈时期治国方针的变化　元朝中后期的政治
　　　　汉化迟滞的若干具体表现

　　三　**元朝的民族关系与对外关系** /245

　　　　元朝的民族关系　元朝的对外关系

第十六章　隋唐宋元时期的经济、社会与文化 /251

　　一　**隋唐宋元时期的经济与社会** /252

　　　　农业与手工业　商业与城市　赋役与户籍　经济重心的南移
　　　　租佃制及其他人身依附关系　统治集团身份色彩的变动

　　二　**隋唐宋元时期的文化** /262

　　　　从经学到理学　宗教　史学与文学　艺术与科技

第十七章　朱元璋与明初政治 /273

　　一　**明朝的建立及开国制度** /274

　　　　明朝的建立与统一　官制的变化　卫所制度　学校与科举

　　二　**洪武时期的重典统治** /280

　　　　四起大案　大明律与大诰　强化社会控制　特务政治与文化专制

　　三　**从靖难之役到仁宣之治** /285

　　　　诸王分封与靖难之役　永乐政局与仁宣之治

第十八章　明朝中后期政治述略 /289

　　一　**皇位继承与"家天下"的皇权** /290

　　　　中后期的皇位继承　皇权的行使与"家天下"特征

　　二　**内阁与宦官** /294

　　　　内阁政治　宦官专权

　　三　**士大夫集团与党争** /298

　　　　明朝士大夫集团的政治品格　党争概况：从大礼议到东林党议

第十九章　明朝边疆局势与清朝的兴起 /305

　　一　**"南倭北虏"及其他问题** /307

　　　　明初边疆形势及对外政策　北部边防的压力　倭患与明后期沿海形势

　　　　　西北与西南边疆
　　二　**满族的崛起** /313
　　　　　明朝东北局势与后金的建国　后金（清）对明战争及其势力的发展
　　三　**清朝的统一** /317
　　　　　农民起义与明朝的灭亡　清兵入关　清朝统治的确立

第二十章　康乾盛世及其余波 /323
　　一　**君主集权的巅峰** /324
　　　　　大权独揽、勤于政事的清朝皇帝　储位争夺与秘密立储制
　　　　　奏折制度与军机处　督抚制度的固定　文字狱与文化专制
　　二　**文治与武功** /331
　　　　　发展生产的措施　笼络士人与开局修书　巩固国家疆域的斗争
　　　　　因地制宜的民族统治政策
　　三　**盛世的危机** /337
　　　　　人口压力　吏治腐败　秘密宗教会社与反清起义
　　　　　外部环境的潜在威胁　八旗与绿营

第二十一章　明清时期的经济、社会与文化 /345
　　一　**明清时期的经济与社会** /346
　　　　　农业与手工业　商品经济的繁荣　赋役与户籍　土地关系与依附关系
　　　　　乡绅阶层与宗族制
　　二　**明清时期的文化** /356
　　　　　学术思潮的演变　史学与文学　艺术与科技　西学东渐

后记 /367

# 第一章 早期华夏文明的形成

中华文明是世界上最古老的文明之一。对于其初始阶段，我们通常又以汉族前身华夏族的名称，称之为华夏文明。一般认为：早期华夏文明是在中国古代第一个王朝夏朝时形成的。广义上，通常也将随后的商朝一并归入早期华夏文明的形成时期。在华夏文明形成之前，则是漫长的史前史时期。

# 一 史前考古发现与古史传说

宏观上说,到目前为止的人类历史可划分为两大阶段,即有确切文字记载的人类历史和有确切文字记载以前的人类历史,后者也就是学者习称的"史前史"。虽然有确切文字记载的人类历史是历史学研究的基本对象,但就时间跨度而言,它却远远短于上百万年的"史前史"。对史前史的研究,主要依赖考古学和古人类学材料。后世文献所载有关传说资料,在经过科学分析后,也有重要的参考价值。

## 史前考古发现:旧石器时代

世界上最早的人类出现于距今300万至200万年前。考古学家从研究人类最初的生产工具石器入手,将漫长的人类史前史历程划分为旧石器时代和新石器时代。旧石器时代使用打制石器,其加工比较粗糙;新石器时代则使用磨制石器,制造更为精细。旧石器时代占据了史前史的绝大部分时段。迄今为止,中国境内已知的旧石器时代文化遗迹达到300余处,大部分省份皆有发现。通过对这些文化遗迹的研究,大致可以排出自100余万年前到1万年前在中国土地上人类祖先发展、演变的线索。

旧石器早期的人类,体质上仍保留了不少古猿的特征,人类学家称之为猿人。目前在中国大地上发现的猿人遗存,主要有元谋人、蓝田人和北京人。元谋人于1965年在云南省元谋县发现,其化石只有两颗牙齿,是一位青年男性的左右上内侧门齿,其生活年代距今约170万年,是已知中国境内最早的原始人类。蓝田人距今约80万到60万年,发现于陕西省蓝田县,其化石包括下颌骨、头盖骨各一具以及若干牙齿,分别属于两个不同时期的人类个体。在元谋人、蓝田人的遗址,都发现了同时期的打制石器和用火遗迹。

北京人是迄今国内所发现材料最丰富、最重要的猿人化石。通过自20世纪20年代以来的长期发掘,在北京市房山县(今房山区)周口店龙骨山出土了大量猿人骨骼化石,分属于距今70万到20万年之间40多个人类个体的不同部位。北京人头盖骨低平,头骨较厚,脑容量大约相当于现代人的80%,平均身高也较矮,但四肢尤其是上肢已与现代人相当接近。在北京人所居洞穴中发现的石器多达10万件，包括砍斫器、刮削器、尖状器等，从早期到晚期有明显变化，打制技术逐步提高。洞穴中还有厚达6米的灰烬积层，表明北京人不仅懂得用火，而且还能保存火种。

旧石器中期的人类在体质上已脱离了猿人阶段，但仍与现代人有一定区别，人类学家称之为早期智人，或称古人。目前国内发现的古人化石主要有马坝人（发现于广东省曲江县马坝镇）、长阳人（发现于湖北省长阳县）、丁村人（发现于山西省襄汾县丁村）、许家窑人（发现于山西省阳高县许家窑）等，其遗址年代约在距今20万到10万年之间。古人的石器打制技术更加进步，形制更加精巧，类型也更为丰富。

图1-1 北京人复原头像

大约自距今5万年前起，人类体质形态的原始性基本消失，已与现代人大体相同。人类学家称此时的人为晚期智人，或称新人。新人的物质文化已进入旧石器晚期。国内已发现的新人化石主要有河套人（发现于内蒙古自治区乌审旗等地）、峙峪人（发现于山西朔州市峙峪村）、柳江人（发现于广西壮族自治区柳江县）、山顶洞人等，其中以山顶洞人最具代表性。山顶洞人是在北京猿人故居周口店龙骨山的山顶洞穴当中发现的，距今约3万年，化石至少属于8个人类个体，他们的体质形态已明显地表现出黄种人的特征。这一时期的石器比旧石器中期更加精细，形状对称、均匀，刃部锋利，小型石器较多。用于装饰的钻孔石珠，说明当时的人已经具有原始的审美观念，石箭镞则表明他们已开始使用弓箭。另外，在山顶洞人遗址还发现了磨制骨针和燧石，反映出已经掌握了缝纫技术和人工取火的方法。

在旧石器时代的绝大部分时间里，人类的社会组织形态都处于原始群阶

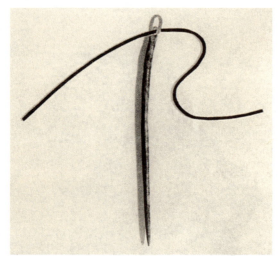

图1-2 山顶洞人的骨针

段。他们以血缘为纽带形成一个个群体，群体内部过着群婚、乱婚的生活，一个原始群就是一个血缘大家族。其中只有母子关系是明确的，父子关系尚不存在。原始群不断发展，逐渐形成原始公社（或称血缘家族公社）。此时人类婚姻形态有了初步的禁约，只允许同辈的男女发生婚姻关系，民族学家称为"班辈婚"。到旧石器时代晚期，中国先民逐步进入氏族公社阶段。他们在婚姻上排除了本族兄弟姊妹之间的通婚关系，由班辈婚过渡到族外婚。族外婚的确立表明氏族公社的产生，但氏族公社真正的繁荣则是在考古学上的新石器时代。

## 史前考古发现：新石器时代

中国境内的新石器时代遗迹已发现1万余处。新石器早期文化遗迹的代表有湖南道县玉蟾岩遗址、江西万年仙人洞遗址、河北徐水南庄头遗址，距今皆在1万年左右。稍后又有距今8000至7000年的磁山文化（发现于河北省武安市磁山）和裴李岗文化（发现于河南省新郑市裴李岗）。上述文化遗址发现了农作物遗迹，并有农业生产工具出土，表明其成员的生活方式已由狩猎、采集发展到早期农业。新石器中晚期文化遗迹数目更加繁多，遍布全国。由于各地地理环境、气候的差异，它们呈现出不同的考古学文化面貌和特色。北方地区的新石器中晚期文化积累年代久，内涵丰富，分布较为密集，共同构成了华夏文明前身的主干部分。其主要代表则是新石器中期的仰韶文化、红山文化和晚期的龙山文化。

仰韶文化最初于1921年在河南省渑池县仰韶村发现。以后数十年间，中原地区所发现类型相近的众多文化遗址皆以仰韶文化命名。它们的年代范围大约在距今7000至5000年之间，其农业、畜牧业都已有相当程度的发展，制陶业则以表面有彩绘的彩陶最著名。西安市东郊的半坡遗址是保存最为完整的仰韶文化村落。红山文化因 1935 年在内蒙古赤峰市红山后遗址最初发现而得名，同类型文化主要分布于内蒙古东南部、辽宁西部和河北北部，距今 5000 年左右。其中出土了很多精致的玉礼器，还发现了包括祭坛和女神庙在内的大型祭祀建筑遗址。龙山文化于 1928 年在山东省章丘县龙山镇首次发现，后来在黄河中下游发现了许多同类型文化遗址，其年代大约距今 5000 到 4000 年。龙山文化的磨制石器比仰韶文化更加精致，出现了一些新型农具，家畜种类更多。陶器以一种黑色、陶胎极薄的"蛋壳陶"为主要特征，还出土了较多的玉器。

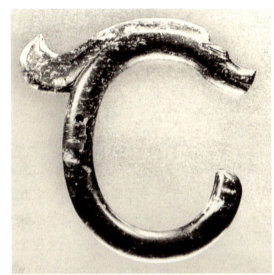
图 1-3 红山文化玉龙

其他地区的新石器中晚期文化遗址也都各有特色。例如黄河上游的齐家文化（首先发现于甘肃省广河县齐家坪）已出现铜器，长江下游的良渚文化（首先发现于浙江省杭州市余杭区良渚）发现了祭坛和以琮为中心的系列玉质礼器，横亘北方的草原新石器文化则以细小的打制、压制石器为主要特征。中国大地上的各处新石器文化区域，既有自身特点，又互有影响，在中华文明的演生过程中都发挥了重要作用。中华文明是多起源而并非单一起源的文明。

图 1-4 龙山文化蛋壳陶

新石器时代的人类社会组织形态为氏族公社，其基本特征是外婚制。最初的外婚制为族外群婚，不同氏族间的同辈男女互为婚姻，夫妻并不固定。在这种情况下，子女的父亲不能确认，只能随生母一同生活，世袭也按母系计算，氏族以最年长的妇女为首领，财产公有。这样的社会形态称为母系氏族社会。仰韶文化即处于母系氏族公社阶段。随着生产和分工的发展，男子在社会生活中的地位逐渐提高。剩余产品的增加使私有制开始萌芽，男子要求有确认的子女来继承自己的产品、财产。在这样的背景下，婚姻形态由起初的族外群婚，经确定主要配偶的对偶婚，向一夫一妻制过渡。母系氏族社会也因而演变为父系氏族社会。在这一新的社会形态下，家族按父系计算世系，妻子到男方居住，家庭财产由父子递相继承。龙山文化已进入父系氏族公社阶段。

氏族公社的进一步组合形成部落，若干部落又结成部落联盟，以联盟议事会为最高权力机构，并推选出军事首长。私有制的产生和发展带来了社会组织的变动，在上层，联盟首长由推选逐渐变为世袭；在基层，以血缘为纽带的氏族公社也一步步向以地缘为纽带的农村公社过渡。至此，中国先民已经看到了文明的曙光。对于这一历史性变化，古史传说中存在着丰富的资料。

## 古史传说

史前时期尚无文字，不可能有同时代的记载，有关历史内容只能依靠口头相传。随着时代发展，这些传说不可避免地夹杂了大量离奇玄怪的成分，但仍能间接地折射出一些特定时期的历史事实。大部分古史传说最初往往只是表述某氏族起源及祖先情况的神话故事，经后世一代代文献记载，由简朴渐趋复杂，不同来源的人物、事迹逐步糅合成为一个体系。

中国史前史传说的核心人物是三皇五帝，他们被视为中华民族的祖先和中国最早的统治者。"三皇""五帝"究竟指哪几个人，文献记载颇有歧异。三皇的时代更早，有关传说出现较晚，其歧异也更为复杂。曾被列入"三皇"的主要人物，包括教人结网驯服鸟兽的伏羲氏，教人构木为居的有巢氏，教人钻燧取火的燧人氏，教人播种五谷的神农氏，以及身为女性、曾经补天造人的女娲氏。三皇传说名目不一，其形象神人混杂，但仍然隐约地反映了中国早期人类逐步积累生存经验的历史进程。

五帝的时代晚于三皇，其传说故事，主要反映了父系氏族公社部落联盟鼎盛、解体时期的历史内容。五帝的名号也有多种说法，通常根据《史记》所载，以黄帝、颛顼、帝喾、尧、舜五人为五帝。其中，又以黄帝的传说影响最大。黄帝据称姓姬，名轩辕，起初可能是父系氏族公社时期黄河上游、今陕西一带的一位部落首领。相传他与另一位部落首领炎帝（姜姓）结成联盟，并在争夺部落联盟首领位置的斗争中击败了炎帝。在华夏族形成后，炎、黄部落联盟即

图1-5 汉代石刻黄帝像

被认作它的前身,因此炎、黄特别是黄帝,在后世一致被视为华夏族和汉族的始祖,享有崇高的地位。黄帝曾击败东夷部落首领蚩尤和北方民族荤粥,将势力扩展到黄河中游和华北地区。大量文献传说都提到黄帝时期有诸多物质、精神诸方面的发明创造,从侧面反映出这一时期在华夏文明形成过程中的重要地位。

关于颛顼和帝喾,材料较少。到尧、舜时代,已处于父系氏族公社末期,材料相对丰富。据载尧为陶唐氏,舜为有虞氏,故二人又称为唐尧、虞舜。尧、舜最为人称道的是他们的"禅让"事迹。尧虽有子丹朱,却不把联盟首领之位传子,而是在民间选择继承人。舜因德行杰出受到推举,摄行政务。在长期考察之后，尧终将首长之位禅让给舜。舜到晚年也同样禅位给治水有功的禹。尧、舜这种"公天下"、不私其子的做法备受后人称颂，其实只反映了父系氏族公社时期部落联盟内军事民主制的政治特点。另一方面，尧、舜的时代同时也是原始部落联盟解体和私有制发展的重要阶段。到禹担任首长时，就破坏了禅让传统，最终传位给自己的儿子启，中国古代第一个世袭王朝由此产生。它同时标志着原始部落联盟向早期国家的转变。

五帝传说的地域范围以中原为中心，它曲折地表现出华夏族形成过程中的一些历史线索。传说中涉及的中国上古部族，除起源于西北的华夏集团外，主要还有东方、东北的东夷集团和南方的苗蛮集团。以炎黄联盟为代表的华夏集团逐渐东迁，与东夷发生冲突并将后者打败。尧、舜时期，华夏集团的主要对手是苗蛮集团，传说材料称为三苗。此期东夷集团中的一部分已经加入中原的华夏部落联盟。舜在较早的传说材料中主要活动于黄河下游地区，他很可能就是以东夷某部落酋长身份成为华夏部落联盟首长的。华夏族的形成是一个由最初的核心部族集团逐渐融汇周围其他部族的进程，这一进程在五帝之后很长的历史时期内仍然不断延续。

## 二　早期国家：夏与商

夏与商是中国古代最早的两个世袭王朝。夏朝的有关材料仅出于文献追述，一定程度上还带有传说性质，但夏朝的存在大体仍是可以肯定的。商朝的记载则已经得到地下材料的印证。夏、商时期，国家已经产生，私有制也基本确立，中国历史进入了文明时代。

### 夏朝的有关记载

夏朝的创始者是禹。据载禹姓姒，号有夏氏，以他为代表的夏部族最初活动于黄土高原地区。禹的父亲鲧在尧时因治水失败被处死，禹接替父职，改用疏导之法，辛勤工作十余年，终获成功。他本人的威望因此大大提高，后来接受了舜的禅位。禹到晚年破坏了禅让制度，将联盟首长之位传给自己的儿子启。这一转变受到传统势力的抵制，东夷偃姓集团首领伯益和西方的同姓部落有扈氏都起兵反抗。启将他们消灭后，"家天下"的夏王朝始得以巩固。儒家经书《礼记》"礼运"篇称此前为"大同"之世，此后为"小康"之世。由"大同"向"小康"的转变，实际上也就是由公有制社会向私有制社会的转变，由军事民主选举制向君主世袭制的转变。这是一个历史性的巨大变化。

根据古书记载，夏朝已有刑法和赋税制度，还出现了官吏、军队等权力要素。夏的君主向万民发号施令，拥有生杀予夺的统治权力。这些情况都是国家已经形成的重要标志。不过夏朝的国家组织还处于比较原始的阶段，传统的父系血缘集团"氏"仍然比较普遍地存在。因为经济不发达，夏人频繁换土易居，曾在河南西部、山西南部一带多次迁徙，故而文献中所载夏朝都邑地望不一。夏朝的疆域也很不稳定，大致以中原为中心，对四邻部族实施羁縻统治，盛时统治范围所达颇远。

史载夏朝君主自禹算起，共有14世、17任，但具体年代不能完全确定。大致夏朝约在公元前2070年建立，至公元前1600年前后灭亡，历时约470年。十七君名号均存，而事迹较为简略。夏朝前期曾一度为东夷所灭。时第三代国君太康在位，荒淫不理政务，其兄弟五人争位，削弱了统治力量。东夷有穷氏首领羿乘机起兵攻入夏都，夺取了王位。后来太康之孙少康重新积聚力量，夺回王位，史称"少康中兴"。少康之子杼即位后，继续整顿武备，东向用兵，东夷诸部族皆臣服于夏，夏朝进入盛世。到第十四代君主孔甲时，统治危机渐趋严重。又三传至桀，统治尤为暴虐。此时夏朝已不能控御四邻诸部族，东夷的商部族日益强大，对夏构成严重威胁。最终商的首领汤率众伐夏，桀战败逃走，死于南巢（今安徽巢湖市东北），夏朝遂亡。

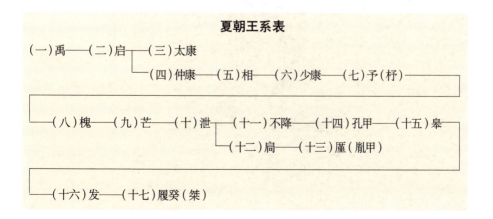

## 对夏文化的探索

到目前为止,考古学家已发现一些能与古文献所载夏朝地域、年代大致对应的考古遗迹、遗物,在探索夏文化问题上取得了一定的进展。

根据古籍所载,夏朝统治的中心地域在今天河南省西部和山西省南部一带,寻找夏文化的工作主要也在上述地区进行。首先是上述地区的龙山文化中晚期遗址,有一些可能与初期夏文化有关。其中比较著名的是河南登封市告成镇的王城岗遗址。70年代后期,考古学家在这里发掘出两座东西并列的小城堡基址,其文化类型属于龙山文化中晚期。测定其年代约为公元前2050年,约相当于夏朝早期。在地理位置上,它又与古籍中所说"禹都阳城"的地望基本吻合。城墙和城内房屋均系夯土建筑,还发现了窖穴、城门和填埋有殉人的奠基坑遗迹。很多学者认为这里即使不是夏初都城,至少也是当时的一个重要聚落。在山西南部襄汾县东北的陶寺,发现了房屋遗址和大规模的墓地,一些学者认为这里就是文献中提到的夏朝都城之一"夏墟"。

与夏文化更为接近的考古学文化是二里头文化。它的典型遗址位于河南偃师市二里头,发现于1959年,另外相同文化类型的遗址在豫西、晋南又有多处发现。二里头文化晚于河南龙山文化,又早于同地区的先商文化,在年代上大体处于夏朝纪年之内,极有可能为夏文化遗存。二里头文化最值得注意的是发现了宫殿遗址,包括夯土台基、殿堂、廊庑、庭院、殿门等配套建筑,还有用于排水的管道。台基面积约10000平方米,高近1米。这样大型的宫殿建筑,应当是王权的象征。宫殿周围还发现了陶器、骨器等作坊遗迹,特别是铜器、铜渣、坩埚碎片的出土,表明此时已开始进入青铜时代。墓葬中有很多玉器,制作工艺相当精美。陶器中占比例最大的是酒器,为前所罕见,说明粮食产量有很大增加。此外,还发现了一些深坑,据推测是水井遗址。综合来看,偃师

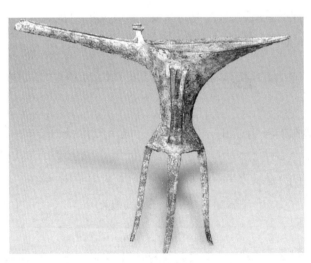

图1-6 二里头出土青铜乳钉纹爵

二里头文化出现了不少新的内涵,很可能反映了夏朝的经济、文化发展水平。另外,在山西夏县东下冯村发现了与偃师二里头面貌、年代相近的古文化遗址,考古学家命名为二里头文化东下冯类型,可能也是夏文化遗存之一。

## 商朝的兴衰

商朝是继夏朝之后的中国古代第二个王朝。在建立王朝以前,商部族长期活动于黄河下游、华北北部,就地理位置而言属于东夷集团。传说有娀氏之女简狄吞玄鸟(燕子)之卵而生契,契即为商之始祖。这表明商部族在契之前处于母系氏族社会,至契始进入父系氏族社会,玄鸟则是部族的图腾。文献记载契曾因协助禹治水有功,被舜任命为司徒,以子为姓,反映出商部族可能很早就加入了中原的华夏部落联盟。在夏朝鼎盛时期,商是夏在东方的羁縻邦国,但并不受夏的直接统治。自契传14世至汤,正值桀为夏君,政苛民怨,商部族乘机崛兴,灭掉夏的很多附属邦国,力量迅速壮大。最后经鸣条之役,夏桀败亡,商取代夏成为新的中原王朝。商朝约于公元前1600年建立,约公元前1046年灭亡,历时约550年。其君主自汤算起,前后共17世、30任。

商人的统治中心多次迁徙。史载从商始祖契至汤共八次迁都,此后直到第19任商王盘庚又五次迁都。而从盘庚迁都到殷,直至商代灭亡,近300年,都城未再迁徙。盘庚以前都城屡迁的原因今天已不很清楚,可能是粗耕农业导致的换土易居行为,也可能与解决贵族内部矛盾或民族矛盾有关。盘庚所迁之殷,后世称为"殷墟",已为考古学家在河南安阳小屯村发现,商朝的存在也因此得到了确切的证实。由于商后期以殷为都,故后人又将商朝称为殷。

商朝的疆土分为内服和外服。内服指王畿、商王直接统辖之地,主要包括今河南北部、河北南部和山东西部,由商王任命官员进行管理。外服指王畿外围的臣属地区,散布着许多臣服于商的部落、部族,其中较大者被称为"方",今天亦称方国。这些部族、方国首领要为商王承担一定的义务,被赐予侯、伯等称号,但只是间接地受商统治,隶属关系并不稳固。外服方国经济多较商落后,故而也不时进入王畿抢掠。终商一代,与方国的战争十分频繁。盘庚迁殷以后,商的统治比以前更加稳定,因而得以积聚力量,对周边方国发起主动进攻。第22任商王武丁在位期间,对西北和北面的䈝方、土方、鬼方等方国作战,平服了上述地区,还曾战胜西面的羌方和南面的虎方。他在位的50余年,是商王朝最强盛的时期，疆域西到陕西西部，南到湖北、湖南之界，北到河北北部，东到海滨，成为世界上的文明大国。

武丁以后，商的统治已呈衰象。后期诸王继续对周边方国发动战争，也使国力渐趋削弱。最后一任国王帝辛尤以淫暴著称。帝辛名受，亦作纣，后世多称之为纣王，是上古与夏桀齐名的暴君。进谏的大臣被他或杀或逐，人心离散。西方的周部族此时已经相当强大，大批过去服属于商的小国转而归顺于周。纣王在位后期，出现了三分天下周人有其二的局面，商亡之势已成。

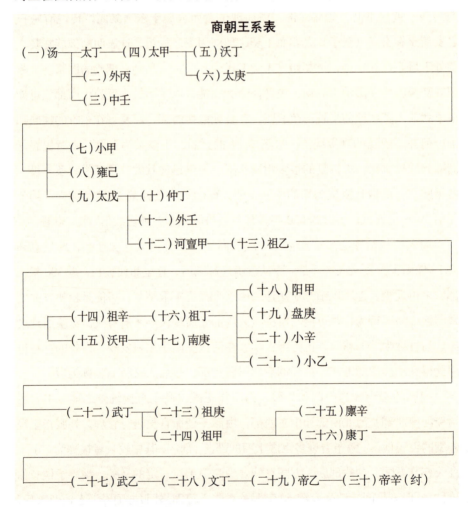

## 三　商朝甲骨文与青铜文化

商朝是中国古代第一个能够得到考古资料确切证实的王朝。通过有关发掘实物来看,在商朝,早期华夏文明已经发展到相当高的程度。其主要代表,就是甲骨文和青铜文化。

## 殷墟甲骨文

确切证实商代存在的考古资料首先就是殷墟甲骨文,它是在19世纪末被发现的。当时河南安阳西北小屯村农民将偶尔拾得的龟甲、兽骨当做中药材出售,有学者辨认出上面有古文字,遂开始大力寻访。不久古文字学家确定其为商朝文字,继而断定小屯村即是古书中提到的殷商都城遗址殷墟。自1928年起,考古学家大规模有计划地对殷墟进行了多次发掘,迄今已发现了大片的墓葬、祭祀坑、建筑基址,出土刻字甲骨约15万片,以及大量的殷商器物。甲骨文和殷墟重现于世,极大地推动了商史和中国上古史的研究。

甲骨文是商朝后期统治者因占卜记事而刻在龟甲、兽骨上的文字。商人以迷信著称,对上帝和祖先极度崇拜,祭祀盛大而频繁。与此相联系,盛行占卜,大小事几乎无不求神问卜,甲骨就是他们的主要占卜用

图1-7 甲骨文

具。占卜时先将甲骨刮削整治,然后在背面钻孔凿槽,用火灼烧,然后卜者根据正面出现裂纹的密度、方向判断吉凶行止。占卜完毕,将经过概括地写成卜辞,刻在甲骨上备查,即成甲骨文。卜辞内容一般包括日期、占卜者、所占之事、占卜结果等要素。综合现已发现的卜辞资料来看,甲骨文已经是一种十分发达和成熟的文字。可以判断它并不是最早的汉字,在此前应当有更早期的文字,只是尚未发现而已。

单篇的甲骨卜辞通常都很简短,几字到几十字不等,但内容所涉范围很广,包括商朝后期祭祀、征伐、田猎、农耕、畜牧、社会生活、思想文化等许多方面的问题。例如对商人的农事活动有大量记载,几乎包括与农业有关的各个方面,反映出农业已成为当时社会生产的主要部门。卜辞中所见农作物有黍、稷、粟、麦、稻等许多品种。根据文字字型来推测,卜辞中可能还反映出施肥、贮藏粮食、酿酒、园艺培植、种桑、养蚕等方面的内容。关于畜牧业,后世所谓"六畜",即马、牛、羊、豕、鸡、犬,在卜辞中都有反映,同时还有大量狩猎、捕鱼的记载。一些卜辞提到日食、月食和若干星辰名,对气候变化的记录也比较细致。历法上普遍使用干支记日,分一年为十二月,同时使用闰月来调整一年的天数。

甲骨文对我们理解商朝的社会结构有很大帮助。商王为最高统治者,自称"余一人"。贵族集团的主体是与商王血缘关系较近的宗族,包括"王族""子族""多子族"等。农业劳动的主要承担者,亦即广大的农村公社成员,在卜辞中称为"众"或"众人",他们是商部族的后裔,与商王有着疏远的血缘关系。奴隶在社会上大量存在,其来源主要是战俘,在卜辞中则具体有"羌""仆""奚""妾"等不同名称。商朝统治者往往将奴隶成批用于人殉和人祭,这既在卜辞中有大量记载,又为已发掘的许多墓葬、祭祀坑所证实。人殉、人祭的盛行表明奴隶在生产劳动上的作用尚未得到充分重视,体现了商朝奴隶制的原始性。

## 商朝青铜文化

古代生产、生活用具的发展,大抵经过石器、青铜器、铁器三个阶段。青铜是铜、锡、铅按一定比例熔铸而成的合金,色青灰,熔点低,质地硬,铸造性能好,远较纯铜便于使用。中国进入青铜器时代很早,偃师二里头遗址即

图 1-8 司母戊鼎

已发现铜器、坩埚碎片等物。到商朝，青铜器冶铸已达到相当高的技术水平，成为当时手工业中最为重要的一种行业。青铜器种类繁多，包括生产工具、兵器、礼器（含酒器、食器）、乐器、车马器等。商朝前期的青铜器在全国很多地方都有出土，器壁较薄、器形相对简单质朴。晚商青铜器出土的数量更多，仅在殷墟发掘出来的即达数千件，出现了器壁较厚、体形高大的大型青铜器。其中，1939年在殷墟出土的司母戊大方鼎（因有铭文"司母戊"三字而得名，或释读为"后母戊"）重达832.84公斤，高133厘米、长110厘米、宽79厘米，形制雄伟美观，是中国古代青铜文化顶峰时期的代表作品之一，在古代世界上也是仅有的。它的铸造工序复杂，需要采取分部合铸的办法，用七八十个坩埚一起熔解铜液，200名左右的熟练工匠共同操作，才能最后完成。这也反映出商朝铸造青铜器的手工工场已有相当大的规模。

很多古代青铜器（主要是礼器）上铸刻有文字和纹饰，其文字称为金文。商朝金文的篇幅通常比较短，大都只有几字，一般是器主族氏、名字、先人之名等等，多用象形性较强的文字表示，具有族徽性质。青铜器上的纹饰是一种早期艺术形式，反映出当时人的宗教和审美观念。商朝青铜器纹饰中大量采用动物形象，尤以饕餮（传说中一种嗜食的凶猛野兽）纹最多见，也有龙纹、虎纹和抽象的几何形纹饰。

除青铜器制造外，商朝其他手工业生产领域也取得了显著成就。陶器以白陶为代表，并开始使用敷釉技术，出现了原始的瓷器。玉器、骨器、漆器的制造都达到较高水平。铁器的萌芽亦已产生。河北、北京等地的商朝文化遗址曾出土铁刃铜钺，上面的铁经鉴定为陨铁。这表明时人对铁的性能已有所认识，并且已开始通过锻打和铸接技术加以使用。

# 第二章 西周与春秋

周朝是中国历史上时间最长的王朝。约公元前1046年,周部族灭商,标志着周王朝的建立。至公元前256年,周为秦所灭,历时近800年。周的国都本在关中,后东迁至河南洛阳一带。以东迁为界,史家称周的前期为西周,后期为东周。东周又可分为春秋、战国两个阶段。本章主要叙述西周和春秋两个时期的历史内容,战国将在下章介绍。

# 一　西周的兴亡

西周共 12 君，历时约 275 年。在这一时期内，周王室从名义和事实两方面都享有全国共主的地位。

**周朝统治的确立：周灭商与周公摄政**

周部族很早就在陕西中部、甘肃东部的黄土高原地区活动。传说其始祖名弃，曾被尧任命为农官，号后稷，姬姓。至商朝后期，古公亶父率众迁居周原（今陕西扶风、岐山间），营城建屋，国家雏形渐备。古公之子季历积极拓展国势，引起商人的不安，终为商王所杀。季历之子昌被商纣王封为西伯，即西方诸侯之长。姬昌在位期间，周的力量日益强大，但在名义上仍保持商朝属国的地位。他死后，被追尊为周文王。

周文王之子姬发嗣位，是为周朝开国君主周武王。约在公元前 1046 年，武王率领西方、西南诸多方国部族组成的联军大举伐商，与商朝军队战于牧野（今河南卫辉北）。商军倒戈迎降，纣王自焚而死，商亡。武王封纣之子武庚于商王畿，命其统治商人余部，同时将自己的弟弟管叔、蔡叔、霍叔亦分封于商王畿附近，对武庚和商人进行监视。不久武王病卒，太子诵即位，是为成王。成王年幼，由武王的另一位弟弟周公旦（名旦，周为其采邑所在地）摄政。管叔、蔡叔等散布周公即将篡位的流言，联合武庚一同反叛。旧日服属于商的东方诸方国、部族纷纷响应，声势浩大。周公亲率大军东征，平定叛乱，彻底打败了商的残余势力。在周公主持下，周王朝采取了一系列旨在巩固胜利成果的重要措施：

营建东都——周初都城本在关中的镐京（今陕西西安西北），与东方距离较远。周公建东都于洛邑（今河南洛阳东），设置官员，驻扎军队，并将参与武庚叛乱的商朝遗民迁至附近，给田耕种，加以严密监视，逐渐消化了这支反抗势力。此后西周两都并存，天子常居于镐京，而东都则成为周朝在东方的统治中心。

分封诸侯——分封在当时称为"封建"，即分封土地、建立国家之意。据载周公分封了 71 国，其中大部分都是周的同姓子弟。如武王幼弟康叔封于卫，

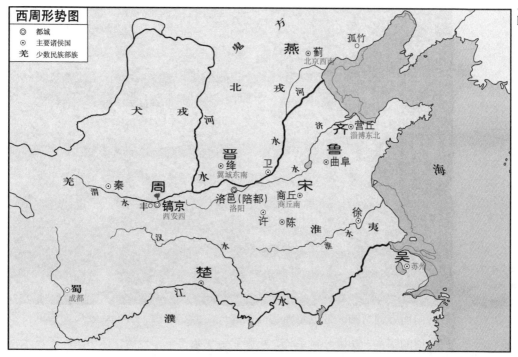

图 2-1 西周形势图

周公之子伯禽封于鲁，成王之弟叔虞封于唐（后改国号为晋），同姓贵族召公奭封于燕。也有部分异姓诸侯，如世代与姬姓周族通婚的姜姓部族首领师尚父（又称姜太公）被封于齐，商贵族微子启封于宋。边远地区的一些古老方国、部族亦仍因其故地而封。诸侯要对天子承担镇守疆土、屏藩王室、缴纳贡物、朝觐述职、发兵从征等义务，在自己国内可以将土地继续向下分封给子弟亲属，后者称为卿大夫。周朝的分封主要是由统治部族对被征服地区主动进行的武装拓展，大大加强了王室对全国疆域的控制，巩固了周天子天下共主的地位。

制礼作乐——从政治、文化等方面制定一系列典章制度，其核心内容是一套严格贯彻宗法等级制、分别亲疏贵贱尊卑上下的礼仪体系，各种礼仪又配有相应的乐舞。这套礼乐制度系统地总结了前代礼仪体系和社会规范，并进一步发展、完善，对维护社会秩序、巩固王朝统治起到了重大作用，其中很多内容对后世也产生了久远的影响。对此下节另述。

## 西周的盛世及其衰亡

周朝第二、三任天子成王、康王在位时，内政修明，统治稳定，是西周的鼎盛时期，被史家称誉为"成康之治"。康王之子昭王即位后，将经营重

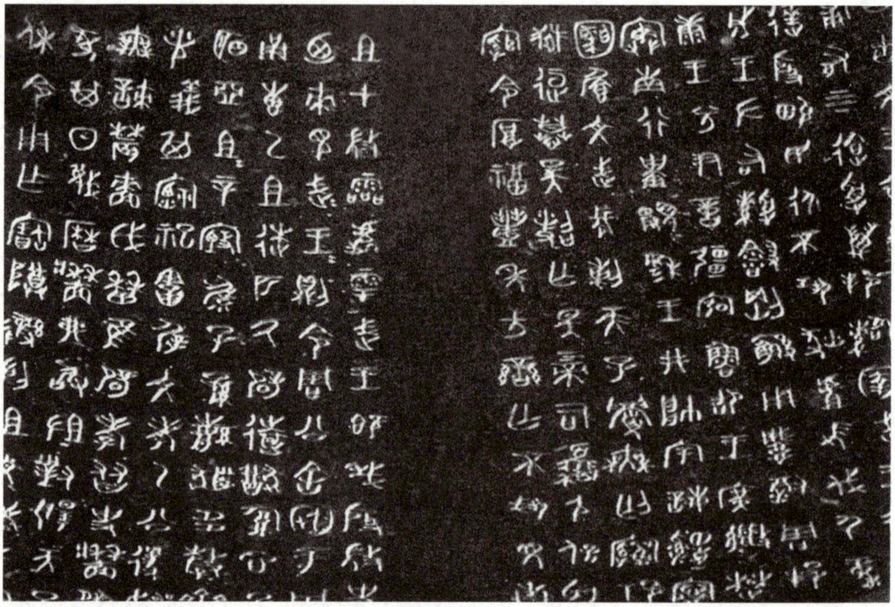

图 2-2 西周中期铜器史墙盘上的铭文

点转向南方的楚国。楚也是周初诸侯之一，但它是由土著部族发展而来的，不属于周的宗室、功臣分封系统，叛服无定。昭王率军伐楚，途中溺死于汉水，经营南方受挫。昭王之子穆王在位时，又与西北的戎、狄和东南的淮夷两面作战，已见捉襟见肘之象。史载穆王好巡游，足迹所至范围甚广，间接反映出周与边疆各族交往的史实，也说明此时周的国势总体而言尚属稳定。

西周第 10 任天子厉王以贪暴著称，推行"专利"政策，将原来公有的社会财富资源山林川泽等收归王室所有，不准一般贵族和平民使用。为压制舆论的不满情绪，厉王专门派人"监谤"，发现有异议者则杀之，人人自危。公元前 841 年，中小贵族和平民发动"国人暴动"，厉王出奔于彘（今山西霍州），居彘 14 年而死。在此期间诸侯共伯和被推举摄政，以"共和"纪年。一说"共和"是指周公（周公旦之后）、召公两大臣共同摄政。共和元年，亦即公元前 841 年，是中国历史上有确切纪年的开始。

厉王之子宣王任用贤臣，整顿武备，号为"宣王中兴"。但宣王之子幽王即位后，任用佞幸，朝政腐败，天灾频仍，统治危机又趋严重。幽王原娶申侯之女为后，生太子宜臼，后因宠爱美人褒姒，改立其子伯服为太子，将申后及太子宜臼废掉。宜臼逃往母家申国（在今河南南阳一带），幽王又发兵伐申。申侯遂联合西方的犬戎合击幽王，犬戎攻杀幽王于骊山之下，西周灭亡，时为公元前 771 年。申侯等拥立宜臼即位，是为周平王。平王为避犬戎，不敢再返回旧都镐京，而迁至东都洛邑定居。此后周王室一直居于东都，史称东周。

**西周王系表**

```
文王姬昌──（一）武王发──（二）成王诵──（三）康王钊──（四）昭王瑕──
    ──（五）穆王满──（六）共（恭）王繄扈──（七）懿王囏──（九）夷王燮──
                 └──（八）孝王辟方
    ──（十）厉王胡──共和行政──（十一）宣王静──（十二）幽王宫涅
                （前841—前828）（前827—前782）（前781—前771）
```

## 二　周朝典制

周朝的国家典制较之夏、商更加成熟，同时又具有与后世明显不同的特色。它们到春秋时开始瓦解，至战国趋于消亡。但其中的一些具体内容在后世仍然若隐若现，或是作为一种理想在意识形态领域发生作用。本节择要介绍有关的四方面问题。

### 井田制

井田制是中国上古时期的一种土地制度。其最基本的表述见于《孟子·滕文公上》："方里而井，井九百亩。其中为公田，八家皆私百亩，同养公田。公事毕，然后敢治私事。"它大约最初源于氏族社会末期到国家产生之初农村公社的土地制度。当时公社的大部分土地被作为份地分配给公社农民独立耕种，但仍保留了一部分公社共有地（即"公田"）由大家共同耕种，其收入用以支付公共支出，如祭祀、备荒等。国家形成后，全部土地在法律上都属于国有，同时农民仍拥有对其公社份地的使用权，他们对国家承担的义务主要表现为将公田收入上缴。上古地广人稀，农村公社都选择平原沃野或较平坦的高原来耕作，并在一段时间后换土易居。为便于管理和重新调配，各成员份地和公田都划成整齐的方块，其间以道路、沟渠、田垄等隔开，纵横交错，形如井字。这也应当就是井田一名的来源。

西周井田制的具体内容众说纷纭。按照较常见的一种看法，国家将土地分授给公社农民，一夫（亦即一家）百亩，长百步，宽百步，称为一田。公社以百家为单位，每家耕种份地（私田）百亩，此外再种十亩公田，百家共耕千亩。公田又有藉田之称，藉即借之义，言其借民力而种，实即农民为天子、贵族承担的劳役地租。当时生产力仍较低下，土地通常只耕种三年，随后即抛荒，另辟土地，重新分配。到西周后期，由于农民耕种公田的劳动积极性较差，公田产量日渐下降，趋于荒芜，由公社农民共耕公田的做法已开始废止，王室和贵族对农民的剥削方式逐渐向征收实物税过渡。就全国范围而言，这一转变的过程可能比较长，约在春秋中后期大体完成。另外随着生产技术的提高，三年换土易居的耕作法也逐渐取消。国家不再定期重新授田，而是采取一次性授田、由耕作者在自己的份地上自行轮种。共耕公田和定期重新授田之制的废止，意味着公社农民对土地的私有倾向大大增加了。随着生产力发展，个体家庭独立，社会分化进一步加强，井田制的消亡也就成为历史的必然。秦汉以下，许多政治家为解决贫富悬殊带来的社会矛盾，往往乞灵于"复井田"，不少王朝的土地制度也的确受到了井田制的若干影响。然而，真正的井田制最终仍只是无法实现的空中楼阁。

## 宗法制

宗法制是古代贵族凭借血缘关系对族人进行统辖管理的制度，其核心是嫡长子继承制。它在商朝后期已经存在，到周朝变得更为典型和系统。根据儒家经书《礼记》的记载，严格意义上的宗法制主要在各国诸侯下面的贵族集团中实行。诸侯国君的嫡长子立为太子，继承君位，其他诸子（称为"别子"）都分出去自立家族，成为该家族（以后膨胀为宗族）嫡长继承系统的始祖，其嫡长后裔则称作这个家族、宗族的"大宗"。始祖的嫡长子以外各子，嫡长孙以外各孙，嫡长曾孙以外各曾孙等等，相对于嫡长系统大宗来说都只是小宗。从理论上来说，无论经过多少代，大宗始终是本家族、宗族的核心，通过他将始祖的后裔联结成一个具有实体性的血缘团体，叫做"百世不迁之宗"。而众多的其他宗族成员初尊奉大宗外，还要尊奉一个五代以内与大宗血缘关系最近的直系祖先及其嫡长后裔为小宗。因为有五代的限制，所以旁系宗族成员所尊奉的小宗随世代推移而有变化，叫做"五世则迁之宗"。通过对小宗的尊奉关系，以大宗为首的宗族又因而划分为许多较小而更具凝聚力的近亲集团。宗法关系的基本内容，实质上就是大宗或小宗依据自己的特殊身份，对不同范围内、包括直系与旁系亲属族人的统辖管理。

从广义的角度看，周天子、诸侯与其子弟亲属的关系也带有很强的宗法关系色彩。天子的嫡长子继承王位，余子分封为诸侯，诸侯的嫡长子继承君位，余子分封为卿大夫，其关系颇与宗法制下的大、小宗相似。从某种程度上说，天子即天下之大宗，诸侯即一国之大宗。同姓诸侯相当于天子之小宗，异姓诸侯则通过婚姻，与天子维持甥舅之亲，全国近似于一个大家庭。自天下大宗天子以下，逐次分出小宗，宗法制与分封制相结合，亲缘关系与政治关系相结合，有效地起到了维系社会、政治秩序的作用。

周朝的姓氏制度也与宗法制有密切联系。上古时期，贵族有姓又有氏，广大被统治的普通民众仅有名而无姓氏。姓起源于早期部落名称或部落首领名字，历史比较悠久，如夏王姓姒，商王姓子，周王姓姬。随着时代推移，一姓当中分出越来越多的氏，通常以国名、邑名、官名、职业名、祖父名字等立氏，成为姓的分支。在周朝，一个氏的建立即表明一个小宗从大宗分裂出来另立门户。

宗法制可以看作氏族制度在进入国家阶段以后的残余。由于中国古代国家的早熟，氏族、血缘关系对社会的影响在国家中不但没有消失，相反经过加工和改造，成为维系国家统治的重要支柱。到春秋时期，随着经济发展和社会的复杂化，严格意义上的宗法制逐渐难以继续维持，至战国最终瓦解。不过宗法观念仍然在后世具有相当深远的影响。

## 国野制

从分封制的角度看，周朝国家管理在平面上可以分为一系列政治单元，包括王畿和各诸侯国。在每个单元中，又基本上都有国、野两类政治区域。周初分封诸侯，主要是由统治部族对被征服地区主动进行的武装拓展。被封者率本族族人到达封地后，首先要建立一个军事据点，由点向面扩展，完成对封地的控制。这种据点在当时称为"国"，"国"以外的广大田土则称为"野"。国、野之分由此形成。诸侯又向下分封采邑给卿大夫，采邑分为都、鄙，其中心据点为都，都外田土为鄙，其性质与国、野之分相同。

国、野的居民分别称为国人、野人。国人是以周部族为主体的统治部族成员，其核心为贵族，世代垄断官职、爵禄，辅佐国君统治国家。占国人大多数的下层成员皆属于平民，与贵族有疏远的血缘关系，被置于宗法制的控制之下。尽管国人当中参与政务的主要是贵族，但由于氏族民主制残余的影响，广大下层国人也都拥有干预政治的权力，不仅能就重大问题发表政见，平时也可以较自由地批评掌权者，当集团利益受到侵害时还往往起而反抗，废逐乃至杀死国君。前文提到周厉王时的"国人暴动"，就是一个典型的例子。从总体上说，国人都属于周代社会的统治阶层。

作为被统治阶层主体的野人，亦称庶人，主要是被征服地区的传统居民，包括殷商等诸多古老部族的后裔，还有迁徙到内地的周边民族成员、流亡人口等。国人和野人分别为国家承担不同的义务。国人的主要义务是当兵作战，并缴纳少量税收充作军费。野人的义务则是农业生产，他们是井田制下的劳动者，以助耕公田的方式为国家负担劳役地租。野人原有的社会组织农村公社，在被征服后并未受到破坏，虽然受到比较强的人身束缚，但仍不同于完全失去自由的奴隶。周朝奴隶称为"臣妾"，多来自战俘，其总体数量和用于农业生产的比例都不是很高。

国、野区分在春秋时开始破坏。随着经济发展，国家管理方式渐趋一体化。各国因战争需要，大量征召野人为兵，促进了国人、野人身份差别的泯灭。到战国时，国、野的界限已完全打破，国人干政的民主传统也随着国人阶层的消失而成为历史陈迹。国人、野人合二为一，演变为新兴专制政权下的编户齐民。

## 礼乐文化

礼乐是周朝典制的重要内容。礼起源于氏族社会的风俗习惯。这些风俗习惯由于公社组织的残存而得以保持，并被统治者加工改造，增入等级制度的内容，用以调节私有制下的社会关系。乐也来自氏族社会的音乐舞蹈，经统治者改造后，与礼仪的配置关系进一步固定。史称"制礼作乐"是周公一生的重大业绩，表明以周公为代表的周初统治者在礼乐的加工改造上作出过关键性的贡献。

周朝礼的范围很广，基本内容主要见于先秦典籍《仪礼》一书。后人将其概括为"八达"之礼：冠、昏、丧、祭、射、乡、朝、聘。其中，前四种分别指成人仪式、结婚仪式、丧葬仪式、祭祀仪式。射礼指射箭比赛仪式，是

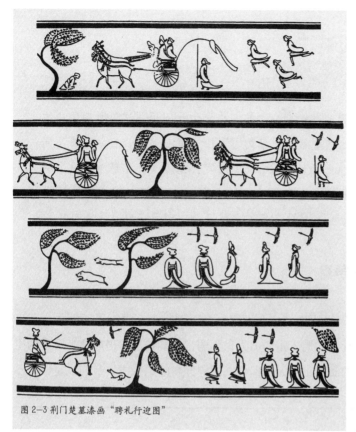

图 2-3 荆门楚墓漆画"聘礼行迎图"

氏族社会遗留下来的体育、习武习俗。乡礼指乡饮酒仪式，是社会基层举行的敬老酒会。朝礼是诸侯朝见天子的仪式，聘礼是诸侯之间互相聘问的仪式。另一种区分方法是将周代礼制划分为"五礼"：吉礼（即祭礼）、凶礼（即丧礼）、宾礼（包括朝、聘礼）、嘉礼（包括冠、昏、射、乡、礼）、军礼（不见于《仪礼》，是氏族社会战争仪式的残余）。在各种典礼、仪式当中，不同社会地位的参与者都有各自不同的、严格的具体行为规范。通过这些行为规范区别尊卑、亲疏、贵贱、贤愚等社会范畴，界定每个人在社会秩序中的具体位置，协调全体社会成员之间的关系，这就是周朝礼制的基本精神。

礼的实施与乐密不可分。礼乐相合，更具有一种潜移默化，影响人们心理情感的作用，能够体现出崇高、肃穆、和谐的氛围。礼本身带有习惯法性质，但毕竟与外在、强制性的正式法规有别，它的目标是将有关行为规范转化为社会成员内在、自觉的心理需求。在这方面，乐的作用是不容忽视的。

春秋中期以下，礼乐文化秩序逐渐瓦解。但经过儒家祖师孔子的再加工和标榜，其中很多具体内容在后世仍然具有重要影响。例如周礼中有丧服之制，将死者的亲属按照亲疏关系分为斩衰、齐衰、大功、小功、缌麻五个级别，称为五服（指五种制作粗细程度不同的丧服），各服不同的丧礼。五服遂成为后人区别亲戚亲疏的重要概念。

## 三　春秋历史概况

春秋是东周的前半期，它的名称源于一部记述这段时期历史的鲁国同名史书。关于春秋时期的下限应当定在何时，自古就有不同看法，其中以《史记·六国年表》所定公元前476年最为常见。春秋近300年历史，上承西周历史之余绪，下开战国大变动局面之先河，在政治、社会、文化各领域出现了一系列引人瞩目的新现象。

### 王权衰微与大国争霸

春秋历史与西周最明显的一个不同点是王权衰微，周天子逐渐失去了天下共主的地位。东迁后的周王室势力大为削弱，仅能控制洛邑周围几百里的土地，诸侯定期纳贡的制度也已无法保证。西周分封的诸侯国，最初只是一些不

图2-4 春秋形势图

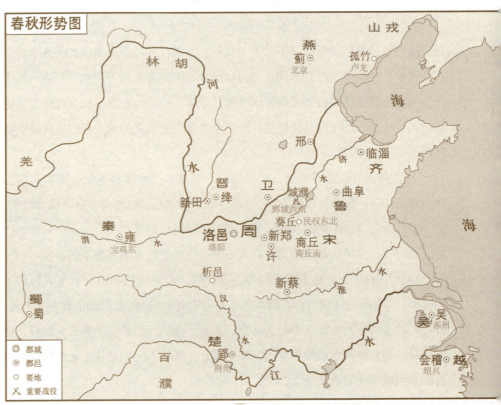

图 2-5 东汉画像砖：齐桓公与管仲

相衔接的垦殖区，国与国之间有大片空地，基本相安无事。春秋时期，随着经济发展和人口增长，各国的接触显著增加，疆土逐渐相连，战争也因而大为频繁。很多小国渐被大国吞并，大国之间又展开争夺霸权的激烈斗争，周朝实际上已处于分裂割据的状态。不过王权的影响并未完全消失。大国争霸都还需要打出"尊奉王室"的旗号，利用周天子的共主虚名号令小国，巩固自己的地位。

在大国争霸的过程中，先后出现了一些著名的霸主，文献中称之为"春秋五霸"。关于五霸具体所指，一说为齐桓公、宋襄公、晋文公、秦穆公、楚庄王，一说为齐桓公、晋文公、楚庄王、吴王阖闾、越王勾践，共涉及齐、宋、晋、秦、楚、吴、越七国。总体来看，春秋最主要的霸主当属齐、晋、楚三强。

齐国位于东方滨海之地，经济、文化一直比较发达。公元前685年齐桓公即位后，任用贤臣管仲进行改革，国力更强。当时北方戎、狄诸族活跃，先后攻破邢、卫两国。齐国出兵援助，救邢存卫，在诸侯中威望大增。面对南方楚国的北向扩张，齐国又会合中原国家的军队共同伐楚，迫使楚国求和，答应纳贡于周室。齐桓公在位41年，共九次召集中原诸侯会盟。桓公死后，诸子争位，齐国渐衰。

代齐而兴的霸主是晋国。晋文公在位时，周室发生内乱，文公发兵勤王，护送天子周襄王复位。公元前632年，晋军在城濮（今山东鄄城西南）的一场大战中击败楚军。文公死后,晋在北方的霸业仍继续维持,与楚国南北抗衡。楚庄王在位时,楚国渐占上风。公元前597年晋楚战于邲(今河南郑州北),楚军获胜,中原的宋、郑等国都倒向楚国一方,楚庄王成为新霸主。公元前575年,晋、楚在鄢陵(今属河南)第三度交锋,晋胜楚败,晋的霸业又告恢复。但实际上晋楚两国的国势此时都处于下降阶段,晋不过稍占优势,其霸业亦已接近尾声。

纵观春秋的争霸历史,其主要线索是北方齐、晋两国与南方楚国的斗争,而又以晋、楚相争的时间最长。争霸的战斗主要是为争夺中间地带和控制弱小国家而战。战胜者逼迫诸侯和周王室承认自己为霸主,小国国君要不时亲赴霸主国朝见,小国间发生纠纷也要提交霸主国评判。公元前546年,在宋国大臣向戌的提议下召开了14国参加的"弭兵"盟会,承认晋、楚是共同霸主,平分霸业。这次盟会以牺牲小国利益为代价,换来了中原地区相对的和平与安定。此后晋、楚两国各自面临一些新问题,已无力继续争斗。晋国卿大夫势力强盛,内部争权夺利,彼此残杀不已。楚国则受到长江下游新兴吴国的威胁。公元前506年,吴军大举伐楚,一度攻占楚的都城郢(今湖北荆州),迫使中原国家承认自己为霸主,但不久却败于后方的越国,于公元前473年为越国所灭。越国亦昙花一现,很快衰落。在春秋三百年大国争霸的过程中,大批小国被强国吞并。春秋初期诸侯见于史载者120余国,到春秋末只剩下大约三分之一。

## 华夷之争

华夷之争是贯穿春秋历史的一条重要线索。华即华夏族,亦称夏、诸夏,它是以上古的炎黄部落联盟为核心,逐渐融汇许多不同来源的氏族部落集团而形成的、具有共同经济和文化生活的族体。华夏之名在西周已经出现,它成为中原主体居民的总称,以别于四邻较为落后的民族。后者相对华夏族被概称为"夷",具体又有夷、蛮、戎、狄等名称。后世文献习惯上将它们按方位分别称为东夷、南蛮、西戎、北狄,合称"四夷"。春秋时,大致夷(狭义)、蛮指东南诸族,戎、狄指西北诸族,但也并不是非常严格。

西周时期,华夷之争已比较激烈。周王室多次同东方的徐夷、淮夷作战,与南蛮的代表楚国也曾发生冲突。而与此同时,背后的戎、狄日渐强大,最后西周即为犬戎所灭。到春秋，戎、狄中有不少支已逐步分散地进入中原，与华夏诸国杂居，填充了各国之间的很多空地，成为各国的心腹之患。南

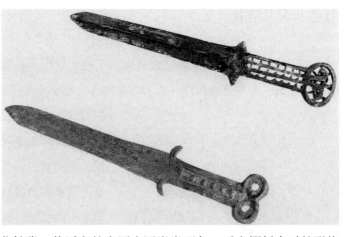

图 2-6 春秋时期山戎墓出土短剑

方的楚国则大力向北扩张，临近它的中原小国岌岌可危。后人概括当时的形势为"南夷与北狄交，中国不绝若线"。

春秋时齐、晋两国与楚国争霸，本身就带有华夷之争的性质。楚国的文化、制度颇与中原国家有异，以蛮夷自居。齐、晋两国提出"尊王攘夷"口号以号召诸侯，尊王即尊崇周王室，攘夷在一定程度上就是针对楚国。社会发展程度更为落后的戎、狄，也是"攘夷"的重要对象。在西方，新兴的诸侯秦国与戎人相邻而居。秦人最初出于东夷，西周时迁到关中，为周王室养马，后受封为诸侯。秦的文化比中原落后，一度被中原国家视为夷狄，但与西戎诸部相比则仍可算在华夏范围之内。秦穆公西略戎地，辟地千里，周天子亲赐金鼓以致贺。齐、晋、秦的霸业对于华夏共同体的发展壮大起了重大作用。即使是楚国，也在北向争霸的漫长过程中逐步向华夏集团靠拢，为其以后融入华夏集团奠定了基础。

春秋时期四夷与华夏的区别主要在文化方面，他们的服饰、语言、经济生活、风俗习惯都与华夏明显不同。华夏束发右衽（衣服前襟向右），戎狄披发左衽，东南属于蛮夷的吴、越则断发文身。戎狄主要是游牧民族，迁徙无定，蛮夷虽有农业而较粗放，在经济上都落后于华夏。但如就种族、血缘、婚姻关系而言，则华夷之间多有联系。在长期杂居、邻居的过程中，发达的华夏文明对戎狄蛮夷产生了很大影响，戎狄蛮夷的文化也进一步丰富了华夏文明。到春秋、战国之交，进入中原的戎狄诸部绝大部分已融入华夏族当中，楚国也渐不再被视为蛮夷。通过春秋时期的华夷之争，华夏族吸收了大量新鲜血液，成为更加稳定和分布更广泛的族群，到后世形成了统一而有持久生命力的汉民族。

## 社会状况的变化

春秋时期的社会状况较之西周发生了很大变化。在农业生产上,铁制农具开始出现,牛耕逐渐推广,水利事业发展,产量提高。公社农民往往多开私田并隐匿其收入,耕作"公田"的积极性却越来越下降,以至公田荒芜不治。针对这种情况,统治者不得不逐渐改变剥削方式,废止由公社农民共耕公田的做法,向征收实物税过渡。这一转变早在西周宣王时已经开始,春秋时期逐步完成。文献记载春秋时齐国"相地而衰征",晋国"作爰田",鲁国"初税亩",都是指上述剥削方式的转变。《公羊传·宣公十五年》解释"初税亩"的含义为"履亩而税",也就是按照公社农民每人的耕地面积多少征税,井田以外的私垦土地也一并缴纳税收,这就大大增加了国家的

图2-7 陕西凤翔秦公墓出土铁铲

剥削收入。各国对公社农民的人身控制也有很大加强,开始将公社户口土地登记于国家籍册。这已开后世专制国家户籍管理制度之先河。

统治集团中严格的等级制趋于瓦解。不仅诸侯凌驾于王室之上,各国内部卿大夫的势力也逐渐压倒国君。卿大夫包括国君旁系(称为"公族")和少数异姓贵族,其采邑大小不等,均建有统治机构,有家臣治事,私兵守城,相当于一个诸侯国的缩影。春秋中期以下,很多诸侯国的权力渐渐为少数强大的卿大夫家族所控制,国君形同傀儡。随着卿大夫地位的上升,他们的一些家臣也趁机干预国家事务,其权势甚至超出主人。

传统政治秩序的破坏,还表现在一些国家出现了新的行政组织——郡县。郡县长官虽以贵族担任,但却非世袭之职,国君可随时对其任免调遣,因此它们实际上是贵族政治的对立物,成为后世官僚制度的萌芽。

社会结构也处于转变之中。农业发展带动了工商业的发展,金属货币开始出现,传统的"工商食官"制度逐渐被冲破,到春秋后期产生了一批私营

工商业者，其中一些人拥有相当庞大的资产。在昔日"贵"的阶级以外，又增加了"富"的阶级，"贵""富"由合一走向分离。在激烈的政治斗争中，许多贵族家破人亡，沦为平民甚至奴隶；一些平民则依靠自身才干获得君主重用，打破了贵族对政治权力的垄断，奴隶因立功得到解放的例子也偶尔可见。春秋末年，人们对社会阶层的概括已逐渐由贵贱之别转向职业区分，即分为士、农、工、商"四民"。社会结构变动导致了社会的复杂化，统治者不得不对传统治国方式作出相应调整。中国古代刑法早先并无公开条文，只是由判决者临事决定惩罚标准，贵族阶层以此拥有家长式的生杀予夺权力。但到春秋后期，一些国家为形式所迫改变了这一传统。公元前536年郑国"铸刑书"，前513年晋国"铸刑鼎"，都是将成文刑法铸在铜器上公诸于众。

春秋是一个"礼崩乐坏"的时期。随着等级制度的瓦解和等级观念的淡漠，泛指传统制度的广义礼乐固然已无法维持，专指具体典礼、仪式的狭义礼乐也在逐步破坏。例如按西周礼制，天子举行宴会的乐舞规模为八佾（佾为乐舞小队，一佾八人），诸侯可用六佾，大夫只能用四佾。但在春秋后期的鲁国，大夫季孙氏居然以"八佾舞于庭"，以致孔子愤怒地说："是可忍，孰不可忍！"

图2-8 孔子像

## 孔子及其思想

春秋后期，诞生了中国历史上第一个思想家——孔子，他也是人类历史上最早的思想家之一。孔子名丘，字仲尼，鲁国人，生于公元前552年（一说公元前551年），卒于公元前479年。其先世是宋国公族，以孔为氏，后迁居于鲁。孔子出生时家境已经没落，但他仍在幼年接受了良好的贵族教育，以博学闻名，招收门徒，传授古代文化典籍。孔子在系统总结以往文化、

图 2-9 清康熙帝题北京孔庙匾额

思想资料的基础上，结合春秋后期动荡不安的社会形势，就一系列伦理道德、社会政治问题提出一套理论观点，从而创建了古代的儒家学派。

孔子曾在鲁国担任行政职务，不得志而弃官离境。为了实现自己的政治理想，孔子率门徒周游列国，但始终没有得到施展抱负的机会。在此期间，孔子坚持不懈地进行治学和教育，与弟子们探讨人生和社会的重大问题，留下不少重要的言论。孔子晚年重返鲁国，在讲学的同时整理文化典籍，对《诗》《书》《礼》《乐》《易》《春秋》六部古籍进行删订，编成最后的教材定本。这六部书被后世的儒家尊为"六经"（其中《乐经》已失传）。孔子自己的言论，则主要见于其弟子根据笔记和回忆整理、汇编而成的《论语》一书。

孔子思想体系的核心概念是"仁"。"仁"最扼要的表述就是"爱人"，即对人尊重和有同情心，体现出一种关怀互助和平等相待的人文主义精神。达到"仁"的途径是"克己复礼"，即通过对自己的控制和约束以提高道德水平，从而符合"礼"的要求。孔子将以"仁"为核心的伦理道德思想贯彻到政治领域，提出了"仁政"的学说，反对过分剥削、压榨，而主张惠民、富民。他还希望统治者"为政以德"，通过道德感化改良政治，反对一味使用暴力和刑罚。孔子对春秋后期的变革、动荡形势感到不满，期望恢复西周的礼乐秩序。但同时他也承认，社会政治制度应当随着时代的变化有所损益，进行局部的修正或改良。

在天道观上，孔子不否认天命鬼神的存在，但又对它们持怀疑态度，主张"敬鬼神而远之"。相对于天命而言，孔子更加注重人事，强调人的主观努力，把探讨和解决现实生活中的实际问题放在优先地位。从总体上看，孔子是尊重理性、否定迷信的。

  与其从政事业相比较，孔子一生在教育领域所取得的成就更大。西周时期，只有贵族才享有受教育的特权，教师同时就是国家官吏，各种专业知识由他们世代传习。到春秋时，这种"学在官府"的状况已不能适应社会的需要。孔子首创私人讲学，面向社会广泛招收学生，通过传授文化知识培养从政人才，对以后的历史产生了重大影响。据说孔子有门徒3000人，其中最优秀者72人。这些人在孔子死后继续游历各诸侯国，推动了各国政治体制的变动，同时从不同侧面发挥孔子思想、传播古典文献，为战国时期百家争鸣局面的形成创造了条件。孔子所创立的儒家学说逐渐成为天下之显学，后世更成为"独尊"的官方意识形态。孔子也因而被尊为"圣人""至圣"，他的许多思想长期在中国历史上发生影响，成为中华民族共同心理素质的重要组成部分。

**东周王系表**

(一)平王宜臼——(二)桓王林——(三)庄王佗——(四)釐王胡齐
(前770—前720) (前719—前697) (前696—前682) (前681—前677)

└─(五)惠王阆——(六)襄王郑——(七)顷王壬臣
(前676—前652) (前651—前619) (前618—前613)

├─(八)匡王班
│ (前612—前607)
└─(九)定王瑜——(十)简王夷——(十一)灵王泄心——(十二)景王贵
(前606—前586) (前585—前572) (前571—前545) (前544—前520)

├─(十三)悼王猛
│ (前520)
└─(十四)敬王匄——(十五)元王仁——(十六)贞定王介
(前519—前477) (前476—前469) (前468—前441)

├─(十七)哀王去疾
│ (前441)
├─(十八)思王叔
│ (前441)
└─(十九)考王嵬——(二十)威烈王午——(二十一)安王骄┬(二十二)烈王喜
(前440—前426) (前425—前402) (前401—前376) │(前375—前369)
                                                  └(二十三)显王扁
                                                   (前368—前321)

└─(二十四)慎靓王定——(二十五)赧王延
(前320—前315) (前314—前256)

# 第三章 战国时期的社会变动

自春秋结束至公元前221年秦统一中国，这段历史时期称为战国。战国之名，主要得自这段时期列国混战不休的政治形势。习惯上说战国是东周的后期，但严格来讲东周并不能完全涵盖战国。公元前256年周王室为秦国吞并，东周即已结束，而此时秦尚未完成统一，战国要到34年之后才告终止。

# 一 政治形势的变化：割据、兼并、统一

战国时期，几大诸侯强国之间进一步展开规模更大、更为激烈的兼并战争。经过长期混战，西方的秦国成为最终的胜利者，建立起统一的君主专制帝国。从割据、兼并到最后统一，这就是贯穿战国250余年历史的主要线索。

## 战国七雄的形成和"战"的特点

经过春秋长时期的争霸战争，诸侯国的数目大大减少。到战国只剩下十几个国家，其中主要是秦、楚、燕、齐、韩、赵、魏七个大国，合称"战国七雄"。秦、楚、燕为春秋旧国，韩、赵、魏是在晋国的版图上分裂而成的新国家，齐国国名未变而君主已易姓。晋、齐两大传统强国所发生的巨变，源于春秋中叶以来国君权力下替、卿大夫势力膨胀的历史背景。

春秋末期，几家卿大夫掌握了晋国的大权。公元前453年，赵、韩、魏三家联合灭掉势力最强的智氏，不仅瓜分了智氏的土地，而且将晋公室的土地、人民也基本瓜分，三家分晋的格局事实上已经形成。公元前403年，周威烈王正式册封三家大夫为诸侯，成立赵、韩、魏三国，晋国灭亡。赵国占有晋国的东、北部，韩国占有晋国南部，魏国占有晋国中、西部。由于三国是由晋国分裂而成的，故史籍中又称之为"三晋"。

齐国原有数家卿大夫共同执政，后来权力落入田氏一家之手。田氏的始祖原为陈国公子，妫姓，流亡至齐，后裔遂世仕齐为卿大夫。春秋末年，齐国剥削苛重，刑罚残酷。田氏则趁机收买人心，得到民众的支持，一步步掌握了齐国大权。公元前391年，田氏大夫田和将齐康公迁往海边，自立为君以代之，是为齐太公。至此姜姓齐国已变成了妫姓田氏的齐国。公元前386年，周安王正式承认田和为诸侯。

随着三晋和田齐相继列为诸侯，它们秉承春秋时晋、齐两国的余威，很快成为新兴的强国。秦、楚在春秋时就是大国，燕国则因长期偏处北隅较少受到大国的侵渔，至此也逐渐发展起来，战国七雄割据的局面遂告形成。春秋时的一些中等国家如宋、卫、郑、鲁等，到战国时期在七雄夹缝中仍存在

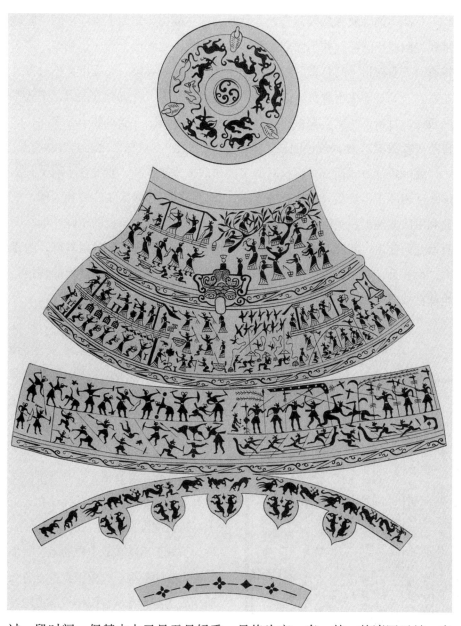

图 3-1 战国铜壶水陆攻战纹饰

过一段时间,但基本上已是无足轻重,最终为齐、秦、韩、楚诸国吞并。东南的越国亦为楚国所灭亡。春秋时杂居中原的戎狄诸族已与华夏融为一体,而在七雄外围仍有若干华夏以外的部族,其中主要有北方的林胡、楼烦、东胡,南方的百越,西南的巴、蜀等。周王室的地位则更加衰微。战国中叶各国国君先后称王,周天子连共主的虚名也已无法维持。

战国 250 余年之间,战争接连不断。与春秋时期相比,战争的性质、规模、方式等因素都逐渐发生了重大变化。

就战争的性质和规模而言,春秋时大国作战主要是为了争夺中间空旷地带和控制弱小国家,并不倾全力而战,作战时讲究阵形、程序、礼节,多少带有"文质彬彬"的色彩。因此其作战规模也比较有限,大战用兵不过万人左右,一二日即决出胜负。战国的作战则大多是为了歼灭对方主力,予敌军以毁灭性打击,"文质彬彬"的色彩完全消失。各国"能具数十万之兵,旷日持久者数岁",作战规模明显扩大,战争动员之广、杀伤之重远非春秋所及。

就战争的方式而言,春秋时的主要作战方式是车战,双方在平地上列成阵形互相冲击,步兵只是战车的附庸。战国则是以步兵为主、骑兵为辅,充分利用险要地形,灵活机动的野战、包围战取代了昔日呆板的车阵作战。铁兵器开始使用,其锋利程度超出原来的青铜兵器。出现了新的射具弩,力量大,射程远,威力远在弓箭之上。攻城时使用的云梯和水战时使用的钩拒,也都在战国时期发明并应用于战争。

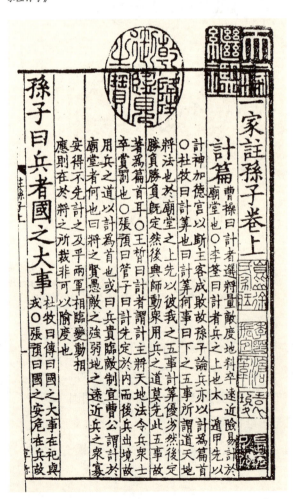

图3-2 南宋刻本《十一家注孙子》

战争的其他方面还有很多变化。各国普遍实行征兵制,还经考选组建了比较精锐的职业常备兵。春秋列国主要只在国都设防,边区的要塞关隘设防很少。战国时各国不断扩张版图,导致疆域相接,防御严密,城堡林立,皆驻军设官镇守,并有亭障、烽火等报警系统。各国甚至还在边境上修筑大规模、相互连接的防御工事,称为长城。后勤在战争中的地位更加重要,各国都囤积大量粮食,以备长期作战之需。春秋各国作战都由国君或卿大夫指挥,文武不分,战国则由专门的将帅统兵作战,涌现出不少名将。军事理论的发展以世界上现存最早的兵书《孙子兵法》为代表,全书分13篇,系统地总结了战略、战术方面的问题,包括战争计划、动员、权谋、侦察,如何争取先机,如何利用地形，乃至如何使用火攻、间谍等特殊手段，叙述简洁而富有哲理性，对后代影响至深。时间稍后的兵法著作还有《孙膑兵法》《吴子》《尉缭子》《司马法》《六韬》等许多种，军事学已成为战国时期的显学。

## 七国兴衰与秦的统一

战国初期，魏国国力最强。其第一代国君魏文侯选贤任能，较早推行政治改革，致使魏国迅速崛兴，先后打败齐、秦、楚诸国。第三代国君魏惠王曾召集 12 国诸侯会盟，并在中原诸侯中最先称王。公元前 343 年，魏军在马陵（今山东范县西南）为齐国伏兵所败，魏的霸业受到重大打击。在西方，一再受到秦国进攻，战国初年从秦国夺来的黄河以西大片土地又都被秦国夺回。魏惠王以后，魏的国力下降，基本上仅能自守而已。

在魏国由盛转衰的同时，齐、秦两国强大起来。马陵之战后，魏惠王被迫率一些小国朝见齐国国君齐威王，正式给他奉上"王"的尊号。随后各国国君皆相继称王。秦国在商鞅变法之后国力渐趋上升，凭借其有利的地理位置和强悍的民俗，逐渐形成了对东方诸国的严重威胁，被称为"虎狼之国"。秦国在东向扩张的过程中充分利用了外交手段，采取"远交近攻"的方针，结好距自己较远的齐、燕等国，重点打击离自己最近的韩、魏两国，取得很大成效。公元前 288 年，秦、齐两国还曾一度相约同时称帝。

战国中期，在各国关系复杂、和战无常的背景下，出现了一批辩士，他们流动于各国之间进行穿梭外交，鼓吹"合纵""连横"等策略，因而被称为"纵横家"，其代表人物有公孙衍、张仪、苏秦等人。如各国南北相联系，共同对付东西方强国秦或齐，即为合纵；各国与秦或齐结成东西横向关系来对付南北他国，即为连横。秦、齐在适当的时机也通过加入合纵集团来对付对方。东方六国几度合纵伐秦，但终因同床异梦而未获成效。相反，针对齐国的合纵行动则取得了成功。公元前 284 年，在燕国召集下，六国组成联军共同伐齐，攻陷 70 余城，几乎将齐国灭亡。后齐国虽勉强恢复领土，但国势已一落千丈。

齐国衰落以后，有力量与秦国对抗的还有楚、赵两国。楚国保守贵族势力强大，内政改革不彻底，一直没有像秦、齐那样成为战国历史舞台的主角。战国后期，楚国国君多昏庸无能，在军事、外交策略上一误再误，未能真正起到与秦抗衡的作用。赵国的国力一度有所发展，但在公元前 263 到前 260

年的长平（今山西高平）之战中，军队主力几乎被秦全歼，遂至一蹶不振。与六国的衰颓相反，秦国则始终维持着稳定的上升趋势。公元前316年，秦发兵平定巴、蜀之地。公元前256年，秦吞并周王室，挂名的周天子自此不复存在。到公元前247年秦王嬴政即位时，秦对六国已具有压倒优势。自公元前230年到前221年，秦军以秋风扫落叶之势，相继灭掉韩、魏、楚、燕、赵、齐六国，大一统的秦帝国终于形成。

由七国割据走向统一，在当时是历史发展的必然。战国时期的社会经济较之春秋有了更大的进步。各地区联系加强，相互依赖关系更为密切，为统一奠定了基础。然而分裂割据的形势又严重阻碍着社会经济的进一步发展，人们普遍要求结束战乱，除去那些人为的灾害、障碍。随着华夏共同体的不断发展壮大，战国文献中出现了"九州"的地理概念，即将当时人所知道的"天下"按地理区域分为九大部分，其中既包括中原，也涵盖了传统上的四夷居地，表明时人已有"天下一统"的整体观念。

而统一最终由秦国完成，则与秦国自身的一些有利因素存在密切关系。秦在七国当中本来较为落后，但政治改革最为彻底，发展出一套比较完备的君主集权体制和高效率的国家机器运转机制。与六国相比，秦国发展经济、招揽人才的政策也最见成效。其"远交近攻"的外交策略，成功地分化瓦解了六国力量，扩展了自身势力。此外，秦国地理位置优越，进可攻、退可守；长期与戎、狄为邻，民风强悍，在军队战斗力方面也高出六国军队一筹。凡此种种，都说明秦国能够完成统一的历史任务，并不是偶然的。

## 二　各国变法运动

春秋以来，社会结构发生了重大变化，要求建立更加严密的管理体制。同时，兼并战争日益激烈的严峻形势，也迫使各国实行君主集权，提高统治效率。在这样的历史背景下，各国纷纷进行变法，最终各自建立起君主集权的官僚制政治形态，为以后大一统专制帝国的出现奠定了基础。

## 各国变法概况

战国七雄中最早实行变法的国家是魏国，变法主持者是魏文侯时的相国李悝。他兼采各国法律，编纂并颁行了《法经》一书，这是中国古代第一部有系统的成文法典，对后世法律制度有着深远的影响。《法经》分为盗法、贼法、囚法、捕法、杂法、具法六篇，其主要内容是保护私有财产和维护君主权威，对侵犯私有权、反抗君主统治的行为予以严厉惩罚。还规定禁止人民议论法令，违者处死，这已与西周、春秋时期国人议政的传统大相径庭，反映出专制倾向的显著加强。

李悝推行了一些新的经济政策。首先是颁行"尽地力之教"，通过鼓励与强迫相结合的方法增加农民的劳动强度和劳动积极性。其次是实行"平籴法"，丰年时向农民征购余粮以充实仓储，到荒年时出售。国家通过对粮食流通过程的干预来控制粮食价格，稳定市场，保护农民不至破产流亡。魏国之所以能在战国初期称雄一时，与上述变法措施有很大关系。

在魏国变法稍后，楚国也开始实行变法。变法主持人吴起，是战国前期著名的军事家，曾参与魏国变法，后因受人排挤而奔楚，被楚悼王任用为相。当时楚国贵族势力强盛，吴起的变法即从削夺贵族特权利益入手。他宣布废除对疏远公族的优待，将一部分贵族迁徙到边远地区从事开发，整顿吏治，用人唯贤，禁止私门请托。变法在打击贵族势力、富国强兵方面取得了一定的成效，但也遇到了来自贵族的强大阻力。不久楚悼王去世，贵族攻杀吴起于悼王灵堂。楚国的变法运动因此受挫，未能持续深入地开展下去。

其余诸国都在推行法治、加强君主集权方面进行了改革。齐威王任用邹忌为相，严明法纪，整顿吏治，齐国日以富强。韩昭侯任用申不害为相，实行以"术"即权术为核心内容的君主集权统治，加强对臣下的控驭，提高行政效率。赵、燕二国也均逐步采取了相类似的政治改革。

## 商鞅变法

战国时期各国的变法运动，以秦国的商鞅变法推行最彻底、实际影响最大。商鞅原名公孙鞅，出身于卫国贵族。秦孝公即位后，大力招揽人才，希望变法图强。公孙鞅应召入秦，以"霸道"说秦孝公，得到了孝公的赏识和

图 3-3 商鞅制秦国铜方升

重用。后来秦封公孙鞅于商（今陕西商县东南），因此史籍称他为商鞅。

商鞅变法的措施主要分两次颁行。公元前356年，第一次颁布变法令，以厉行法治，强化君主集权为主要内容。具体包括：在百姓中实行什伍连坐，互相纠察告发；重农抑商，奖勤罚惰；强制拆散家长制的大家庭，充分发挥个体农民的生产潜力；奖励军功，严禁私斗，贵族无军功者降低待遇。公元前350年，颁布第二次变法令，在第一次变法的基础上更着重于新制度的建设，彻底废除古老的农村公社井田制，铲除其田界封疆，建立新的田制和亩制，由国家将土地授予个体农民耕种，统一征收赋税。其他措施还包括：普遍推行由君主任免长官的县制，统一度量衡，将国都由雍（今陕西凤翔）迁至咸阳（今陕西咸阳东北），为东向扩张进行准备。

由于变法严重损害旧贵族的利益，遇到他们的强烈反对和阻挠，连太子也在贵族唆使下故意违犯新法。商鞅在秦孝公支持下严厉镇压反对派，将太子的师傅公子虔、公孙贾等逮捕处刑，全国震动。新法推行之后，秦的国力迅速上升，商鞅亲自统兵击败魏国军队，夺回被魏侵占的大片领土，周天子和其他诸侯都来致贺。秦从此成为战国七雄中的强国。

公元前338年，秦孝公卒，太子即位，是为秦惠文王。商鞅被诬以谋反之罪，车裂处死。但新法在秦长期行用并取得显著成效，改革的趋势已不可逆转。秦国亦因而得以长期保持强盛的国力，最终完成统一大业。

## 官僚制的建立

通过战国时期的变法运动，各国的政治制度先后由宗法分封制转变为专制官僚制。居于行政位置上的不再是拥有封地的世袭领主贵族，而是由君主任命、领取俸禄、可随时罢免的国家官吏。各国都建立起一套官僚机构，其中职位最高的行政长官称为相，军事长官称为将。地方上普遍设立县一级行

图 3-4 秦虎符

政组织，取代了过去贵族的封邑。县设令、丞、尉等官，以下有乡、里、什、伍等管理单位，君主的政令可以通过县一直贯彻到最基层。在边境地区或新占领的地方，往往又设郡以统县。

国家官吏都由君主任免。任命官吏时要授予玺印，作为权力的凭证，任满或免职时将玺印缴回。对统兵的将领发放虎符，调动军队时，传令者持左半虎符与将领手中的右半虎符合符，命令方才生效。君主通过围绕玺、符的一套严密管理制度，将文武大权集中在自己手中。君主还要定期对官吏进行考核。官吏每年将自己主管范围内的各种预算数字，如垦田、赋税、户口、仓储等写成文券上报君主，到年终检查实际成果，如成绩不佳，君主即可当场将他收玺免职。这种考核制度是当时各国提高行政效率的重要手段。

任人唯贤已成为战国时期比较普遍的现象。战国七雄的名臣名将，绝大多数都不是君主近亲，而往往来自下层贵族或平民，完全是凭借自己的能力被拔擢，受重用。求贤于他国的情况也相当常见。官吏一旦获得任命，即可享受高低不等的俸禄待遇。这被时人看做一种雇佣关系，称之为"主卖官爵，臣卖智力"。国家也通过法律对官吏进行严格的约束。官吏若违反规章制度，轻则被罚缴纳财物，重则下狱服刑。如果贪污受贿，有意舞弊，更将受到严惩。

战国各国仍有爵位和封君，但其制度已与春秋时有较大区别。爵位分等级更细，上等爵位授予贵族、官员，下等爵位亦授予平民，以供奖励军功之用。有爵位者按等级各自享受不同的特权待遇，可用来赎免自己或家人的奴隶身份，也可在犯罪时折免刑罚，但一般不能由子孙承继。各国受封的封君包括王族、外戚和功臣，通常只享有衣食租税之权，不能直接治民，而且位只终身或传数世，很难长期世袭。在官僚制的基本政治形态下，一切社会身份都要受国家限制，这是对春秋时期世卿世禄制的重大否定。

## 三 士阶层的崛起与百家争鸣

战国时期的社会变动，同样也表现在学术文化领域。社会上出现了一个新兴的士人阶层，他们以掌握学术文化知识为主要身份标志，反过来又进一步推动了学术文化的繁荣。各种学说、学派并出，形成"百家争鸣"的自由学术氛围。

### 战国的士阶层

"士"最初只是泛指部落中的成年男子，到西周和春秋，特指卿大夫以下的低级贵族。他们属于"国人"阶层，与国君、卿大夫有着亲疏不等的宗法关系。春秋后期，民间聚徒讲学之风兴起，很多庶民子弟通过接受教育掌握了学术文化知识。这样到战国，士的含义再度发生了转变，成为知识分子的代称，而与出身贵贱无关，并且脱离了分封制和等级制的束缚，能够自由流动。以前士所受贵族教育文武并重，而战国的士基本是比较单纯的文士。各国统治者争相招揽人才，这些人才大多数都来自士阶层。士奔走出入于各国，成为各国官僚队伍的后备队。他们求仕最常用的办法是游说自荐，如商鞅初入秦就是通过游说获得了秦孝公的重用，后来合纵、连横理论的倡导者公孙衍、张仪也是凭借过人的辩术纵横捭阖于各国之间，一时成为风云人物。收有门徒的士人往往被尊称为"子""夫子"，他们周游各国时声势比一般士人更盛。

战国士人有着较强的自尊、自主意识，号称"从道不从君"。统治者对士人十分尊重，不仅从中任用官吏，还将一些人专门供养起来而不责以实务。齐国于国都临淄的稷门附近设馆招徕文士学者，荟萃不同学派的名流，称为稷下学宫，历时百余年而不衰，养士多达千余。其中很多人虽获得显爵和优厚生活待遇，却并不担任具体官职，而只是负责发表议论、评议政治得失。除国君养士外，贵族大臣亦多养士为食客。据称齐国孟尝君、赵国平原君、魏国信陵君、楚国春申君和战国末年的秦国相国吕不韦所养食客都达3000人以上，为主人出谋划策、奔走游说、经办各种事务。与学者相比，这些食客的地位要低一些，身份也较为庞杂。尽管如此，贵族大臣的养士仍为一部分士人提供了从事学术文化活动的环境，如吕不韦的食客即以吕的名义编著了学术著作《吕氏春秋》。

士阶层的活跃带来了学术文化的繁荣。社会上出现了众多的学说、学派，都提出自己对政治、社会乃至宇宙万物的一套看法，打算"以其学易天下"。彼此之间不仅口头论战，而且著书立说互相辩驳，同一学派在发展过程中往往又分化出一些小的宗派。各国君主出于政治需要，对各家学派基本上能采取较为公允的态度，能够兼容并蓄，并鼓励和支持学术论争。这样就形成了"百家争鸣"的局面。

## 百家争鸣

在战国时期众多的学说、学派中，以儒、墨、道、名、法、阴阳六家最为重要。

儒本为上古时期术士之称，又演变为有知识才艺者的通称。因孔子较早开创私人讲学，传授文化知识，时人遂称其学派为儒家。到战国时，儒家演化出若干分支，最主要的是孟子、荀子两大学派。

孟子名轲，战国中期邹（今山东邹城）人，其学传自孔子之孙子思。他着重发展了孔子"仁"的学说，倡导实行"仁政"，省刑罚，薄税敛，争取民心，以达于一统，反对以暴力为手段的兼并战争。孟子的"仁政"思想建立在性善论的基础之上。他认为人天生就有仁、义、礼、智四种"善端"，人的修养就是要将这些"善端"在生活中发扬光大，避免因受外事外物影响而陷于邪恶，最终养成充塞于天地之间的"浩然之气"。"仁政"思想还带有民本主义倾向。因为"政在得民"，所以"民为贵，社稷次之，君为轻"。君主有大过，臣下谏而不听，可以易其位。如桀、纣一类暴君，臣下完全有理由诛灭之。孟子的仁政学说和人格修养理论在后代产生了重大影响，他本人也被尊为地位仅次于孔子的"亚圣"。

荀子名况，战国后期赵国人。他在吸取各家学派观点的基础之上对孔子学说进行了发展，重点阐发了孔子关于"礼"的理论，特别强调礼在调节社会关系方面的作用。他反对孟子的性善论，认为人性本恶，所以要用礼治来约束，做到"明分使群"，各人都确定自己在社会中的具体位置，各尽职责，共同构筑出良好的社会秩序。他鼓吹君主集权和统一，认为君主治国重在礼义教化，但法治、刑罚也是必要的手段。荀子还对孔、孟较少谈及的天道观进行了阐述，认为天是没有意志的自然存在，与人事的吉凶祸福无关。人类既

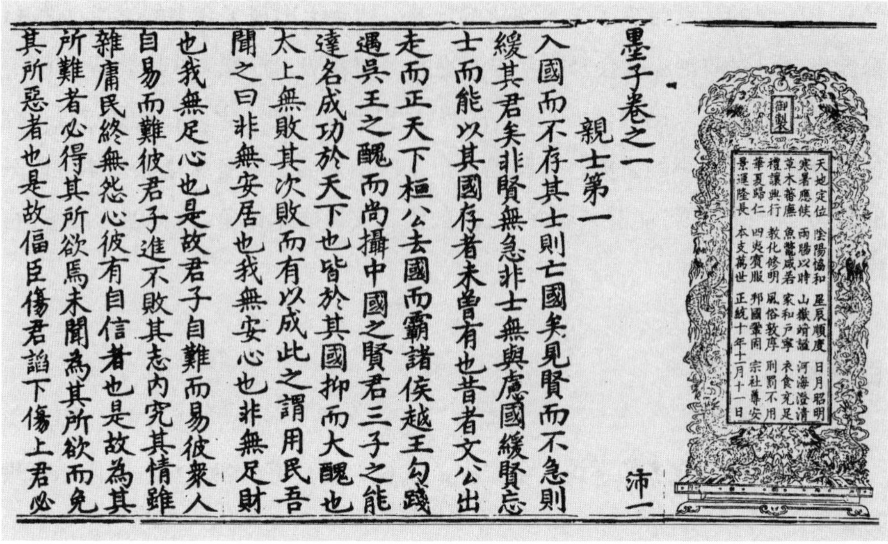
墨子卷之一

親士第一

入國而不存其士則亡國矣見賢而不急則緩其君矣非賢無急非士無與慮國緩賢忘士而能以其國存者未曾有也昔者文公出走而正天下桓公去國而霸諸侯越王勾踐遇吳王之醜而尚攝中國之賢君三子之能達名成功於天下也皆於其國抑而大醜也太上無敗其次敗而有以成此之謂用民吾聞之曰非無安居也我無安心也非無足財也我無足心也是故君子自難而易彼衆人自易而難彼君子進不敗其志內究其情雖雜庸民終無怨心彼有自信者也是故為其所難者必得其所欲焉未聞為其所欲而免其所惡者也是故偪臣傷君諂下傷上君必

沛一

御製

天地定位 陰陽協和 星辰順度 日月昭明 寒暑應候 雨暘以時 山嶽奠謐 河海澄清 草木蕃廡 魚鼈咸若 家和戶寧 衣食充足 禮讓興行 教化修明 風俗敦厚 刑罰不用 華夏歸仁 四夷賓服 邦國寧 宗社尊安 景運隆長 本支萬世 正統十年十一月十一日

图 3–5 明刻本《墨子》书影

应该顺应自然界的规律，同时也可以通过主观努力改造自然，“制天命而用之”。荀子在后世虽然受到一些正统儒家学者非议，但他礼法并重、德主刑辅的政治思想，实际上成为中国古代绝大多数君主专制王朝的治国基本原则。

墨家是继儒家之后较早出现的学派，与儒家并称为战国时之显学。创始人墨子，名翟，是春秋末战国初鲁国人，其思想较多地反映了社会下层人民的利益。墨子提倡“兼爱”，即无差别的爱，反对儒家有层次、差等的“仁爱”，由此又主张“非攻”，谴责列国之间的兼并战争。关于政治，墨子提出“尚贤”，希望上自天子、下至乡里的各级职务都选拔贤人来担任，在此基础上又提出“尚同”，即所有人都要自下而上服从领导，直至“上同于天子”。在经济和社会生活方面主张“节用”，反对儒家倡导的厚葬和礼乐建设。其世界观则强调尊天、尊鬼，迷信色彩较重。墨子学派有严密的组织，带有宗教和苦行色彩，在战国社会上影响相当大。但作为其思想核心的“兼爱”学说，具有虽崇高而不切实际的弱点。随着墨家部分观点在后世被儒家所吸收，它作为一个学派也就基本趋于衰落了。

道家的代表人物是老子和庄子。关于老子其人，记载歧异，或云名李耳，或云名老聃，其生活年代可能与孔子同时，但现在所见《老子》一书则写成于战国时期，其中思想的形成要晚于儒、墨学说。《老子》探讨了儒、墨所忽略的宇宙本原问题，提出了“道”的哲学范畴，它无形无象但无处不在，是超越时空的绝对精神。《老子》反对儒、墨“仁政”“尚贤”的政治理论，主张小国寡民，无为而治，使民无知无欲。《老子》一书中有比较丰富的辩

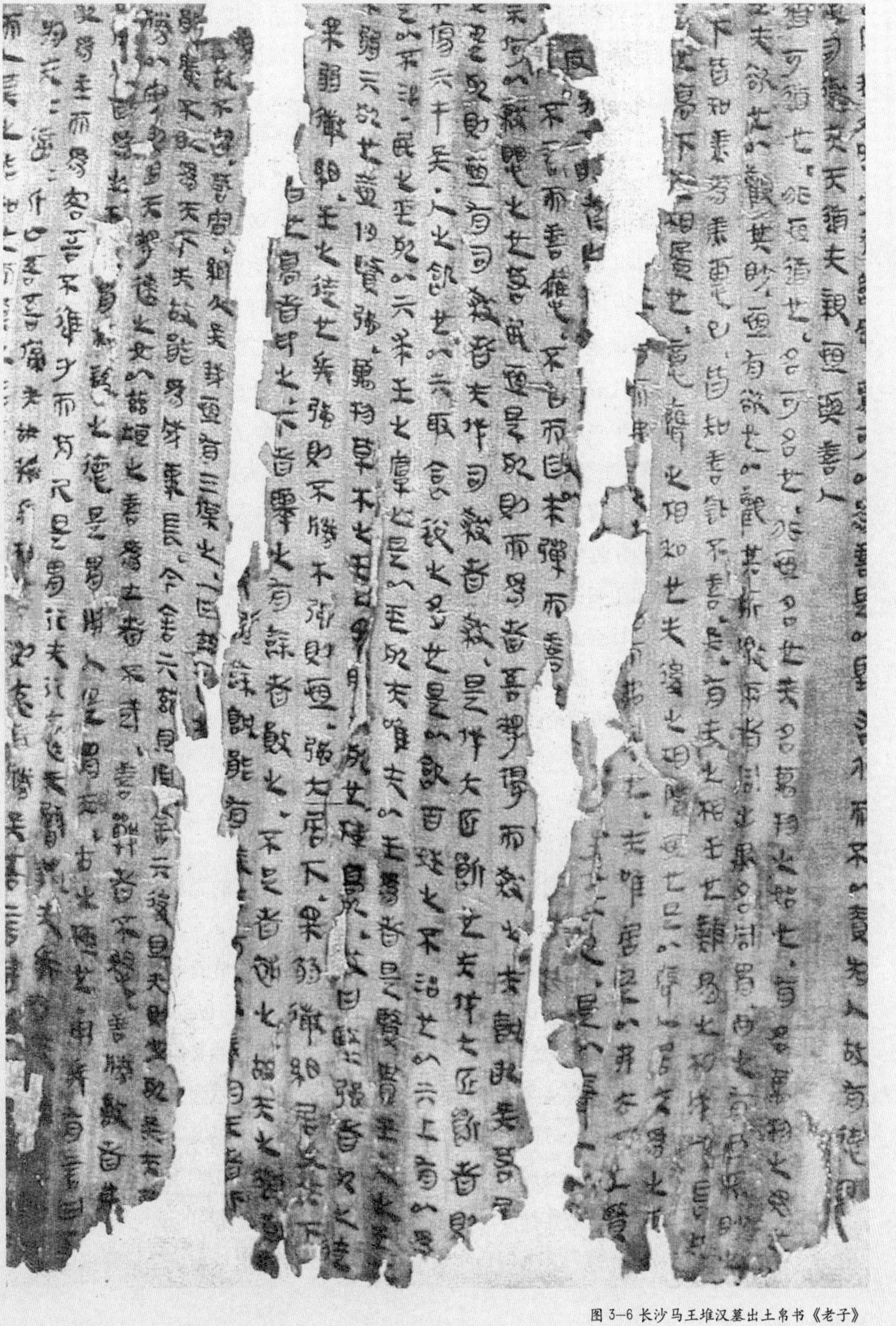

图 3–6 长沙马王堆汉墓出土帛书《老子》

证法思想，揭示了客观世界中普遍存在的矛盾对立关系及其互相转化的现象，但又把矛盾对立面的转化关系过分夸大，认为事物发展仅仅是简单的循环，从而走向相对主义。庄子是战国中期宋国人，名周。他同样认为"道"是宇宙本原，并且更强调"道"的主观性和不可知性。其相对主义思想也更加强烈，无是非，齐死生，忘物我，几乎抹杀了一切对立事物的界限。由此他反对社会进步，否定文化知识，痛恨仁义礼乐，主张恢复人的自然本性，做到愚昧全真和心灵的消极自由。以老、庄为代表的道家学派对后世中国社会影响很大，特别是其消极、软弱、倡导"无为"的思想倾向，往往成为后人寻求精神寄托的工具。

名家是一个以逻辑学为探讨对象的学派，与其他主要探讨社会政治伦理的学派有别。其代表人物为战国中期宋国人惠施和战国后期赵国人公孙龙。比较而言，惠施较多地强调事物相同、相互联系的一面，而公孙龙则更注重事物相异的一面，主要在概念的内涵、外延上做文章，夸大共性与个性的矛盾。名家讨论问题时常流于诡辩，但他们的讨论却促进了古人认识能力和逻辑思维能力的深化，在哲学史上具有重要地位。

关于法家和阴阳家，将在下一章结合秦王朝的建立进行介绍。

此外，战国社会上还有其他一些有影响的学派。其中主要有讨论合纵、连横策略的纵横家，提倡重农政策和探究农业技术的农家，综合各派学说的杂家，以及研究军事理论的兵家（见前文），等等。

## 周朝其他文化成果

除去上文提到的周朝礼乐文化、孔子及其他先秦诸子的思想之外，周朝还产生了其他许多重要的文化成果。

《尚书》与《周易》——《尚书》是现存中国古代最早的一部历史文献汇编，主要为商、周两朝统治者的讲话记录，在周朝编订而成，也包括一些春秋、战国时人根据尧舜时期及夏朝的传说资料加工而成的篇章。今传本可靠者共有28篇。性质相近者还有《逸周书》59篇，亦以汇集周朝文献为主，而内容更显庞杂。《周易》则是一部古人占筮（一种用蓍草算卦的方法，与甲骨占卜合称"卜筮"）的工具书，分经、传两部分。《易经》用阴、阳两个基本符号组合出64卦，386爻，并各作释辞，大约成于西周。《易传》是对经的进一步解释，共10篇，亦称"十翼"，其写作年代不一，大部分当做于战国，个别篇章可能晚至汉初。《易经》对卦、爻的解释具有很强的神秘色彩，同时显示出较深刻的理论思维和辩证观念，《易传》则在其基础上继续作了哲理化的发挥。

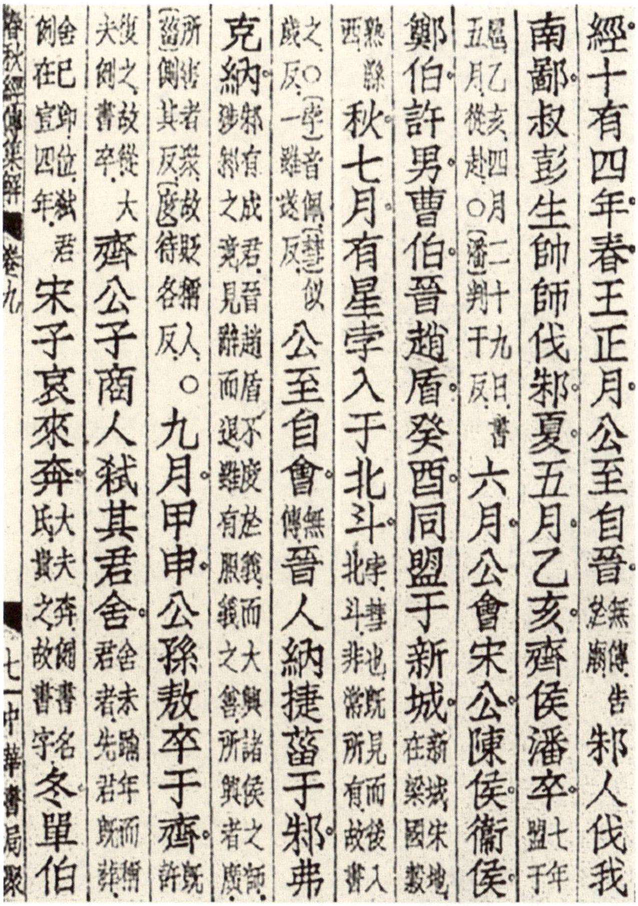

史学——《尚书》《逸周书》虽汇集了一批历史文献，但并不属于史学家有意识纂修的史书。两周之际，王室与诸侯国开始设立专门从事历史记载的史官。他们编纂的史书大都称为《春秋》（以春、秋季节指代一年），其中只有鲁国的《春秋》传世，成为现存最早的编年体史书。鲁《春秋》记事始于鲁隐公元年（前722），终于鲁哀公十六年（前479），虽以鲁国纪年，而兼记王室与其他诸侯国之事，相传经过孔子的删订。今存者共1.6万余字，叙事十分简略，但囊括了政治、经济、军事、文化、天文气象、社会生活等多方面内容，载有明确的时间、地点和人物，并以简练的文字寓含褒贬之义。成书于战国的《左传》，托名春秋时鲁国史官左丘明所著，是一部对《春秋》内容进行补充、阐释的著作。它以《春秋》纪事为纲，增补了多达18万字的材料，成为一部内容更为丰富、翔实的编年史名著。

战国时期出现了很多史著，但传世者很少。同样托名左丘明的《国语》以国别史体裁分国记述春秋史事，详于人物言论。《竹书纪年》是魏国史官所作上古以来的编年史，初具通史性质，而较简略。《世本》是赵国史书，亦始于上古，主要记载帝王、诸侯、卿大夫世系。另外一些作品虽非专门史著，

图 3-7《春秋》中关于彗星的记载

但部分地具有史著性质。如当时学者整理周朝官制材料,并加以理想化组织而写成的《周礼》,近似于后代史部分类之下的政书。《穆天子传》记周穆王巡游经历,《山海经》记古代地理,皆以神话传说为主,其中也夹杂了不少有价值的古史资料。

文学——春秋时期,出现了中国第一部诗歌总集《诗经》(原称《诗》)。周朝诗歌创作很发达,大都用于配乐演唱,王室和许多诸侯国皆设有专职人员负责采集、整理诗歌音乐,《诗经》即是从鲁国流传下来的一种汇编本,其中分《风》《雅》《颂》三部分,汇集了西周到春秋中叶的诗歌305首。《风》是各国民歌,亦称《国风》,广泛反映了当时的社会生活,包括劳动、婚恋、风俗等。《雅》是贵族创作的作品,其中也有

图3-8 明人绘《屈原图轴》

少量民歌,《颂》则是贵族祭祀所用歌曲,两者包含了不少史诗,述及周部族早期历史及周朝典制。《诗经》的体裁主要为四言诗,但有时出现长短错落的杂言句式。运用了赋、比、兴等不同表现手法,许多作品语言生动自然,且音韵协美,达到很高的艺术水准。《诗经》与前文提到的《尚书》《周易》《春秋》

《仪礼》《周礼》在后世均被作为儒家经典尊奉,对中国文化产生了深远的影响。

战国时在楚国兴起了一种新的诗歌体裁,句式、篇幅均较长,用楚地方言写成,辞藻华美,富于浪漫和抒情色彩,称为楚辞。楚辞的主要作家为楚国大夫屈原。他从政失意,遭到放逐,目睹楚之衰亡,感慨自己的政治理想无法实现,遂投汨罗江而死。屈原写有长篇抒情诗《离骚》《天问》,组诗《九章》,又在楚国民间祀神乐歌的基础上创作《九歌》。他的作品大量运用了比兴、夸张、拟人等象征手法,构思奇特,感情浓烈,营造出神奇瑰伟的艺术境界。其余楚辞作家还有宋玉、景差等。

战国时期的散文创作已从过去古奥的《尚书》典诰体中解脱出来,形成了明白易晓、自然流畅的文言文。史学名著《左传》在文学史上也具有重要地位,文字简练优美,尤其擅长叙述战争之类复杂的历史事件,使读者有身临其境之感。写人也时有画龙点睛之笔,形象栩栩如生。汇集战国纵横家言论的《战国策》也以叙事生动见长,并长于夸张,体现出较强的感染力。先秦诸子的许多作品都富有文学价值,文笔犀利流畅,善于论证说理,并多用譬喻、寓言以强化论证效果,气势宏大。

科技——西周到春秋的天文学在商朝的基础上继续发展,天文观测的二十八宿体系逐渐形成,用以标志日、月、星宿位置,在此基础上设定季节,编制历法。战国时齐人甘德和魏人石申分别撰写了天文学专著,其残本被后人合编为《甘石星经》。长沙马王堆汉墓出土了若干种大约成书于春秋、战国之际的帛书医学文献残本,反映出当时医药学已有较大的发展。战国开始

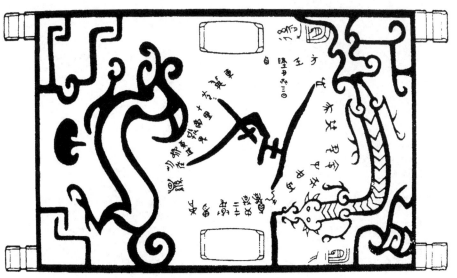

图3-9 湖北随州曾侯乙墓出土漆绘天文图

出现针法，一些医生使用药、针、灸的综合治疗，取得较好效果。齐人扁鹊（名秦越人）能以综合手法治疗内科、妇科、儿科、五官科等疾病，名动一时。先秦诸子中的墨家对科技较有研究，《墨子》中被称为《墨经》的六篇文章探讨了物理学和数学方面的一些概念、规律，是中国古代科学思想史的宝贵资料。

# 第四章 统一君主专制帝国的出现：秦

公元前221年，战国七雄中的秦完成了全国的统一。公元前207年，秦朝灭亡。秦王朝虽然短命，但在中国历史上占有非常重要的地位。它巩固统一的有关措施，特别是一套专制主义中央集权制度，曾长期为后代王朝所取法。它短命而亡的历史教训，也成为后代王朝的重要借鉴。

# 一　法家思想与秦的立国

秦王朝立国的主导方针是法家思想。法家主张尊崇君权、厉行法治，适应了专制官僚制取代宗法分封制的历史趋势，因此各国变法运动绝大部分都是在法家思想指导下进行的。变法以秦国最为彻底，法家思想的贯彻也以秦国最为深入，对秦王朝的建立和速亡都具有重大影响。

## 前期法家及商鞅学派

法家最初的发源地主要是较早进行政治改革的三晋地区。如李悝、吴起诸人，就其政治实践而言，都属于法家的范围。至于理论上的建树，则前期法家的代表人物主要有三：卫国人公孙鞅（商鞅）、郑国人申不害，赵国人慎到。三人的思想各有侧重，商鞅重"法"，申不害重"术"而慎到重"势"。申不害曾在韩国主持改革，他强调的"术"主要是指君主统治的权术，包括任用、监督、考察臣下的一套办法。慎到曾在齐国稷下学宫讲学，他强调的"势"是指君主的权威。申、慎二人思想的共同特点是与道家有一定的渊源，都主张君主"无为而治"，但又不是真正意义上的"无为"，而是指君主不露声色，以权术和威势督责臣下，表面无为而实则独裁。这是中国古代较早出现的君主专制理论。

与申不害、慎到相比，商鞅的思想更偏重于表述专制官僚制的行政原则，主要也就是"法"。又得到后人的继承和发挥，形成了法家中的商鞅学派。商鞅学派的思想资料，主要保存在托名商鞅所著、但成书于商鞅身后的《商君书》之中。

商鞅学派持历史进化论的观点，反对儒家言必称"先王"的复古思想，也反对儒家所倡导礼乐教化的治国方针，主张因时变法，实行法治。所谓"法"，主要内容是指服务于专制政治的刑法和行政法，"严刑峻法"的色彩十分浓厚。商鞅治国的一个重要思想是"轻罪重刑"，主张对轻罪也施以严厉惩罚，认为这样才能使民众知惧，最终达到杜绝犯罪行为的目的。在具体的政治目标上，特别强调农、战两项工作，将其提到决定国家兴亡和君主安危的高度。因为重农，所以要奖励耕织，打击工商业；因为重战，所以要提倡全民皆兵，培植尚武精神，同时禁止私斗。而耕战的最终目的又是强国，完成统一的帝王之业。通过厉行法治，使国家机器和社会各阶层、各行业，都充分发挥出效能，服务于强国这一最终目的，撤销有碍于它的任何阻力。应当说，这套政治理论在秦国行用的效果是相当显著的，秦国的确因而不断强盛，并且完成了统一大业。

但另一方面，商鞅学派的政治理论也存在着比较明显的缺陷。主要是只强调以硬的一手治国，满足于其立竿见影的近期效应，而完全忽视了软的一手、即教化与道德在治国方面长久而深远的作用。与此相联系，过分注重了强国的政治目标，一切为之服务，使整个社会处于高速运转、高度紧张当中，缺乏调节和弹性，存在着崩溃的危险。战国后期，荀子入秦访问，对秦国政治的稳定和高效率留下了深刻印象。但同时他也觉察到秦国的问题，那就是"殆无儒邪？"荀子评论说："（儒）粹而王，驳而霸，无一焉而亡。"秦国既然"无儒"，那就难逃覆亡的命运。后来历史的发展，多少验证了荀子的预言。

## 吕不韦调整治国方针的尝试

经过商鞅变法以后数代国君的经营，秦国兼并六国的大势逐渐明显，统一只是时间问题。在这样的背景下，秦国统治集团中的一部分人开始考虑对商鞅以来的治国方针进行某些调整，以适应统一以后的政治形势。其代表人物，是秦统一前夕的相国吕不韦。

吕不韦，濮阳（今属河南）人，在韩国经商致富。他偶然结识在赵国充当人质的秦国公子异人，认为异人是"奇货可居"，出重金为之活动，使异人被立为秦国储君。异人于公元前250年承袭王位，是为秦庄襄王。庄襄王为报答吕不韦，任命他为相国，封文信侯。庄襄王在位三年即去世，其子政嗣位，也就是后来完成统一的秦始皇。秦王政时年仅13岁，吕不韦继续以相国身份秉政，并被尊为"仲父"，权势更盛。他模仿六国贵族养士之风，招徕宾客3000人，命他们各著所闻，编成一部20余万言的《吕氏春秋》，希望通过综合总结各家各派的学说，为行将出现的统一王朝提供一套长治久安的治国方案。

《吕氏春秋》是战国"百家争鸣"当中杂家的代表著作。杂家的特点是"兼儒、墨，合名、法"，对各家各派学说均有所采纳，但又未能形成系统的思想体系。另一方面，《吕氏春秋》是有计划、有组织的集体创作，体裁非常整齐，内容也兼及哲学、政治、历史、社会伦理、自然科学诸多方面，具有某种百科全书的性质。在哲学观点上，它受道家影响较重，提倡法天地，顺自然，但舍弃了道家过于消极避世的思想因素。就政治观点而言，《吕氏春秋》的思想来源则更为复杂。它赞同法家的进化历史观，希望用战争手段建立中央集权的统一王朝，主张变法和法治。同时也吸取了儒家思想，鼓吹爱民和顺应民心，提倡实行德政，任用贤人，还具有一定的反专制倾向。对道家"无为""清静"的政治理论，也予以采纳。总的来看，作为《吕氏春秋》的主持编纂者，吕不韦显然已经认识到，对于即将建成的统一王朝，单纯用过去法家的一套策略来治理是远远不够的，应当兼采儒、道等各家政治学说。

然而随着秦王政的成长，吕不韦的地位岌岌可危。秦王政为人猜忌、专断，对吕不韦长期把持国政久已不能容忍。公元前237年，吕不韦被免去相国职务，次年又被流放到蜀地，饮鸩酒自尽。虽然吕不韦在秦王政亲政前抢先将《吕氏春秋》公布于咸阳市门，但秦王政并未像他期待的那样成为其政治学说的实践者。《吕氏春秋》的治国方案终于被束之高阁。

## 韩非法、术、势并重的政治思想

真正对新兴王朝政治实践产生深刻影响的思想家是韩非。韩非是战国法家的后期代表人物，也是战国法家思想的集大成者。他出身于韩国贵族，早年曾受学于荀子，入秦后受同学李斯谗毁，下狱自杀。韩非虽死，但他的法治思想和君主专制思想却得到了秦王政的赏识，被充分贯彻于秦朝统一前后的政治实践当中。

韩非系统地总结了前期法家的政治思想，将商鞅的"法"、申不害的"术"、慎到的"势"结合起来，形成一套更加全面的法治理论。他强调法令的公开性和权威性，认为只有严格以法治国，才能尽可能地发挥出国家机器的统治功效，调动出社会上下各阶层的潜能。最理想的社会状态，就是"无书简之文，以法为教，无先王之语，以吏为师，无私剑之捍，以斩首为勇"，百姓"言谈者必轨于法，动作者归之于功，为勇者尽之于军"。这主要是继承了商鞅学派的观点，但阐述得更加充分。

在重法的基础上，韩非又将"术"的思想大力发挥。与法的公开性不同，术的特点在于其秘密性，"法莫如显，而术不欲见"。韩非对"术"的阐释建立在极端性恶论的思想基础之上。在他看来，天下人无一例外地都是"挟自为心"的自私自利之徒，彼此皆"用计算之心以相待"，除了赤裸裸的利害关系以外再无其他原则可言。所以君主不能信任、依赖身边任何人，只能靠"术"来防奸。韩非概括出了臣下对君主行使奸谋的八种主要手段，又为君主设计了"七术""六微""八说""八经"等一系列防范措施，包括鼓励告密、设置特务、布置圈套、借刀杀人等等。在处理人际关系方面，韩非已经完全不承认伦理道德的调节作用，解决问题的办法只剩下阴谋和暴力。这一点与荀子性恶论有着重大区别。

韩非发展了慎到关于"势"的理论。在他的思想体系中，势实际上成为贯彻法、术的先决条件。君主不仅要善于利用自己至高无上的"自然之势"，更要有意识地集中权力，用严刑峻法创造"人为之势"。因此韩非极力拥护君主独裁、专制。不仅如此，他还将"势"的原则延伸到思想领域，主张严格控制思想舆论并使其定于一尊，禁止私人讲学和私人著作传布，甚至采取愚民政策，"禁奸之法，太上禁其心，其次禁其言，其次禁其事"。

从哲学角度看，韩非思想中的辩证法内容比较引人注目。这在一定程度上受到了老子的影响，但与老子较多地强调对立面转化关系不同，韩非更重视对立面的冲突、斗争因素。所以他不像老子那样主张柔弱胜刚强，而是贵刚不贵柔，提倡积极进取。在论述具体问题如政治时，又往往走得更远，将对立面的冲突、斗争绝对化，提出的策略带有很强的偏激、冷酷色彩，缺乏回旋余地和灵活性。这些策略在秦王朝大都得到了实践，结果却成为秦王朝速亡的重要原因。然而，韩非的思想毕竟为新出现的君主专制中央集权王朝提供了充分的理论依据，其中亦颇不乏实用的内容，因此在秦亡以后，仍被后代王朝不公开地采纳，形成所谓"阳儒阴法""儒表法里"的统治特征。

## 二　巩固统一的各项措施

秦的统一结束了春秋、战国数百年的分裂割据局面，疆域东起大海、西至陇西、北抵阴山、南到岭南，有效统治范围大大超出周代。为巩固统一成果，秦朝统治者采取了一系列有针对性的措施。这些措

图 4-1 秦朝疆域图

施确立了专制主义中央集权的统治，使统一成为以后中国历史发展的主流，在中国历史上具有重大的积极意义。

## 君主集权的官僚制统治

早在战国时期，各国通过变法运动，已经分别确立了君主集权的官僚制政治形态。这种新的政治形态在秦王朝有进一步的创新。最主要就是皇帝制度的建立。

公元前221年，秦国完成统一不久，百官奉命讨论新的君主名号。最后定议，从上古传说中的君主名号"三皇""五帝"当中各取一字，合为"皇帝"。同时秦王政下令，取消对已故君主进行褒贬的谥法，改以数字为称，自己为始皇帝（史称秦始皇），以后继任者为二世、三世，照例类推。还作出若干旨在"尊君"的规定，如皇帝自称为"朕"，其命令专称为"制""诏"，其印章专称为"玺"，以表示至高无上、与众不同的地位。对皇帝的名字要进行避讳，文件中提到皇帝时，必须换行顶格书写。诸如此类的有关制度，连同"皇帝"的名号一起，基本都被以后历代王朝一直沿用，仅谥法在后世重新恢复，与秦不同。

官僚制度也得到了进一步的完善。中央机构中，丞相、太尉、御史大夫是皇帝最主要的辅佐大臣，后人合称"三公"。其中丞相为最高行政长官，被视为百官之首。太尉为最高武官，掌军事。御史大夫为丞相副贰，协理国政，主管图籍文书，并负责监察百官。"三公"以下，有"诸卿"分掌具体政务，习惯上亦称"九卿"。其中奉常掌宗庙礼仪，郎中令、卫尉掌宫廷宿卫，中尉掌京畿警卫，太仆掌车马，廷尉掌刑法，典客掌礼宾，典属国掌边疆藩属，宗正掌宗室事务，治粟内史掌国家财政，少府掌皇室费用，将作少府掌工程营建，等等。此外还设有一批"掌通古今"、无具体行政事务的博士，以备皇帝顾问。这一套以"三公""九卿"为主干的中央官制，也被后来的汉朝所采用。

地方行政机构分郡、县两级。秦朝彻底废除了周朝的分封制度，全面推行郡县制，以郡统县。初统一时，全国共设36郡，后来陆续增设至40余郡。郡设郡守为行政长官，郡尉掌武事，郡监（监御史）掌监察。县的大小不等，万户以上者长官为县令，万户以下为县长，又皆有县丞、县尉等官。郡、县主要官吏均由朝廷任免，他们通过自战国沿用下来的"上计"制度接受中央考核。县以下又有乡、里两级基层管理组织，乡设三老、啬夫等职，里设里典。另外县下面还有亭的建置，设亭长，负责掌管地方治安。这样，秦王朝的统治由朝廷下至郡、县、乡（亭）、里，层层控制，国家权力自上而下延伸到社会最底层，又自下而上逐级集中到最高统治者皇帝手中。这也是秦以下中国历代王朝的基本统治模式。

## 整齐制度

除官僚制统治机构的普遍设立外，秦王朝又以原来秦国之制为主要标准，

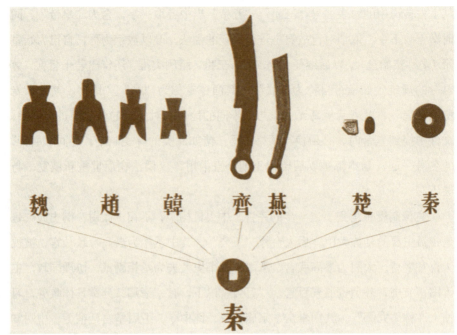

图 4-2 秦统一货币示意图

对全国政治、经济、文化各方面制度进行整齐划一的工作，以消除长期分裂割据所造成的地区差异。

秦统一后，将原来本国的法律加以补充、修订，颁行于天下。秦律名目繁多，分类细密，就法律形式而言已经比较发达。同时普遍推行户籍制度，加强对民众的管理和控制。凡男子均须向政府申报年龄，称为"书年"；至成年即载明于户籍，以备国家征发徭役，称为"傅籍"；人户迁居应经官府批准后登记，称为"更籍"。秦廷还在统一后"使黔首自实田"，即令百姓申报土地面积，其数目载入户籍，作为国家征收租税的主要依据。秦用于赏军功的二十等爵制亦在全国广泛推行，爵级是社会地位的象征，高爵者可享受若干法律特权。

战国时由于长期分裂，各国文字异形，基本结构虽大体相同，而字体繁简和偏旁位置多有差别。统一后秦始皇下令，将秦国过去使用的文字进一步简化整理，称为"小篆"，普遍推行，做到"书同文"。与战国各国文字相比较，小篆明显具有构造简单、易写易认的优点，因而很快为社会所接受，并且在其基础上又演变出更为简易的隶书。秦廷还进行了统一货币和度量衡的工作。废除六国旧币，法定货币仅限两种，以黄金为上币，秦国的圆形方孔铜钱为下币。铜钱由国家统一铸造，严禁私人盗铸。将商鞅变法时制定的度量衡标准器推行到全国，废止六国各自原有的度量衡。

秦朝"整齐制度"之举在很多方面受到了阴阳家的影响。阴阳家是战国"百家争鸣"中的一个重要学派，主要代表人物为齐国人邹衍。他们发展了中国古代的"五行"学说，认为宇宙万物皆由金、木、土、水、火五种元素构成，这五种元素又与历史上的朝代相对应，相生相克，终始循环，称为"五德"。阴阳家以周朝为"火德"，并根据水克火的原则，认定取代周朝的朝代属于"水德"。秦始皇因而尽量按照"水德"的有关对应细节设计王朝制度。阴阳家称，水德在时间上代表冬季，颜色上"尚黑"，数字上与"六"相对应。秦朝遂以冬季之始十月为一岁之首，衣服旌旗均以黑为主色。数字标准尽可能"以六为名"，大数目多用六的倍数。另外水德属阴，主刑杀，而秦的统治力求严酷，不讲"仁恩和义"，这同时也与它的立国主导方针法家思想殊途同归。

图 4-3 秦统一度量衡铜诏版

## 其他措施

秦朝统治者在巩固统一方面还做了许多工作。当时六国虽灭，但各地残余的反秦势力并未完全消失，分裂割据的危险仍然潜存。针对这种情况，在兼并战争结束后，秦廷即将天下兵器都收缴到首都咸阳加以销毁，熔铸为 12 个各重千石的铜人。秦始皇又下令将各国所修城防壁垒完全拆除，并强制迁徙六国故地的贵族、豪富。迁徙的主要目的在于使这些贵族、豪富脱离乡土，便于监视，同时也促进了新迁居地区的经济发展。

为控制辽阔的国土，秦始皇修建了以首都咸阳为中心的道路交通工程。由咸阳向东和东南分别修成两条交通干线，称为"驰道"。由咸阳向北直达河套地区也有一条交通干线，称为"直道"。西南地区开通了由今天四川宜宾直通云南曲靖的道路，因地形险阻，道路比较狭窄，名为"五尺道"。此外，各地

图 4-4 秦峄山刻石拓本

还修建了大量区域性的道路。沿着新开辟的道路，秦始皇先后五次出巡，足迹几乎遍及全国北、南、东南各地区。出巡的主要目的是炫耀威德，慑服地方，随从车驾众多，仪仗鼎盛。每到一处，往往都要刻石立碑，祭祀名山大川，歌颂自己的功德。始皇二十八年（前219）第二次出巡时，曾专门在泰山举行封禅大典。"封"为祭天，"禅"为祭地。按照战国时人的说法，泰山是天下最高的山，君主只有亲临泰山祭祀天地，才算是正式"受命于天"。秦始皇是第一个真正将封禅理论付诸实施的古代帝王。

开拓、稳定边疆也是巩固统一政策的重要内容。秦在北部边疆的威胁来自匈奴。匈奴是崛起于战国后期的一个北方游牧民族，在秦兼并六国前后，它也逐步征服了蒙古高原上的一些部族，建立起强大的草原帝国，其君主称为"单于"。战国末年，匈奴占领了河套地区，即史书中所称"河南地"，对秦朝构成重大威胁。秦始皇统一后，派大将蒙恬率军30万北击匈奴，最终夺回"河南地"，

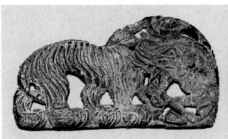

图4-5 匈奴铜牌饰

设置郡县，移民屯垦。为抵御匈奴侵扰，秦朝利用战国时秦、赵、燕诸国北边边墙，加以整修连贯，筑成了西起临洮（今甘肃岷县）、东至辽东的万里长城。这是闻名世界的古代伟大工程。

在南方，秦始皇发动了对越人的战争。越是当时自长江下游直至南海交州湾沿海地区居民的泛称，因其种姓繁多，又称"百越"。其人断发文身，从事渔猎和粗放的农业生产。秦并六国后，派尉屠睢统军50万，征服了东南、南部沿海地区，设置郡县，修筑道路，并征发内地百姓前往戍守。为解决战时的后勤运输问题，秦朝官员在湘水、漓水之间开凿了灵渠（在今广西兴安），沟通长江、珠江两大水系，航运之利泽被后世。在"西南夷"居住的云、贵地区，秦廷也派人前往招抚，加强了西南与中原的联系。

## 三　秦的暴政和速亡

作为中国古代第一个统一的君主专制王朝，秦朝的强盛大大超出以前的朝代。但其强盛建立在暴政的基础上，因而也孕育着严重的危机，很快走向覆亡。

### 秦朝的暴政

法家思想在治国方面提倡君主、国家至上，漠视民生，轻用民力，迷信严刑峻法，这在秦朝表现得十分明显。在统一后的十余年中，秦朝维持了一支庞大的军队，建立起一套庞大的官僚机构，继续发动了若干次大规模战争，并且

图4-6 秦阿房宫遗迹

进行了巨大的国防建设和土木建筑工程，这一切都是以残酷剥削、压迫人民为代价的。

  秦朝的赋役非常繁重。百姓验地交田租，按人口纳口赋，此外还有种种苛捐杂税。男子一生中至少要为国家服兵役两年，实际上常常不止其限。临时的徭役征发也极为频繁。秦始皇在统一后开拓边疆、进行国防建设的举措，已经给社会造成了沉重负担。他为了满足个人的享乐欲望和虚荣心，还大兴土木，在咸阳修建阿房宫等宫室，在骊山（今陕西临潼境内）预修自己的陵墓，规模极为豪华。史载秦朝北修长城动用40余万人，开拓岭南戍边动用50余万人，修建骊山皇陵则征发了70余万人。除朝廷直接征役外，地方官府杂役也无不征用民力。据估计，秦朝日常从事当兵服役的劳动者达到壮年男子的三分之一，严重地影响了农业生产。

  秦朝的刑法非常严酷。首先是法网严密，条目繁杂，百姓动辄得咎。另外统治者提倡"轻罪重刑"，量刑苛重。死刑有磔、戮、烹、绞、车裂、腰斩等多种名目，还时常连坐族人，实施夷三族、九族的大规模杀戮。肉刑包括劓、黥、刖、宫等各种残害肢体的手段。徒刑的实施更为广泛，而且对刑期并无规定。

百姓一旦沦为刑徒，就可以无休止和更加随意地被国家役使，大量人民以国家囚徒的身份进行残酷劳作，全国几乎变成了一个大监狱。

在政治上，秦始皇实行高度的集权专制。他深受韩非"术""势"理论的影响，加上个人性格猜忌专断，事必躬亲，不信任臣下。每天处理文书奏章，以竹木简一石（合120斤）为标准，不完不得休息。喜怒无常，群臣动辄得咎。秦始皇还将专制统治实施于思想文化领域。始皇三十四年（前213）大臣争论分封、郡县制优劣，博士淳于越等倡言以古为师，主张分封，未获采纳。丞相李斯借机将事态扩大化，指责儒生以古非今，制造思想混乱，对专制统治不利，建议焚书和禁止私学。始皇遂下令，凡秦以外诸侯国史书，非博士官所藏《诗》《书》及诸子百家著作一律焚毁，仅医药、卜筮、种树之书除外。以后有敢谈论《诗》《书》者处死，以古非今者灭族。次年，始皇因求仙为方士所骗，迁怒于咸阳的儒生，认为他们妖言惑众，逮捕并坑杀了460余人。以上两件事史称"焚书坑儒"，虽暂时起到了控制思想舆论的作用，但对文化造成严重摧残，更加重了士人对秦朝的仇视。

秦朝的暴政导致了严重的社会危机，地方上不断出现反秦活动。始皇三十七年（前210），秦始皇在第五次出巡途中病死，遗诏命长子扶苏回京主持丧事。扶苏此前因反对秦始皇的严刑峻法政策，被贬至北方监军。宦官赵高与丞相李斯密谋，矫诏令扶苏自杀，拥立始皇的幼子胡亥即位，是为秦二世。秦二世为人更加昏庸残暴，信用赵高，诛杀宗室、大臣，统治集团内人人自危。又继续大兴土木，滥施刑罚，百姓饥寒交迫，死者相望，大规模的暴动一触即发。

## 秦朝的覆亡与楚汉之争

秦二世元年（前209）七月，一队开往渔阳（今北京密云）的戍卒900人，在大泽乡（今安徽宿州境）遇雨受阻，无法如期赶到戍地，按秦法当斩。这些戍卒为了死里逃生，在带队的屯长陈胜、吴广领导下揭竿起义。起义者基本上来自楚地，打出了兴复楚国的旗帜。他们在起事之前即散布口号"大楚兴，陈胜王"，起事后陈胜称王，取"张大楚国"之义，定国号为"张楚"。消息传出，附近人民纷纷响应，各地从事秘密反秦活动的六国旧贵族也都趁机起兵复国，天下大乱。虽然陈胜、吴广起事仅半年即在秦军主力进攻下败死，但秦朝灭亡的大势已经形成。

图4-7 秦始皇陵一号兵马俑坑

由于统一时间未久,六国贵族在地方上仍然有很大号召力,掌握了各支反秦部队的领导权。六国当中,楚国疆域最大,贵族势力最强,楚地的反秦情绪也最激烈,流传民谚称"楚虽三户,亡秦必楚"。旧楚名将项燕之子项梁在吴(今江苏苏州)地起兵,拥立战国时客死于秦的楚怀王之孙为王,仍号楚怀王,并被各地反秦势力拥戴为盟主。不久项梁战死,其侄项羽继统楚军。秦二世三年(前207),项羽在钜鹿(今河北平乡境)以少胜多,大败章邯率领的20余万秦军主力,迫使章邯投降。与此同时,楚怀王又派刘邦统领一支军队乘虚直取关中。秦朝统治集团在强大的反秦压力下分崩离析,赵高杀死秦二世,拥立二世之侄子婴,子婴又诱杀赵高。公元前207年十月,刘邦兵临咸阳,子婴出降,秦朝灭亡。

秦朝灭亡后,全国陷入短暂的分裂局面。项羽自恃功高兵强,企图主宰天下。他自立为西楚霸王,都彭城(今江苏徐州),并主持分封了18个诸侯王。

在此之前，六国君主后裔已纷纷称王，项羽将他们的辖境重新进行调整，多徙之于偏远贫瘠之地，相反却将自己的亲信分封于善地为王。楚怀王被他尊以虚号"义帝"，迁到荒僻的郴（今湖南郴州）。按早先约定，应当将先入关的刘邦分封在关中。但项羽违约将他封为汉王，王于汉中。不久项羽又派人暗杀了"义帝"楚怀王。项羽的所作所为引起了普遍不满。公元前206年，齐国贵族田荣首先起兵反楚，诸侯混战再度爆发。刘邦乘机出动，占领关中，并东向与项羽争夺天下，由此展开了为时四年的楚汉之争。

与项羽相比，刘邦出身微贱，原来只是沛县（今属江苏）的亭长。其为人宽厚豁达，进入关中后废秦苛法，禁止军士扰民，受到百姓拥戴。在与项羽的战争中，起初因军事力量对比悬殊，一再败北。但他老谋深算，知人善任，在巩固后方的基础上，尽可能地联合各地反对项羽的势力，进行持久战，终于渐渐取得战略上的优势。项羽武力虽强，然年轻缺乏政治头脑，粗暴嗜杀，不善用人，又树敌过多，终不免于失败。公元前 202 年，汉兵围困项羽于垓下（今安徽灵璧境），项羽穷蹙自刎。同年刘邦正式称帝，建立汉朝，是为汉高祖。

**秦朝帝系表**

（一）始皇帝嬴政——扶苏——（三）秦王子婴
（前 221—前 210） 　　　　　（前 207）
　　　　　　　　└（二）二世胡亥
　　　　　　　　　（前 210—前 207）

# 第五章 西汉前、中期政治：从黄老无为到"霸王道杂之"

刘邦建立的汉朝，以位置偏西的长安（今西安）为都城，史称西汉。西汉国家制度基本沿袭秦朝而略有增益，但在施政方面则吸取了秦朝速亡的教训，不再全盘遵用法家的政治理论。西汉前期，以道家的"黄老无为"思想为治国主导方针，至中期则转变为以儒术缘饰法治的"霸王道杂之"政策，后者事实上也是以后中国历代王朝的基本治国精神。

图5-1 西汉皇宫未央宫柱础

## 一 黄老无为思想与西汉前期政治

西汉建立之初，经济凋敝，社会残破，统治者注意除秦苛政，与民休息。"与民休息"的措施反映到理论上，则与道家黄老之学相融合，形成"无为而治"的政治纲领。至文帝、景帝在位时，出现了被誉为"文景之治"的繁荣局面。

### 无为而治方针的确立

汉高祖在位期间（前202～前195），国家制度初步奠定。职官设置大体沿袭秦制，但仍分封了一批功臣、宗室为诸侯，封国与郡县并存。摘取秦法的部分内容据时损益，颁布了比较简明的《九章律》。战乱之后，人民死伤流散，社会财富匮乏，天子找不到四匹同色的马驾车，将相有时只得乘牛车出行。高祖君臣多起自社会中下层，熟知民间疾苦，能够顺应百姓的要求，致力于社会经济的恢复和发展。楚汉战争一结束，即将绝大多数军士罢归家乡务农，按爵级授予田宅，一段时期内免除徭役。招谕战乱中流亡者各归本土，恢复其故爵、田宅，因饥饿自卖为奴婢者一律释放为庶人。减轻田租，十五税一。汉初的恢复措施，大都以对秦政的反思、否定作为出发点。陆贾为汉高祖著《新语》，将秦亡原因归结为暴政和过度压榨，指出在用暴力手段夺取天下后，必须改用宽缓的手段治理天下。针对汉初局势，特别强调顺民之情，与民休息，尽可能减少国家对社会的压迫和干预。这就是"无为而治"方针的基本内容。史称当时萧何为丞相，"因民之疾秦法，顺流与之更始"，也是同样的含义。

高祖死后，惠帝即位（前195～前188），随后是吕后（高祖皇后吕雉）称制（前188～前180），都沿用了无为而治的方针，推行约法省禁、轻徭薄赋的政策。曹参在惠帝时被任命为相，一遵萧何辅佐汉高祖的成规，无所变更。选任官吏，专择"木讷于文辞"的"重厚长者"，处事苛刻、欲求声名者概不录用。对下宽容大度，人有小过，皆加掩匿覆盖。吕后工于权术，曾协助汉高祖诛杀功臣，称制后起用吕姓子弟任事，打击刘氏势力。但统治集团内部的斗争并未影响无为而治总体方针和经济恢复的大趋势。《史记·吕太后本纪》称当时"政不出房户，天下晏然，刑罚罕用，罪人是希，民务稼穑，衣食滋殖"。

无为而治方针也反映在边疆政策方面。秦汉之际匈奴势力强大，东灭东胡，西击走月氏，南夺回秦将蒙恬所取"河南地"，对汉朝构成威胁。高祖七年（前200，此纪年从高祖封为汉王算起），匈奴冒顿单于进围马邑（今山西朔州），高祖亲自统兵往击，被冒顿诱困于白登（今山西大同东北），幸而用计脱险。此后高祖用娄敬"和亲"之策，以宗室女作为公主嫁给单于，并开放边境关市。惠帝时，冒顿单于致书于寡居的吕后，措辞调戏不恭，但吕后仍持忍耐态度，继续与匈奴修好。

汉初的无为而治方针主要是道家思想的体现。当时的道家思想称为"黄老之学"，"老"即老子，"黄"指黄帝。因战国道家学者假托黄帝之名撰写了《黄帝四经》等著作，故黄帝在一段时期内也被当做道家代表人物。黄老之学适应了汉初希望安宁、清静的普遍社会心理。它继承了先秦道家"道"的本体论和宽大、自然、清静无为、以柔克刚等理论，同时又扬弃其过于消极、悲观的思想观念。不倡导消极回避的"出世"，仍持正面的"入世"态度；不主张"小国寡民"，而赞成统一。对仁义、道德、贤能、知识也不再予以否定。这反映出此时的道家在一定程度上吸取了儒、墨诸家的思想因素。

## 文景之治

公元前180年，吕后病卒。大臣周勃、陈平等诛杀吕氏外戚，拥立高祖庶子代王恒，是为汉文帝。文帝及其子景帝在位期间（前180~前157，前157~前141），社会经济获得了更加显著的发展，统治秩序也愈益稳固。

在经济方面，文帝、景帝实行轻徭薄赋政策。文帝在一段时期内免征田租，景帝则将田租由十五税一减至三十税一，并立为定制。汉制：成年人每年纳人头税一算（120钱），称为算赋，文帝一度将其减为40钱。景帝将秦朝以来男子开始"傅籍"为国家服徭役的年龄由17岁推迟至20岁。文帝还下诏开放山林川泽供百姓樵采，并一度废除过关用"传"（官方所发过关通行证）的制度，推动了工商业和农民副业的发展。文帝、景帝自奉节俭，屡次下令禁止郡国贡献奇珍异物，一定程度上抑制了上层统治集团奢侈腐化的趋势。

在法律方面，文帝、景帝提倡轻刑慎罚。文帝废除了秦以来犯罪亲属连坐、没为官奴婢的"收孥相坐律令"和约束臣民言论的"诽谤妖言之罪"，并将黥、

图5-2 广州出土南越王龙纽金印

劓、刖等几种残害肢体的肉刑改以笞刑代替，景帝又减少了笞刑数目。当时官吏治狱，也大都务为宽厚，不事苛求。

边疆政策也延续了汉初以来的和平方针。与匈奴继续实行"和亲"，屯兵边境，严加备御，并不主动出击。南越王赵佗原籍真定（今河北正定），秦末乘乱割据广东一带，自立为王，后接受汉朝册封。吕后时，双方矛盾激化，赵佗自立为帝，与汉朝断绝往来。文帝即位后，下令修葺真定赵佗祖坟，尊宠其亲属，并亲自致信赵佗，表达和平相处的诚意。赵佗受到感化，撤去帝号，盟誓重为汉朝藩属，南部边境危机因而解决。

文、景时期，西汉王朝的主要隐患来自诸侯国。汉朝建立前后，由于形势所迫，分封了一批功臣和秦末诸侯为异姓王。高祖在位期间，将绝大部分异姓诸侯王逐一翦除。但他认为秦亡原因之一是不分封子弟，孤立无援，故而又重新分封了自己的若干兄弟子侄为同姓王，并与群臣杀白马盟誓，相约有非刘姓为王者，天下共诛之。诸侯王在自己国内拥有较重权力，可自行任命大部分官员并征收赋税，诸侯国的总地盘超出汉廷直辖郡县。文帝时，诸侯王势强难制的问题日益突出，发生了数次王国叛乱事件。景帝即位后，用大臣晁错削藩之议，削减一些诸侯国的辖地。于是吴、楚、赵、胶西、胶东、济南、淄川七国于景帝三年（前154）以诛晁错、"清君侧"为借口发动叛乱，史称"吴楚七国之乱"。景帝虽杀晁错，七国仍不肯罢兵。太尉周亚夫率军平叛，不足三月，七国之乱即被镇压。景帝趁此机会将王国任用官吏的权力收归朝廷，使诸侯王的势力受到很大打击。

虽然有"七国之乱"这次短暂的波动，但社会经济恢复的趋势未受很大影响。文、景之世，户口迅速繁息，生产发展，粮价降低，政府囤积了大量财物，西汉王朝进入了鼎盛时期。

## 二 汉武帝的功业

汉武帝刘彻在位时（前141～前87），西汉王朝的统治政策由无为转向有为。由于社会在复苏、繁荣的同时也趋于复杂化，新的问题不断涌现，原来以不变应万变的"无为"方针已渐不适用。国家经济实力的积聚，也为"有为"提供了可能。汉武帝本人富有政治才略和抱负，积极推动政策转变，在内务、外事、政治、经济诸方面都建立了显赫的功业，汉政权开始以一个高度文明、富强的国家闻名于世。

## 加强集权

汉武帝大力加强专制主义中央集权统治。首先是进一步强化中央对地方的控制。具体有以下措施：

削弱诸侯势力——针对部分诸侯王国辖地仍然较广的现实，汉武帝于元朔二年（前127）颁布"推恩令"，允许并鼓励诸侯王"推私恩"将王国土地再行分封给子弟为列侯，使得诸侯国逐渐化整为零。又颁行"左官律""附益法"，规定王国官为"左官"以示歧视，又限制士人与诸王"附益"交游。汉制：每年八月祭祀宗庙，王侯皆须献黄金助祭，称为"酎金"。元鼎五年（前112），武帝以酎金斤两成色不足为由，一次即夺去106名列侯的爵位。在一系列分化、打击措施下，诸侯对中央政权的威胁基本解除。

打击地方豪侠——随着经济发展和社会的分化，地方上出现了一批倚仗财力武断乡曲、欺压平民的豪强。同时"任侠"风气流行，游侠活跃，以义气信用相标榜，横行郡县，蔑视法律，自擅生杀之柄。豪强和游侠在很多场合下属于同一类势力，其不法行为严重地扰乱了社会治安，威胁到统治秩序的稳定。武帝一方面对地方豪侠采取强制迁徙的措施，迫使他们离开本土势力范围，同时又起用一批"酷吏"任地方官，对犯法的豪侠实施严厉镇压。很多豪强游侠遭到夷灭之祸，其势力大为削弱，但也有不少无辜平民牵连受害。

设刺史监察地方——汉初以来郡、国数目不断增加，至武帝时已达百余，中央控制有一定难度。元封五年（前106），武帝将全国划分为13个监察区，称为十三州部。每州部设刺史一人，分别监察若干郡国，主要任务是弹压不法豪强，纠举违法、腐败的地方官。刺史品秩仅600石，但因代表中央，故能以卑临尊，监察秩2000石的郡太守和王国相。后来于近畿七郡置司隶校尉，职权与各州部刺史相当。这样以14监察区监督百余郡国，起到了强干弱枝、纲举目张的统治效果。

图 5-3 甘肃武威雷台汉墓出土汉代铜兵马

加强中央军力——西汉前期,中央有南、北二军,兵士大多为按期应征服兵役的平民,人数不多,相对于地方郡国兵并无优势。武帝先设置中垒、屯骑等八校尉,每校尉统兵数百或千余,皆为常备兵,隶属于北军。后来又增设期门军、羽林军,作为隶属于南军的常备兵。这样就建立起一支人数相当可观的中央常备部队,居重驭轻,对地方的控制更有保障。

此外,在经济、文化方面也有一系列有利于中央集权的措施,下文将分别述及。

在加强中央集权的同时,汉武帝还尽可能将中央权力集中到皇帝个人手中。汉初以来,丞相位高权重,对皇帝形成一定约束。武帝改变了以前专用功臣列侯及其子弟为相的传统,开始擢用没有政治背景的一般士人为相,拜相后始封侯。这样就加强了丞相对皇帝的依赖性,使其渐渐为皇帝所控制。武帝在位后期,丞相动辄因故免职、下狱乃至被杀,自保不暇,已失去了汉初的显赫威风。另外,武帝还从中央各机构中选拔了一批资历较浅但有才能的官员,入宫侍从左右,参与决策,形成一个称为"中朝"或"内朝"的小团体,丞相为首的原有政务机关则相对称为"外朝"。皇帝通过中朝更方便地实施统治,中朝则恃皇帝之宠凌驾外朝,君主集权因而也显著加强了。

## 开拓边疆

在对外政策方面,汉武帝采取主动开拓进取的政策,获得显著成就,疆域拓展,国威远播,在中国作为统一多民族国家的发展历史上作出了积极贡献。

北伐匈奴——元光二年(前133),武帝用诈降计,设伏于马邑,企图诱歼匈奴主力,未遂。元朔二年(前127),汉将卫青夺回河套地区,汉于此置朔方郡(治今内蒙古杭锦旗北),徙民10万口居之。元狩二年(前121),霍去病率军出陇西,进攻匈奴右翼,匈奴浑邪王杀休屠王降汉,汉朝在河西走廊先后设置武威、酒泉、张掖、敦煌四郡。元狩四年,卫青、霍去病分兵大举北伐,击败匈奴主力,前锋直抵瀚海(今贝加尔湖)。匈奴被迫向北远徙,很长时期内不能再对西汉边境构成威胁。武帝在位后期,汉与匈奴之间还发生过一些小的战争,互有胜负。

通西域——汉时将玉门关、阳关以西之地称为西域。当时在天山以南、塔里木盆地南北边缘的绿洲上,分布着几十个小国,较重要的有楼兰、焉耆、龟兹、疏勒、且末、于阗、莎车等。天山以北有乌孙人建立的游牧政权。汉初匈奴强盛,天山南北的大部分地区被其征服,被迫缴纳赋税。由帕米尔高原向西,则有大宛、大月氏、大夏等国。大月氏早先居于祁连山,被匈奴击破而西迁。汉武帝欲伐匈奴,计划联络大月氏自西夹击,遂于建元二年(前139)派遣张骞出使西域。张骞西行途中被匈奴俘虏,羁留十余年始寻隙逃脱,到达大月氏。但大月氏已放弃向匈奴复仇并还居故地的打算,张骞只好回长安复命。此行虽未实现初衷,但在西域传播了汉朝声威,并获得了前所未闻的当地资料。元狩四年(前

图 5-4 敦煌壁画张骞出使西域图

119），张骞奉命第二次出使西域，自此汉朝与西域逐渐建立了较为频繁的联系。张骞通西域使天山南北地区在历史上第一次与中原连为一体，中原与西域乃至更西地区的交通路线逐步开辟，形成了著名的"丝绸之路"，中西经济、文化联系日益密切。

南平百越——东南沿海的百越地区原已被秦朝平定，但在秦末动乱当中相继形成东瓯（在今浙江）、闽越（在福建）、南越（在广东）几个半独立政权，为汉藩属。武帝建元三年（前138），东瓯为闽越所攻，举国内徙。元鼎五年（前112），南越相吕嘉杀其王反汉，武帝遣将讨伐，于次年灭南越，以其地置九郡。闽越亦与南越同反，汉军分水、陆进击，至元封元年（前110），闽越诸将杀其王降。至此百越地区全部纳入汉朝的直接统治。

通西南夷——在四川南部、西南部和云、贵地区，分布着许多语言、习俗不同的民族，汉时统称为西南夷。武帝即位之初，相继派唐蒙、司马相如前往招抚。张骞第一次从西域返回后，曾建议经西南夷开辟道路以通身毒（即印度），受阻未遂。但汉廷仍以征伐、招抚相结合的手段，迫使大批西南部族内属，设置郡县，同时亦授当地酋长以王、侯等衔。

东定朝鲜——朝鲜为汉初形成的政权，由燕人卫满所建，据有朝鲜半岛北部，都于王险城（今平壤）。元封三年（前108），汉军击破朝鲜，以其地设乐浪等四郡。

## 垄断财利、统制经济

在财政经济领域，汉武帝改变了汉初以来偏于放任自流的政策，大力加强专制政权对社会经济的干预和控制，聚敛了大笔财富，为其在政治和军事上的诸多举措创造了经济条件。

统一货币——西汉前期，币制十分混乱，诸侯、达官、豪富多私自铸币牟利。武帝元狩五年（前118），开始由政府统一铸造五铢钱，严禁私人盗铸，各种旧币一律销毁。新币铸造较精，选料严格，式样规范，币制得以在较长时间内保持稳定。

盐铁官营与酒类专卖——盐、铁、酒

图 5-5 汉五铢钱

是西汉时期重要的手工业产品和销售量极大的商品，并称"三业"。起初皆可私营，武帝始由朝廷加以垄断。元狩四年（前119），在各盐铁产区设立盐官、铁官，隶属于大农（中央财政机构，九卿之一，原名治粟内史）。盐官负责组织盐业生产，备置工具，募民制盐，将产品统一收购发卖。私煮盐者有罪，更不得私售。铁官主管铁矿开采冶炼、铁器铸造及其销售，对生产过程的控制比制盐更加严密。西汉盐官设置遍及28郡国，共35处，铁官设置遍及40郡国，共49处。盐铁官营使朝廷获得重利，打击了富商大贾和大手工业者，但也有产品质次价高之弊。天汉三年（前98），又实行酒类专卖，郡国设榷酤官垄断酒类销售，其生产或出自官府作坊，或由私人向官府承包。

均输与平准——均输、平准是国家运用其经济力量，干预乃至经营商业贸易的措施。均输的本义，是指政府在征收地方贡输物品时，按照距离远近增减所贡物品数量，以均劳费。武帝元封元年（前110），在桑弘羊主持下普遍推行均输法，郡国设均输官，受大农节制。均输官负责将各郡国应缴贡物统一折价征收当地土特产品，一部分运往京师，一部分运至价贵地区出售，有时还在出售地将出售所得继续收购特产，易地辗转贩卖。同时实施平准法，在京师设平准官，集中管理各地运至均输货物和大农所掌握其余物资，根据市场价格涨落卖出或买进，达到调剂供需、平抑物价的目的。西汉朝廷通过均输、平准控制了许多商品的购销，增加了财政收入，大夺商人之利。

算缗与告缗——算缗是主要针对商人征收的财产（动产）税。元狩四年（前119），武帝下诏算缗，规定商人、手工业者、高利贷者必须向朝廷申报现金财产，每2000钱纳税一算（120钱），车、船等亦相应纳税。有产不报或少报，罚戍边一年，财产没收。元鼎三年（前114）又实行告缗，即鼓励告发算缗不实，告发者可得到没收财产的一半作为奖赏。通过告缗，朝廷没收了数额庞大的资财、奴婢、田宅，商人纷纷破产。

## 武帝晚年的政策转变与"昭宣中兴"

汉武帝在位50余年，是西汉王朝的鼎盛时期，但也孕育着严重的危机。武帝连年开边，又大兴土木，修建宫室池苑，使大批农民困于兵役、徭役，破产流亡，社会生产受到严重影响。武帝还沉溺于迷信活动，信用方士求仙及炼制不死之药，并频繁外出巡行祀神、封禅，耗费了大量财物。为求千里马，两次发兵远征帕米尔高原以西的大宛,所得不偿所费。至其在位后期,社会矛盾的激化已相当严重,百姓不堪重负,多次掀起暴动,局势动荡。

上层统治集团成员对时局也逐渐出现不同看法,以皇太子刘据为核心形成了一派主张"守文"的势力,另一些官员则仍然拥护武帝。两派力量冲突的结果,导致在征和二年(前91)爆发了一起"巫蛊之狱"。当时谣传宫中有人用"巫蛊"的迷信手段诅咒武帝,武帝派亲信江充穷治其案,连及太子。太子不得辩白,遂矫诏发兵杀江充,自己也走投无路而自尽。此事对晚年的武帝打击很大,使他对自己即位以来频繁开边、兴利之举进行了深刻的反思,下诏自责,宣布废止所有扰民举措,将政策重心转向恢复和发展农业生产。

武帝晚年的政策转变,使当时已比较尖锐的社会矛盾又趋于缓和,史家评论他"有亡秦之失而免亡秦之祸"。后元二年(前87),武帝卒。临终立年仅8岁的幼子弗陵为太子(昭帝),拜内朝官首领霍光为大司马、大将军辅政。霍光辅佐昭帝,继续执行武帝晚年与民休息的政策。元平元年(前74),昭帝卒,无子,霍光与群臣迎立武帝之孙昌邑王贺。刘贺即位后荒淫不理朝政,霍光又定策将其废黜,拥立武帝曾孙(太子据之孙)询,是为宣帝。霍光在昭、宣之世以内朝官身份秉政20年,权力大大超出丞相等"三公"。因奢僭过甚,死后其家族被宣帝诛灭。

宣帝少时受"巫蛊之狱"牵连,生活于民间,习知百姓疾苦、吏治得失。亲政后继续招抚流亡,发展生产,整顿吏治。时匈奴发生内乱,五单于争立,呼韩邪单于降汉,亲至长安入朝,后来汉廷将宫女王昭君嫁给呼韩邪单于。汉

图5-6 内蒙古包头出土"单于和亲"瓦当

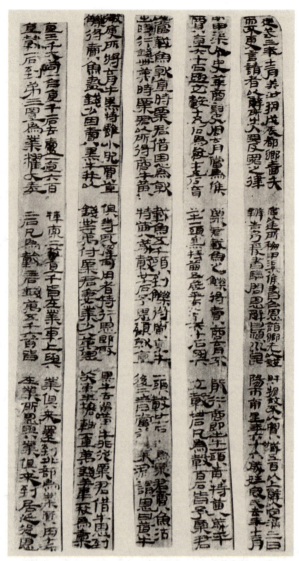

图 5-7 内蒙古额济纳旗出土记载边疆屯田情况的汉简

朝势力在西域亦获得优势,置西域都护于乌垒(今新疆轮台东北),总领诸国。边疆局势比武帝时更为稳定。史籍称颂昭帝、宣帝的统治为"昭宣中兴"。

## 三 独尊儒术与"霸王道杂之"

汉武帝在位时期,随着统治方针从无为转向有为,黄老思想也失去了主流意识形态的地位,儒家学说取而代之。同时,在实际政策制定和人事任用上，又并非纯守儒术，而是大量吸取了法家的施政思想、手段，体现出"霸王道杂之"的特点。

## 罢黜百家、独尊儒术

西汉前期朝廷崇尚黄老，但其他学派在社会上也都有流传，并在朝中立有博士之官。武帝即位后，《春秋》学博士、儒生董仲舒在对策中抨击思想界的混乱局面，正式提出独尊儒术的请求。建元六年（前135），喜好黄老的太皇太后窦氏（文帝皇后）去世，儒家势力终于崛起。丞相田蚡奏请罢黜黄老、刑、名百家之言于官学之外，又延揽儒者数百人做官。由于不治儒家经书的博士均被废罢，只剩下儒家的"五经博士"，儒学作为官方意识形态的地位因此确立。史称此事为"罢黜百家、独尊儒术"。

与独尊儒术相关，这一时期还制定了以儒学为主要考察标准的人才选拔和教育制度。元光元年（前134），诏令郡国每岁向朝廷荐举孝者、廉吏各一人以备擢用，由此形成固定的"察举"之制。以后孝者、廉吏合并为孝廉，它成为汉代普通士人最重要的入仕途径。此外还有一些临时性的察举科目，如茂才（秀才）、贤良方正、文学等。察举实际上是与儒家思想相适应的一种选官制度，被举者一般都有符合儒家伦理道德标准、通晓儒家经书的共同特点。出身贫寒、40余岁始钻研《春秋》的公孙弘通过察举拜为博士，十年之内升至丞相，封平津侯，开创西汉建立以来以布衣身份拜相封侯的先例。武帝又在长安设立太学，由五经博士负责教授，学生学成后经考试分等录用。郡国也都设立学校。太学与郡国学皆以经学为主要教育内容，使儒学的社会影响进一步扩大。

正如汉初黄老之学并非先秦道家的简单翻版一样，汉武帝"独尊"的儒术，也在一些方面与先秦儒家不尽相同。当时儒学最重要的代表人物董仲舒以治《公羊春秋》知名于时，著有《春秋繁露》一书。董仲舒发挥先秦儒家的伦理观，将其概括为"三纲"，即君为臣纲、父为子纲、夫为妻纲，又特别阐发了《公羊春秋》的"大一统"思想。董仲舒学说大量借用了阴阳家的思想因素，提出"天人感应"理论，将天塑造为一个具有人格神色彩的宇宙最高主宰，认为天的喜怒哀乐会通过人世间很多自然现象体现出来。君主受命于天，统治百姓，百姓如违抗君主，即是违逆天意。同时君主也要小心谨慎，顺天之命而行事，如无

图 5-8 南宋刻本《春秋繁露》书影

道妄为，天就会降灾异以示警，终至大乱。这样他既以天保护皇权，又用天约束皇权，"屈民以伸君，屈君以伸天"。另外董仲舒对法家思想也有所吸收，宣扬德为阳，刑为阴，德主刑辅，不可偏废。上述思想特征，在西汉儒者中具有相当的典型性。

汉初崇尚黄老无为，故国家制度亦尽可能从简，或简单沿袭秦制，无所更作。儒生们对这种状况不满，鼓吹"改制"。他们的改制方案以"兴礼乐"为基本内容，也在很大程度上吸取了阴阳家的五德终始学说和封禅理论。元封元年（前110），武帝继秦始皇之后又一次登上泰山，亲行封禅之礼。太初元年（前104），颁布改制之令，按照"五德"次序，定汉朝为土德，颜色尚黄，数目用五，废弃秦以来以十月为每年岁首的《颛顼历》，改用以正月为岁首的《太初历》，又更定官名、音律等事。武帝时期，还根据各种被认为是"祥瑞"的自然现象、事件制定年号，开创帝王行用年号之例。

## "霸王道杂之"的统治特征

汉武帝"罢黜百家、独尊儒术"之举，在当时仅是将"百家"摈弃于官方尊奉的意识形态之外，对其在社会上自由发展则未予禁绝。在实际政策的制定上仍然比较灵活，用人不拘一格，并非教条地照搬儒家原则，对法家的一套施政思想、手段也多有吸收。

汉武帝为人"内多欲而外施仁义"。他重用酷吏和财利之臣，都与儒家基本原则相抵触。酷吏王温舒诛河内豪强，株连至千余家，流血十余里。杜周为廷尉，专伺君主意旨为狱，以诏令捕人达六七万之多。张汤、赵禹等人条定刑法，内容繁密驳杂，官吏舞文弄法，上下其手，故时人评论"秦有十失，其一尚存，治狱之吏是也"。桑弘羊等人负责理财，则以"与民争利"大受儒者攻击。即使以儒术晋身的董仲舒、公孙弘诸人，也是因为兼通法律、吏事才受到武帝赏识的。不过儒术的包装缘饰也并非徒为形式。正因有儒术的调节，汉武帝的统治政策才没有像秦朝那样过于偏执极端，而是留有一定的变化余地，且能"晚年改过"而得到后人的称誉。

昭帝、宣帝统治时期，治国方针转向"守文"和"与民休息"，但儒法合流的统治特征并无本质变化。昭帝始元六年（前81），诏命大臣召集郡国所举贤良文学问民间疾苦。贤良文学作为来自社会基层的儒生，对武帝以来的财政经济措施提出强烈批评，要求废罢盐铁、酒榷、均输官。时任御史大夫的桑弘羊则为上述措施进行辩护，双方的争论十分激烈，史称"盐铁之议"。贤良文学的言论有利于"与民休息"方针的继续贯彻执行，使桑弘羊等理财派官员在政治上受到一定挫折。但就具体政策而言，此后仅停罢了酒类专卖，其余垄断性的财经措施并未废止。宣帝在位时，尊崇儒学，但同时"所用多文法吏"，又常常"以刑名绳下"，一些大臣因言语等小过被杀。"柔仁好儒"的太子奭向他讽谏"陛下持刑太深，宜用儒生"，即遭到宣帝训斥："汉家自有制度，本以霸王道杂之，奈何纯任德教，用周政乎！""霸王道杂之"一语，的确比较准确地概括了汉武帝以来统治政策的特征，即儒、法两手并行不悖而因时损益，用刑宽严、施政缓急、赋敛轻重，皆根据具体情况灵活运用，不执一端。这种统治精神以后长期为历代王朝所继承。

虽然王朝治国并非纯用儒学，但独尊儒术给汉代社会带来的变化却不可低估。由于形成了一套以儒家思想为指导的选官和教育制度，下层平民有可能通过研习经书致身通显,故而儒家经学大盛于时,"禄利之路"所在,人人趋尚。连武帝时著名酷吏张汤、杜周等人之子亦皆以通经知名于世,形象文质彬彬,与父辈大异。西汉前、中期两个判然对立的社会集团儒生和"文法吏",趋于合流,形成了一个全新的士大夫阶层。另外,汉儒鼓吹的"天人感应说"在社会上拥有巨大影响,一方面加剧了原已普遍存在的迷信心理,另一方面也使专制皇权受到某种程度的约束,使君主专制制度有可能在一种相对合理的轨道内继续发展。

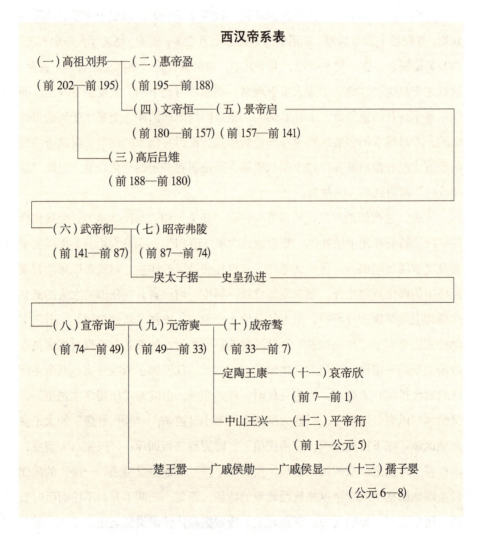

# 第六章 王莽改制与东汉兴衰

汉朝分为西汉和东汉,两汉之间还存在一个由西汉外戚王莽建立的短暂的"新"王朝。本章主要叙述新朝与东汉两时期的历史。为介绍新莽政权建立的历史背景,首先简单述及西汉后期的统治情况。

## 一 王莽改制

"昭宣中兴"之后,西汉走向衰落。随着统治危机日益严重,社会上下逐渐对西汉王朝失去了信心,最终将希望寄托在外戚王莽身上。公元8年,王莽篡夺帝位,改国号为"新",随即接连颁布法令,附会儒家经书,托古改制。然而,改制不但没有达到解决社会矛盾的目的,相反却使社会矛盾更加激化,引发了大规模的农民起义,致使新莽政权很快覆亡。

### 王莽篡位的历史背景

汉宣帝死后,元帝(前49~前33)、成帝(前33~前7)、哀帝(前7~前1)相继嗣位,统治危机渐趋明显。土地兼并剧烈,大批农民破产流亡,沦为奴婢,甚至铤而走险,聚为"盗贼"。外戚王氏(元帝皇后王政君家族)长期把持朝政,恃势聚敛,广占土地,大小官僚亦争相效尤,使土地兼并问题又带上了浓重的政治色彩。哀帝即位后,一度计划限制王侯、官员、富人占有土地、奴婢的数量,但因损害了当权外戚官僚的利益,最终搁置不行。

在统治危机日益严重的情况下,神秘主义思潮愈加活跃,主要表现是谶纬流行。谶是用诡秘之语暗示"天命"的一种预言,往往附有图,亦称图谶。由于其言玄妙隐秘,故而事实上可以穿凿附会地作多种不同解释,然后根据现实选择一种,以表明"天意"所在,作为政治活动的理论依据。纬因与经相对而得名,专指假托孔子之名用诡秘语言解释经书的著作,其性质与谶相同,而产生略晚。谶纬大都出自方士之手,属于阴阳五行思想体系,内容虽荒诞不经,但在西汉后期却极有影响。一些相信天人感应的儒者将频繁出现的天灾与若干奇怪的谶语联系起来,解释为"汉运"将终,要求皇帝选择贤人禅位,改朝换代以应天意。还有人提出汉朝"再受命",即重新接受天命的建议。此外,也有相当多的儒生寄希望于"奉天法古",认为只要按照经书记载,恢复上古的礼仪制度,天下就会太平。易代和复古是西汉末年颇为流行的社会思潮,最终实现这两个要求的希望都集中到了一个人身上,这就是外戚王莽。

王莽是汉元帝王皇后(史书称为元后)之侄。元帝死后,成帝即位,荒淫怠于政事，大权渐落入元后家族之手，王氏连续五人拜大司马辅政，权倾一时。与同族子弟大多恃势骄纵、奢僭不法不同，王莽自幼恭俭好学，事亲有礼，恪尽孝道，在王氏一门中独享令名。成帝末年，王莽出任大司马，好贤下士，自奉俭朴，朝野无不称誉。哀帝即位后，排抑王氏势力，王莽免官家居，其间数百名官员上书为他鸣冤。元寿二年（前1）哀帝卒，年仅9岁的平帝即位，元后临朝称制，王莽复拜大司马之职，大力培植党羽，打击异己，牢固地控制了中枢权力。元始元年（公元1），进位太傅，加号安汉公。

王莽为人深沉奸诈，工于政治权谋，尤其擅长矫情伪饰，笼络人心，博取舆论赞颂。一时间全国上下都把解决统治危机的希望寄托在王莽身上。很多投机之徒为其附会经书与谶纬，制造"祥瑞"，引导社会舆论，推波助澜，将王莽的地位越抬越高。汉平帝立王莽之女为皇后，即有人奏请以新野田地25000顷赐给王莽，以对应古礼中"后父封地百里"之制。王莽辞让不受，为此天下吏民48万余人上书称颂其功德。朝廷派12名使者巡行天下，察视风俗，带回歌颂王莽的谣谚3万余言。四夷诸族纷纷上表，"慕义"请求内属。元始四年，诏从古代名臣伊尹的官号"阿衡"、周公的官号"太宰"中各取一字，进王莽为"宰衡"。五年，又为其加"九锡"之礼，即在服饰、车马、仪卫等九个方面都使用准帝王的规格。是年14岁的平帝暴卒，王莽从宗室中找到一个2岁的幼儿刘婴（称为孺子婴）立为继嗣。在其党羽的鼓动下，元后诏令王莽仿效周公故事，以摄政名义居天子之位，称"假皇帝""摄皇帝"，改元居摄。至此王莽篡汉的野心已经暴露，一些汉朝宗室和忠于汉朝的官员在地方起兵反抗，但都被王莽镇压。

居摄三年（公元8），梓潼（今属四川）人哀章自制一只铜匮，内书伪造的天书符命，称"赤帝"之裔汉高祖奉天命将皇位传于"黄帝"之裔王莽。王莽遂以"迫皇天威命"为由逼孺子婴退位，自己正式登基，改国号为"新"，以次年为"始建国"元年。在长期经营之后，王莽终于登上了权力的顶峰。

## 改制及其失败

王莽篡位后，针对西汉末年复杂、严重的社会问题，开始进行"改制"。始建国元年（公元9），颁诏指斥土地兼并之弊，宣布天下土地一律更名"王田"，奴婢一律更名"私属"，皆不得买卖。按照《孟子》所载井田制一夫一妇授田百亩的原则,规定一家男口不满八人而田过一井(900亩)者,应将余田分给无田或少田的亲族乡邻。原无田者亦按一夫百亩的标准授予土地。此举的实质内容是冻结土地、奴婢买卖,以缓和土地兼并和农民奴隶化的过程。但不顾社会环境变化和历史发展的趋势,简单照搬古制,脱离现实,又缺乏切实可行的具体操作方案。诏颁数年,地主官僚因买卖土地、奴婢获罪者甚多,纷起反对。迫于巨大的压力,王莽不得不于始建国四年取消前令,对买卖者不再追究。这样王莽改制中企图解决社会最主要矛盾的一项措施,很快就陷于失败。

为限制商人、高利贷者对农民的盘剥,同时增加国家财政收入,王莽推行了"五均六筦"政策。五均全称五均赊贷,在长安、洛阳等六大城市设五均官管理市场,评定物价。如商品市场价格超出平价,五均官即将自己控制的商品平价出售,促使市场价格回落。五谷布帛等重要民用商品如有滞销,五均官则平价收买。同时经办贷款业务,百姓可根据情况无息或低息借贷。六筦(管)指朝廷对六种经济事业的管制措施,即盐、铁、酒专卖,政府铸钱,山泽土产收税和五均赊贷。上述政策多源自汉武帝,而执行效果颇有差别。武帝时国家机器运行尚属得力,能为国家获取利益。王莽的国家机构承自西汉后期,已经严重腐朽,对经济事业实施统制,弊远大于利。主管者与豪强富商并缘为奸,多方盘剥百姓,中饱私囊,且条法苛细,处罚严酷,中小工商业者和普通百姓深受其害,引起了巨大的骚动不安。

王莽对西汉币制进行更改。先铸造错刀、契刀、大钱、小钱等新币,又于始建国二年颁行"宝货"金、银、龟、贝、钱、布六名二十八品,停用汉五铢钱。此举刻意模仿古制,人为地使货币复杂化,甚至将早已失去货币效能的龟、

图6-1 王莽"大泉五十"钱范

贝也拉入流通领域，品种繁多，换算比值又不合理，造成市场秩序紊乱。此后又数次变更币制，百姓对王莽的货币毫无信任，多私用五铢钱。王莽严刑镇压，社会矛盾更加激化。

王莽为表示"革汉而立新"，大规模变更汉代制度，并且特别注重制度细节。如改动官名、地名，或依古籍经典，或依符命祥瑞，务求文辞之美，含义之吉，不厌其烦，往往一名行用未久，复更一名，人不能记，徒增混乱。仿古制颁五等爵，滥加封赏，而同时却有大批官吏得不到俸禄，只能受贿自给。

图6-2 王莽所颁量器：铜卡尺

在处理边疆关系方面，王莽同样大肆更张，强迫周边民族政权更换汉朝封赠的印绶，并贬其王号皆为侯。匈奴自汉宣帝以来臣服于汉，王莽却将汉朝颁赐单于的"玺"更名为"章"，苛求细事，引起双方关系恶化，战乱再起。西域各国亦不满王莽的歧视政策，纷纷叛附匈奴。在东北，居于浑江流域的高句丽一直为汉藩属，王莽强征其兵伐匈奴，引起高句丽反抗，乃改其名为"下句丽"。西南夷也掀起反叛，王莽遣兵往击，连年不克。边疆形势的动荡更加重了国内人民的负担。

总的来看，王莽的各项"改制"措施不但没有达到缓解社会危机的初衷，反而却使危机继续深化，新莽政权面临着更为凶险的局面。失败的原因，主要是举措多流于空想，具体执行漏洞甚多，不切实际。王莽虽然精于政治权术和手腕，同时却又书生气十足，盲目迷信古书，陶醉于"制礼作乐"，不讲经济规律，不察社会现实。各种措施同时出台，头绪纷繁，照顾不及，急求近效，朝令夕改。为强制推行，又不惜滥用刑罚，致使无辜百姓受害。国家机构腐朽，执行不得其人，即使设想良好，也在贯彻中变为扰民之举。凡此种种，都导致起初以社会救星形象出现的王莽，最终却成为西汉后期以来统治危机的总替罪羊，大规模的社会动乱在他在位时终于爆发了。

天凤四年（17），新市（今湖北京山东北）人王匡、王凤等聚众起事，以绿林山为基地，称绿林军。次年樊崇起兵于山东，皆涂眉为红色以与官军区别，称赤眉军。动乱迅速波及全国，西汉宗室、地方豪强也纷纷起兵。王莽虽竭力镇压，但顾此失彼，局势日坏。地皇四年（23）六月，绿林军以少胜多，在昆阳（今河南叶县）大败号称百万的莽军主力，新莽政权已呈覆亡之势。十月，绿林军攻破长安，王莽被杀。新朝的统治前后仅持续了16年。

## 二 东汉政治述略

西汉远房宗室刘秀于公元25年建立东汉王朝。东汉中期以后，外戚、宦官轮流专政，统治渐衰。东汉正式结束于公元220年，但实际上在184年全国规模的黄巾起义爆发之后，东汉的统治已是名存实亡。本节简单叙述东汉政治，即以184年之前为限。

### 东汉的建立及初期统治

东汉王朝的建立者刘秀，南阳蔡阳（今湖北枣阳西南）人，汉景帝子长沙定王刘发六世孙。地皇三年（22），从长兄刘縯起兵，有众七八千人，不久与绿林军合并。时绿林军势盛，由于"人心思汉"，议立刘氏为君主，号召天下。南阳豪强等欲立刘縯，而大多数绿林将领都主张拥立为人懦弱、无势力的另一名宗室刘玄，以便操纵。地皇三年二月，刘玄即位，定年号为更始，刘縯被任命为大司徒，刘秀任太常、偏将军。六月，绿林军获昆阳大捷，刘秀身先士卒，功居首位。刘氏兄弟的势力和威望使更始君臣心生疑虑，随即以谋反罪名诛杀刘縯。是年绿林军攻灭王莽，刘秀奉命北上招抚河北地区。他由此获得了独立发展的良机，先后击败、收编了多支农民起义部队和地方割据力量，逐步脱离更始政权控制。更始三年（25）六月，刘秀被部下拥戴称帝，仍用汉国号，改元建武，不久定都洛阳，史称东汉。刘秀即为汉光武帝。至建武十二年（36），绿林、赤眉军及各地割据势力均已败亡，东汉王朝完成了统一。

东汉创业集团大都出自两汉之际的"士族大姓"。汉武帝"独尊儒术"之后，学说门派各异的"士"逐渐归于儒学一统之下，数量大增，并且往往不再以个体"游士"的形象出现，而是与家族、宗族势力结合起来，士族大姓因而产生。

汉光武帝君臣基本都具有"士人"和"大姓"的双重身份。他们经过政治、军事斗争的磨炼，对社会问题的认识比较清醒和全面，与西汉后期儒生迷恋复古、趋于空想不同。在光武帝君臣的统治下，残破的社会又进入一个较为安定、重新恢复发展的时期。

政治方面，专制主义中央集权统治得到进一步加强。光武帝"退功臣而进文吏"，礼遇功臣列侯，予以优厚爵禄，但不任以政事。同时大力提倡儒学，表彰名节，重建太学，完善察举制度，擢用普通士人为官。标榜"以柔道治天下"，不尚严刑峻法。在中央，加重内朝官尚书台协助皇帝决策的作用，重大或机密事务多由皇帝与尚书台讨论决定，再交付外朝官僚机构的首领三公监督执行。地方上提高原监察区长官州部刺史的权限和地位，使州部开始向郡以上的一级地方行政机构转化。

经济方面，社会生产逐渐得到恢复。光武帝采取轻徭薄赋政策，又裁并冗散机构、官吏，提倡节俭，以缩减开支。多次下诏释放奴婢、刑徒，杀奴婢者不得减罪，炙灼虐待奴婢也要依法惩办。建武十五年（39），针对豪强地主隐匿耕地，私占人口的行为，推行"度田"，即令地方丈量耕地、核实户口。此举引起豪强地主的反对，未能严格执行，但也在一定程度上使豪强势力的发展有所抑制。

光武帝去世后，明帝（57～75）、章帝（75～88）相继嗣位，皆勤于政事，注意整顿吏治，轻徭薄赋，发展文教。王景、王吴奉命治理黄河，筑堤束水，使黄河与汴渠分流，改变了西汉末年以来黄河侵汴、泛滥为害的状况，使沿河大片土地重新得到开垦。边疆开拓也取得较大成就，重振了西汉盛时的声威。

## 外戚、宦官的交替专权

章和二年（88）汉章帝卒，东汉统治渐衰，出现了外戚、宦官交替专权的局面。章帝以下东汉诸帝享年皆不过40（仅最后的献帝除外），嗣君年幼不能亲政，遂由皇太后临朝称制，外戚得以用事擅权。嗣君成年，不甘心大权旁落，每依赖亲信宦官发动政变翦除外戚势力，宦官又因而主宰朝政。至下一任嗣君即位，则开始又一轮外戚、宦官先后专权，如此恶性循环，往复不已。东汉专制皇权强化，外朝官僚机构的作用受到削弱，大权集中于皇帝一人之手。外戚、宦官利用其特殊身份挟持皇帝，从而就掌握了朝政。

图6-3 山东曲阜出土东汉地主庭院画像石

章帝死后，年仅10岁的和帝即位，太后窦氏临朝，其兄、时任内朝官侍中的窦宪用事，后北伐匈奴有功，进拜大将军，位三公上，恃势自傲，横行无忌，其家人党徒多为不法。永元四年（92），和帝在宦官郑众的协助下发兵消灭窦氏势力，窦宪自杀。郑众因功封鄛乡侯，经常参与议事，开创东汉宦官预政之端。

元兴元年（105）和帝卒，幼子隆即位，数月又卒，是为殇帝。和帝皇后邓氏定策立和帝之侄13岁的刘祜，是为安帝，邓氏继续临朝称制，其兄邓骘拜大将军，兄弟皆封列侯。永宁二年（121）邓太后卒，安帝与宦官李闰、江京等合谋诛除邓氏，邓骘自杀。李闰、江京皆因功封侯，擅权用事，同时安帝皇后阎氏家族也参预朝政，一度形成宦官、外戚共同专权的局面。这一时期，朝廷政治已趋腐败，一部分正直官僚自居"清流"，指斥宦官、外戚及其依附势力为"浊流"，"清"、"浊"对立由此逐渐成为政治斗争的一条重要线索。

延光四年（125）安帝卒，阎皇后无子，与其兄阎显合谋，放弃安帝庶子、此前曾被立为太子的济阴王刘保不立，另选宗室子刘懿立为嗣君。但刘懿很快夭折，宦官孙程等19人发动政变，诛杀阎显，拥立济阴王保，是为顺帝。19名宦官皆封为侯。顺帝为照顾他们的利益，下诏规定宦官的侯爵可由其养子继承。后来顺帝也扶植外戚势力，相继拜皇后梁氏之父梁商、兄梁冀为大将军。

建康元年（144）顺帝卒，幼子冲帝即位，梁太后临朝，梁冀秉政。次年冲帝亦卒，太后与梁冀定策立宗室子刘缵，是为质帝。质帝年少聪慧，不久被梁冀毒死。梁冀又力排众议，拥立15岁的蠡吾侯刘志，是为桓帝。桓帝立梁冀之妹为皇后。梁冀连立三帝，长期把持朝政，权势大大超出此前专权的外戚。百官迁任后先要到梁家谒见谢恩，四方贡物上等者先送梁冀，宫中仅得其次。又大修宅第，广建苑囿，占夺平民数千人为奴婢。《后汉书·梁冀传》称梁冀"一门前后七封侯，三皇后，六贵人，二大将军，夫人、女食邑称君者七人，尚公主者三人，其余卿、将、尹、校五十七人。在位二十余年，穷极满盛，威行内外，百僚侧目，莫敢违命，天子恭己而不得有所亲豫"。延熹二年（159），桓帝与宦官中常侍单超、唐衡、左悺、徐璜、具瑗协谋，发兵包围梁冀府第，收大将军印绶，逼其自杀，公卿等高级官员受牵连被诛者数十人。官民鼎沸，莫不称庆。朝廷没收梁氏家财，发卖得钱30余万万，遂免收是年天下租税之半。单超等五人同日封侯，世称"五侯"。梁氏虽被诛灭，以"五侯"为首的宦官集团却控制了朝政，他们干预察举，插手司法，典领禁兵，亲属私党分布内外，势焰之嚣张，又远在此前专权宦官之上。与梁冀擅权时期相比，朝政的黑暗有过之而无不及。

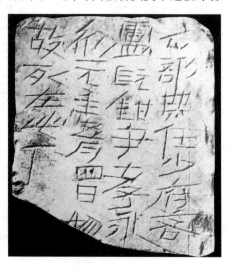

图6-4 河南偃师出土东汉刑徒墓砖铭

## 清议与党锢

针对外戚、宦官轮流专权,政治腐败日益严重的情况,社会上的不满情绪越来越强烈,形成了一个以正直士大夫为主的反对派集团。士大夫是西汉"独尊儒术"以来由儒生、文吏融合形成的新兴社会阶层,已入仕者进入官僚集团,为数更多的未入仕者则是官僚预备队。由于东汉朝廷重视儒学教育,太学规模不断扩大,学生人数累增至3万人。他们作为下层士大夫的代表,聚集于京师,其影响舆论、干预政治的潜在能量相当可观。士大夫中有若干经学世家凭借其学术成就和地位,世代有人仕至公卿高位,事实上也成为官僚世家。如世传欧阳《尚书》之学的弘农杨氏,四世皆为三公,世传孟氏《易》学的汝南袁氏,四世中居三公位者多达五人。他们虽未必能掌握实权,却有很高的社会威望和影响。另外当时的选官制度也加强了士大夫集团内部的凝聚力。东汉沿西汉之制,士人主要通过察举、征辟入仕。察举已见前述,指地方向朝廷推荐人才以备擢用,在此过程中地方长官与其推荐人选通常会形成密切的私人关系。征辟指皇帝征召某人授职,及高级官员直接辟除某人为属官,其中被辟除者就成为辟除人(时称"举主")的"门生""故吏",一般都待举主以君父之礼,依附关系更为紧密。东汉士大夫既有为数广泛、集中而活跃的下层成员,又有少数经学官僚世家作为核心和领袖,加上察举、征辟制度所造成的密切集团关系,遂成为一支强大的社会力量。

在外戚、宦官专权时期,固然有一些士大夫为了个人利益进行投靠、攀附,

图 6-5 山东诸城出土东汉讲经画像石

但更多的士大夫却从儒家伦理道德出发,对外戚、宦官专权进行抵制,也因而得到广大下层人民的拥戴。上文提到的"清流""浊流"对立,就是在这一背景下出现的。出自弘农杨氏、被誉为"关西孔子"的太尉杨震,因与宦官、外戚进行斗争,在安帝时

图 6-6 内蒙古和林格尔东汉墓壁画举孝廉出行图

被迫害自杀。桓帝时大臣李固、杜乔也因反对梁冀而被杀害。他们都是当时"清流"的代表。桓帝在位后期,宦官专权,清、浊之争更加尖锐,终于引发了一场大规模的政治斗争。斗争的导火索,则是当时清流士大夫的"清议"活动。

　　清议本来是士大夫们对当世人物的品评。东汉后期,一些士大夫专精此道,如名士郭泰即以擅长评论人物著称,所作评语皆能"先言后验"。汝南许劭、许靖兄弟定期品评乡里人物,时称"月旦评"。清议对时人的褒贬在很大程度上能够左右舆论乃及选官,影响被评论者的仕途进退。其评价主要以儒家伦理道德为标准,风气所至,士大夫纷纷作出让爵、推财、避聘、久丧等"孝义"行为,希望博得清议赞扬。但伪装"高行"以求名的现象也很常见,其中一些人因真相暴露而导致身败名裂。在朝政腐败的背景下,清议因其"激浊扬清"性质,很容易地染上了政治色彩。敢于同宦官作斗争的正直官僚李膺、陈蕃、王畅,受到清议的高度评价,被誉为"天下楷模李元礼(膺字),不畏强御陈仲举(蕃字),天下俊秀王叔茂(畅字)"。舆论品评又进一步发展为实际行动。永兴元年(153)和延熹五年(162),由于反宦官的官员遭到处罚判刑,太学生两次集体诣阙请愿,迫使桓帝将受罚官员赦免。得到清议支持的官员因而更加积极地打击宦官势力。

李膺任司隶校尉，闯入大宦官张让家中，捕得其弟罪犯张朔，审讯处死。宦官惧怕，休假日也不敢走出宫门。双方的矛盾日益尖锐。

延熹九年（166），宦官集团终于发起了对反对派的镇压，使人诬告李膺等人与太学及郡国生员结党，"诽讪朝廷，疑乱风俗"。桓帝遂下诏逮捕李膺等"党人"，列出名单布告天下，共逮捕200余人，逃亡者悬赏通缉。随后将"党人"一律放归故里，禁锢终身，不许出游并做官。史称此事为"党锢之祸"。但这次镇压并未完全震慑住清议舆论。"党人"被逐出政坛后，仍得到社会上的推崇和尊敬，有的官员未被列入党人名单，甚至上书自陈与党人的关系，请求连坐。

永康元年（167），桓帝卒，12岁的灵帝即位，太后窦氏临朝，太后之兄窦武任大将军。窦武虽出自外戚，但同士大夫集团素有交往，曾在党锢之祸爆发后为党人请求赦免。至此他与一向反对宦官的大臣陈蕃共同辅政，策划诛杀宦官。建宁元年（168）八月，宦官曹节、王甫等抢先发动政变，挟持灵帝与太后，攻杀窦武与陈蕃，随后又将报复矛头对准了家居的党人。建宁二年，以"图危社稷"的罪名展开大逮捕，李膺等人皆被下狱处死，牵连受祸者六七百人。后来又下诏，党人的门生、故吏、亲属等一概免官禁锢。这就是第二次党锢之祸。在第二次党锢之祸中，反宦官的士大夫集团受到了沉重打击，其领袖人物几乎被一网打尽。随着两次党锢之祸，东汉王朝的腐朽衰颓也终于陷入不可救药的境地。

## 东汉的边疆形势

东汉的北部边疆形势相对而言比西汉更加稳定。光武帝初年，匈奴仍为边患，但不久为旱蝗灾害所困，又发生内讧。建武二十四年（48），匈奴日逐王被南边八部拥立为南单于，他袭用祖父呼韩邪单于的称号，率众内附于东汉朝廷。自此匈奴分裂为南匈奴和北匈奴。南匈奴驻牧于东汉北边诸郡境内，助汉戍守。至和帝初年，南匈奴领有3.4万户，23万余口，包括军队5万。他们逐步向南迁徙，一些人开始转向定居和农耕生活。至2世纪中叶，大多数已集中居于汾水流域。

北匈奴离东汉较远，但起初仍控制西域，并时常侵扰东汉边境。明帝永平十六年（73），分兵四路北伐，窦固、耿忠一路出酒泉，追击北匈奴至蒲类海（今新疆巴里坤湖），夺取伊吾（今新疆哈密），置官屯田。和帝永元元年（89），窦宪、耿秉在南匈奴协助下再度北伐，大破北匈奴，登燕然山（今蒙古国杭爱山），刻石纪功而还。永元三年，汉将耿夔又在金微山（今阿尔泰山）击败北匈奴军队，单于遁逃，部众破散。大部分北匈奴人向西迁徙，少数降汉或融入其他诸族，漠北渐被新兴的鲜卑占据。

西域诸国在王莽时与中原断绝联系，为匈奴所控制。明帝时征伐北匈奴，窦固等将东汉势力伸入西域。永平十七年，东汉重设西域都护。汉将班超率吏卒36人出使西域南道诸国，连定鄯善（今新疆若羌）、于阗（今新疆和田）、疏勒（今新疆喀什）。而北道的焉耆（今属新疆）、龟兹（今新疆库车）仍受北匈奴操纵，攻杀汉西域都护陈睦，东汉被迫撤回西域官兵。班超在南道诸国的恳请下留驻西域，统领诸国对抗匈奴，后被任命为西域都护，讨平焉耆，西域50余国全部臣属东汉。总的来说，东汉在大部分时间里维持了对西域的统治。班超还曾派甘英出使大秦（罗马帝国），甘英至波斯湾头，闻前路海阔难行，遂折而东还。此后在桓帝时，大秦王安敦曾遣使东汉，抵达洛阳。这是中国与欧洲最早的正式接触。

两汉东北的西拉木伦河、老哈河流域居住着乌桓与鲜卑，它们都是被匈奴

图6-7 内蒙古和林格尔东汉护乌桓校尉墓畜牧壁画

冒顿单于击败的东胡的支系。乌桓与汉接境，部落甚众，叛服不常，西汉中期到东汉皆设护乌桓校尉加以监领。鲜卑则在乌桓以北。北匈奴被东汉击溃后，鲜卑逐步向漠北发展，残留的匈奴人皆融入其中。2世纪中叶，鲜卑部落"大人"（首领）檀石槐统一鲜卑诸部，尽有匈奴故地，并多次南下侵扰，给东汉造成很大威胁。灵帝光和四年（181）檀石槐死，鲜卑又趋于分裂，力量渐衰。

东汉中后期，与羌人的冲突成为当时民族关系的焦点。羌人很早就居住于青海一带，部落众多，不相统属，西汉时一部分内迁到陇西地区。到东汉，内迁的羌人越来越多，由于受到官吏和内地豪强的压迫，多次掀起反抗斗争。羌人较大规模的暴动共有三次，分别发生于安帝、顺帝和桓帝时期，前后绵延60余年，波及河西、陇西、关中地区。东汉朝廷为镇压羌人反抗，耗费了大量的财力、物力，这也成为它走向衰落的一个重要原因。

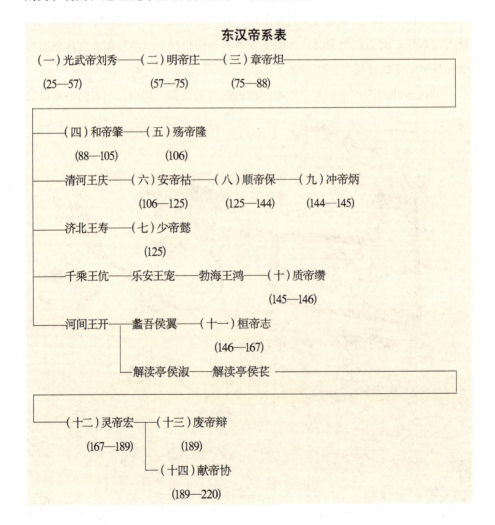

东汉帝系表

# 第七章 政治分裂的魏晋南北朝 上

公元2世纪末，东汉统治瓦解，中国历史由此进入一个较长的分裂时期。最初是魏、蜀、吴三国的鼎立。虽有西晋的短暂统一，但很快再度分裂。西晋皇族在江南建立了东晋，北方则陷入民族混战，出现了许多政权，概称十六国。后来东晋和十六国又被分别由几个王朝组成的南朝、北朝代替，直至6世纪末才重归一统。这段持续近400年的分裂时期，统称为三国两晋南北朝，也简称魏晋南北朝。

# 一　三国鼎立

　　三国因魏、蜀、吴三个政权的鼎立而得名。三国开始于公元220年曹魏篡汉，但三国的形成则要追溯到184年的黄巾起义和189年的董卓之乱。263年魏灭蜀，265年西晋代魏，三国已去其二，不过通常还是将280年西晋灭吴作为三国时期的下限。

## 三国鼎立局面的形成

　　东汉后期，社会上流行的神仙方术与道家黄老思想相结合，形成了一门宗教——道教。巨鹿（今河北平乡西南）人张角在民间传播道教，号为太平道，信徒多至数十万，分为三十六"方"。他们散布谶语，称"苍天已死，黄天当立，岁在甲子，天下大吉"，准备在中平元年（184，甲子年）三月五日发动起义。因计划泄露，于二月提前举事，三十六方一时俱起，皆头戴黄巾为标记，东汉的统治顿时陷入混乱。但黄巾军起事后缺乏统一的调度指挥，基本是各自为战。是年九月，张角病卒。失去了领袖的黄巾军终被官军各个击破，除一些分支部队坚持了较长时间外，几支主力均很快被击溃，起义失败。

　　经过黄巾起义的打击，东汉政权濒于崩溃。中平五年，为强化地方的镇压权力，改全国州部刺史为州牧，选朝廷重臣出任，昔日的监察区州部至此已变成郡以上的一级行政区。一些州牧乘乱发展个人势力，分裂萌芽开始出现。

　　中平六年（189）灵帝卒，子辩即位。皇太后何氏之兄何进辅政，密谋诛杀宦官，召并州牧董卓入京为援。事泄，宦官先杀何进，何进的亲信袁绍等又尽杀宦官，东汉最后一次外戚、宦官的斗争以两败俱伤告终。率兵抵京的董卓趁乱获利，独揽朝政，废黜刘辩，拥立灵帝另一子协，是为献帝。州郡牧守纷纷起兵，推袁绍为盟主，讨伐董卓。初平元年（190），董卓放火烧毁洛阳，挟持献帝和百万居民西迁长安。讨董联军各怀异志，互相并吞，分崩离析。董卓则于初平三年遇刺，其部将在关中展开混战。全国形成了多支割据势力，东汉已名存实亡。

　　在2世纪末的割据者中，以袁绍、曹操实力最强。袁绍出自经学官僚世家汝南袁氏，本人也是汉末名士。董卓乱后，袁绍先夺得冀州为地盘，又相继兼

图 7-1 甘肃嘉峪关曹魏屯垦砖画

并青州、并州、幽州，跨有华北，拥众数十万，一时成为最强大的割据势力。

曹操，沛国谯县（今安徽亳州）人，也出身于官僚家庭，但其父曹嵩是宦官养子，为时论所鄙。操因举孝廉入仕，曾参与镇压黄巾，讨伐董卓，后收降青州黄巾军 30 万，势力陡增，逐步占据了黄河中下游的兖、豫二州。建安元年（196），奉迎汉献帝至许（今河南许昌东），取得了"奉天子以令不臣"的政治优势。曹操针对东汉中后期以来用人片面求名的弊端，主张不拘一格，唯才是举，又严明法纪，信赏必罚。他还大力兴办屯田，组织士兵和经过军事化编制的流民开垦荒地，官取收获之半或六成，提高了经济实力。袁、曹二人隔黄河形成对峙。建安五年（200），战于官渡（今河南中牟东北），曹操以弱胜强，击败袁绍主力。不久袁绍忧愤而卒，其地域被曹操兼并。建安十三年（208），曹操进位丞相，率兵南征，企图完成统一，但在赤壁（今湖北赤壁市西北）被孙权、刘备的联

图 7-2 赤壁之战遗址

军打败,退回北方。此后曹操又平定了北方一些残余的割据势力,镇压了朝中的反对派,相继进爵魏公、魏王,加九锡,虽犹名汉臣,实际上已将汉献帝完全架空。

刘备,涿郡涿县(今河北涿州)人,为汉朝皇室疏属。早年在北方活动,曾依附于多支割据势力,后南下投奔割据荆州的刘表。孙权,吴郡富春(今浙江富阳)人,其父孙坚讨黄巾、董卓有功,兄孙策渡江发展势力,权袭父兄之业,保有江东六郡。建安十三年曹操南征,时刘表已死,其子降曹,刘备与孙权合兵,以少胜多,大败曹军。赤壁之战后,刘备占有荆州,继而入蜀占据益州,从曹操手中夺得汉中,自立为汉中王。不久孙权又夺占荆州,并有长江中下游。这样曹得北方、刘得西南、孙得东南的三分天下格局基本奠定。

汉献帝延康元年(220),曹操病死,子曹丕嗣为魏王,随即篡汉称帝,国号魏,都洛阳,是为魏文帝。次年刘备于成都称帝,仍用汉国号,是为汉昭烈帝。史称其政权为蜀汉,亦简称蜀。同年孙权受魏封为吴王,至229年称帝,是为吴大帝。其都始在武昌,不久迁于建业(今南京)。三国完全形成。

图 7-3 南京古石头城遗址

## 曹魏政治概况

曹魏政权在三国之中版图最大，户口最多，实力也最强。曹魏的建立，是曹操、曹丕父子与汉末大姓名士既斗争又合作的结果。东汉地方上存在着一批士族大姓，通常每郡都有若干家"著姓""门阀"，他们具有经济实力和文化优势，察举、征辟制度在相当大程度上向他们倾斜，一些经学世家甚至可以做到累世公卿。获得"清议"推崇的名士（他们通常进而成为清议的主持者）就整体而言主要出自大姓，或在政治上代表大姓的利益。大姓名士构成了东汉士大夫集团的核心。他们虽在"党锢之祸"中受到沉重打击，但在社会上仍然拥有不可低估的潜在势力，实际上也是东汉末年各个割据者主要依靠的政治力量。曹操家世与宦官有染，与大姓名士存在隔阂，故而他提出"唯才是举"的用人口号，甚至宣称对"不仁不孝而有治国用兵之术者"也一律擢用。但曹操同样也吸引、网罗了不少大姓名士为自己服务，特别在统治渐趋稳定之后，与大姓名士合作的态势更加明显。

在上述背景下，产生了九品中正制度。220年，曹丕在篡汉前夕颁布"九品官人之法"，各郡皆设中正一职，择朝官中籍贯本郡者兼任，负责品评本郡人才，区分高下为九品（此称"乡品"，并非代表职官品秩的官品），上报朝廷作为任命官员的依据。后来各州又设大中正。九品中正制实际上是将大姓名士控制的地方"清议"纳入朝廷选官制度，既使大姓名士对清议的操纵获得合法地位（中正多出自大姓名士），又体现了朝廷对清议的控制。按制度，中正评定人物品级的标准要兼顾家世、德行与才能，评定之后根据被评定者的具体表现还可对其品级予以升降。九品之中，一品基本虚设，二品实为最高品。后来只有二品可称为上品，三品以下均属下品。九品中正制形成之初，带有较强的中央集权倾向，但在大族力量活跃和膨胀的社会背景下，定品时家世逐渐成为最重要乃至唯一的因素，德、才标准则因其不易量化考评渐被忽视废弃，九品中正制反过来成为巩固大族势力的工具。这样，统治集团中逐渐形成了一个贵族化的阶层，即门阀士族。

曹魏中期齐王曹芳在位时（239～254），权臣司马氏家族开始控制朝政。其主要人物司马懿，河内温县（今属河南）人，出身官僚大族，早年被曹操辟除任职，后历仕魏文帝、明帝（226～239在位），与宗室曹爽同受明帝遗诏，辅佐齐王芳。嘉平元年（249），司马懿发动政变，诛杀曹爽及其党羽，独揽朝政。司马懿卒，二子师、昭相继专政，曹氏政权渐移于司马氏之手。正元元年（254），司马师废齐王芳，立高贵乡公曹髦。景元元年（260），司马昭杀曹髦，立元帝曹奂。元帝授司马昭相国之职，加封晋公。景元四年，司马昭发兵灭蜀，次年进封晋王。咸熙二年（265），昭死，子司马炎嗣为晋王，随即篡魏称帝，建立晋朝，是为晋武帝。曹魏自魏文帝始凡传五帝，共46年。

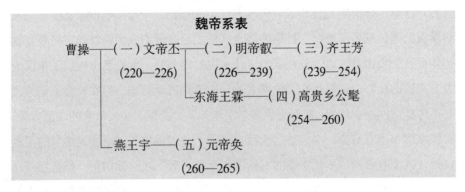

魏帝系表

蜀与吴

蜀汉在三国中版图最小，户口最少，实力最弱。赤壁战后刘备入川夺取益州，荆州则留大将关羽镇守。建安二十四年（219）孙权袭杀关羽，占领荆州。221

图 7-4 明宣宗绘《武侯（诸葛亮）高卧图》

年刘备称帝，随即率军东征，于次年被吴将陆逊大破于夷陵（今湖北宜昌东南），狼狈撤回，不久病卒。这样蜀国的势力被遏制在三峡以西，只拥有巴、蜀、汉中之地。

　　刘备既卒，子刘禅嗣立，史称后主。后主懦弱无能，蜀国的实际决策者是丞相诸葛亮。诸葛亮，琅琊阳都（今山东沂南南）人，汉末避乱荆州，隐居于隆中。刘备闻其名，三次亲往拜访，礼聘为谋士。诸葛亮很早就洞察到天下三分的趋势，为刘备制定了跨有荆益、联孙抗曹的基本战略。后受刘备遗命，辅佐后主，为政崇尚法纪，循名责实，事必躬亲，治效显著。辅政之初，首先率师征西南夷，恩威并施，巩固了后方局势。对外重新与吴国结好，共抗曹魏。自后主建兴五年（227）起，诸葛亮多次由汉中北伐，虽获得一些小规模胜利，但未取得大的进展，最后在建兴十二年病卒于军中。当时蜀弱魏强，但诸葛亮却屡屡主动进攻，意在以攻为守而求自存。魏国方面则利用关陇险阻的地形，屯兵坚守，以逸待劳，每使蜀军无功而还。诸葛亮能以弱国居攻势，体现了他个人的军事才能，但虽有攻势而少战果，则是由蜀魏双方的实力差别所决定的。

诸葛亮死后，蜀国力量渐衰，难以再对魏国构成大的威胁。后主景耀六年（263），魏将钟会统大军入汉中，牵制蜀军主力，另一路魏军在邓艾统率下取道阴平（今甘肃文县西）山路，突袭入蜀，很快兵临成都。后主奉表出降，蜀亡。自刘备称帝始，共立国43年。

吴国的国力在三国中居次。孙吴立国倚重江南大族，为照顾大族利益，允许他

图7-5 孙吴铸"大泉当千"铜币

们占有一定数量不承担官府赋役的"私属"佃客，称为"复客"。将领亦多出自大族，拥有私兵，称为"部曲"，得父子兄弟自相传授，形成世袭领兵制。夷陵战后，吴国与蜀修好，主要精力用于对付"山越"和抗衡曹魏。山越指当时居住于江南山区的土著居民，其主体部分是古代越人的后裔，也包括一些因躲避赋役逃入山中的汉人。孙吴多次对山越发起征剿，将其逐渐从山区徙至平地，推动了江南经济开发的进程。吴、魏之间时和时战，主要战场均在淮南，魏军虽几度占据优势，但打到长江边上亦只能无功而退。

吴神凤元年（252）孙权卒后，吴国统治集团内部争斗频繁，国势渐衰。至吴末帝孙皓在位，为政残暴，民心不附。晋武帝咸宁五年（279），发兵五路南征吴国。太康元年（吴天纪四年，280），晋将王濬攻入建业，孙皓出降，吴亡。吴国自孙权称帝，共历四君，52年。

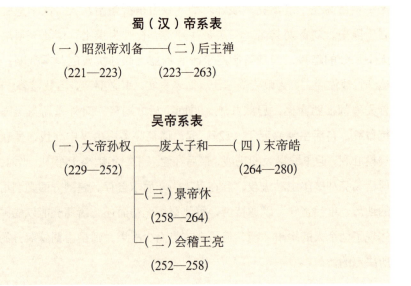

## 二　西晋的短暂统一

晋朝分为两期，前期定都洛阳，史称西晋。西晋在统一表象之下，隐藏着十分严重的危机。灭吴仅10年有余，即爆发了宗室之间争权夺利的内讧，又过10余年，出现了大规模的民族冲突，最终导致西晋政权短命而亡。

### 统一局面下的危机

西晋建国之初，社会上基本保持着和平、安定的局面，灭吴之役速战速决，对社会影响不大。晋武帝实施了一些发展经济的措施，注意安抚蜀、吴故地，全国户口、垦田数字都有一定程度的上升。但与此同时，潜在的统治危机也十分严重。

首先是统治集团严重奢侈腐化。魏晋之际，统治集团基本没有发生变动，未曾经受社会动乱的洗礼，暴露出严重的腐朽性。晋武帝平吴后日益骄侈，荒淫怠政，后宫姬妾多达近万。九品中正制的弊端已明显暴露，门阀士族垄断高级官职，累代富贵，纸醉金迷，骄奢淫佚。政治腐败，货赂公行。

其次是宗王权重。曹魏宗室分封有名无实，且多方猜忌防范。晋武帝以曹魏孤立为戒，大封宗室为王。西晋封国地小户少，对中央难以形成威胁，但许多宗王参政统军，权力远不限于封国境内。东汉末年以来地方设有都督一职，为一州或数州的军事长官，全国形成若干军事性质的都督区。到西晋，这些都督大都由宗王充任，成为潜在的不稳定因素。

更严重的统治危机来自因周边民族内迁而引发的民族矛盾。自东汉以来，西、北边陲的一些民族不断向内地迁徙，逐渐与汉族杂居。东汉末北方各割据者由于劳动力、兵源不足，也大量招引周边民族入塞。到西晋，迁入内地的民族主要有匈奴、羯、氐、羌四支，另一民族鲜卑则附塞而居。匈奴即东汉时已内附的南匈奴，汉末居于并州，至西晋，并州匈奴已达20余万人。羯是早先出于西域的一批胡人，有高鼻深目多须的特征，曾被匈奴役属，史称"匈奴别部"。西晋时主要的一支居于上党郡武乡县（今山西榆社北），余地亦有分布。氐与羌都是古代西戎之裔，东汉以来陆续东迁至陇西、关中。至西晋，以氐、羌为主的内迁民族已占关中总人口的一半。鲜卑在东汉末分裂为一些小的部落集团，沿东北和北部边塞散居，较强大的部落有居于辽西的慕容、段、宇文部和居于代北的拓跋部。以上五个民族合称"五胡"。此外，很早就居住在川、鄂山区的古巴族后裔賨人在这一时期也很活跃，"五胡"加上賨人，又统称"六夷"。这些民族受到汉族统治者的沉重剥削，很多人

图7-6 晋"归义羌侯"印文

沦为佃客、奴婢，或被官府征发服役、当兵作战，有时贵族亦不能免，因此民族矛盾和对立情绪积郁渐深。自曹魏后期到西晋初，很多官员看到隐含的危险，纷纷主张"徙戎"，将内迁诸民族迁回其故土。但各族内迁和杂居是数百年来历史发展的结果，不可能在短时期内通过政府的一纸命令强行改变。平吴之前，凉州鲜卑人秃发树机能即已起兵反晋，持续近10年始败。更大规模的起事则在逐渐酝酿之中。

## 八王之乱与永嘉之乱

太熙元年（290），晋武帝病卒，天生弱智的太子衷嗣位，是为惠帝。西晋的统治本来已经危机四伏，皇帝又无理政能力，引发了一批野心家对最高权力的争夺，动乱就此爆发。

动乱的前期表现为宫廷政变。晋武帝临终，命其岳父杨骏辅政。惠帝皇后贾氏夙有干政野心，与宗室楚王玮合谋，于元康元年（291）发动政变诛杀杨骏，以辈分较高的宗室汝南王亮辅政。不久，贾后唆使楚王玮杀亮，随即以专杀之罪杀玮，这样大权就落到贾后手中。此后数年，尽管地方上连续出现流民及内迁诸民族的暴动，朝廷尚相对稳定。元康九年（299），贾后因个人矛盾废黜惠帝后宫所生的太子遹，并于次年将他杀害，此举使西晋统治集团的内部冲突再度激化。统领禁军的赵王伦发动政变，杀死贾后，随后又废黜惠帝，自即帝位。赵王伦的篡位引起了宗室诸王的普遍反对，政变开始演化为内战。在外任都督的齐王冏、成都王颖、河间王颙起兵讨伐赵王伦，拥惠帝复位，随后三王又互相厮杀，长沙王乂、东海王越也卷入战争。诸王各引效忠于自己的地方官乃至内迁民族参战，北方社会陷入严重的动荡和混乱。自惠帝即位至此，卷入政变

和内战的主要为汝南、楚、赵、齐、成都、河间、长沙、东海八位宗王，故史籍称这场动乱为"八王之乱"。至光熙元年（306），前七王皆已败死，东海王越最终控制了朝政，毒死惠帝，立其弟怀帝。八王之乱遂告结束。

"八王之乱"期间，由于天灾以及地方官府的压迫，流民和内迁诸民族的起义不断爆发。元康四年（294）匈奴人郝散在上党起兵反晋。六年，关中氐、羌等族暴动，推氐帅齐万年为帝。八年，秦陇地区的天水等六郡流民数万家入蜀觅食，遭到当地官吏驱赶，遂反，推賨人酋豪李特为主。李特死后，其子李雄攻入成都，于永兴元年（304）自立为成都王，后称帝，国号成。又有张昌起兵于荆州，王如起兵于宛（今河南南阳），杜弢起兵于长沙，都是以流民为主的暴动。

在各地诸多反晋起事当中，最后颠覆西晋王朝的主要力量是匈奴人。永兴元年，并州匈奴首领刘渊起兵反晋。刘渊出自匈奴屠各部，世为匈奴酋长、部帅，因其先与汉和亲，自认汉朝外孙，故冒姓刘。少读诗书，曾以匈奴"侍子"身份在洛阳居住，与朝中士大夫交往，有较高的汉化程度，后被晋廷任命为匈奴五部大都督。八王之乱中，成都王司马颖结纳刘渊为外援，命其调发匈奴五部之众助战。刘渊趁势起兵，称大单于以号召匈奴人反晋，又称汉王，以继承汉朝正统自居。同时反晋的羯人首领石勒和青州流民首领王弥不久都归附刘渊，使其声势更为壮大。晋怀帝永嘉二年（308），刘渊在平阳（今山西临汾）称帝，仍以汉为国号。其子刘聪在位时，于永嘉五年（311）攻陷洛阳，俘虏晋怀帝。两年后怀帝遇害，一批晋朝大臣在长安拥立武帝之孙秦王邺，是为愍帝。建兴四年（316），匈奴军又攻破长安，愍帝被俘，西晋至此灭亡。自晋武帝篡魏起，共四帝，52年，但其间真正稳定的统一局面不过维持了十余年。因为晋怀帝永嘉年间（307～313）是匈奴颠覆西晋的关键阶段，故史称匈奴的反晋为"永嘉之乱"。

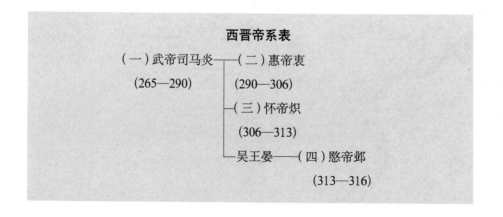

## 三 东晋的偏安之局

西晋灭亡后,宗室疏属司马睿在江南重建晋政权,都于建康(今南京),又立国百余年,是为东晋。一些南渡的北方士族高门相继支配了东晋朝政,相形之下皇权却趋于萎缩。军事方面,东晋主要依赖南下流民组成的军队捍御江淮防线,最后其政权也被动乱中成长起来的军阀刘裕所篡夺。

图7-7 东晋与成(汉)

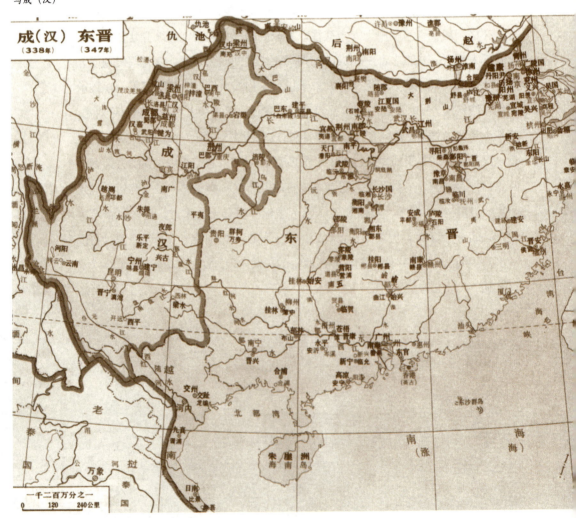

## 士族当权与东晋统治集团的内争

西晋灭亡次年,即公元317年,镇守建康的琅琊王司马睿被属下推戴称晋王,次年称帝,是为东晋元帝。当时江南地区大族势力强盛,他们拥护晋朝统治,稳定地方,为东晋的建立创造了条件。但司马睿出于宗室疏属,威望不足,江南士族对他一度持冷淡、观望态度。此时自北方南渡的一些士族高门竭力拥戴司马睿,经他们的示范和拉拢,江南士族的态度才转向合作,东晋因而得以顺利建立。与西晋相比,东晋宗室凋零,皇帝孑孓孤立于北南士族之间,主要只是作为汉族政权的象征受到拥戴。因此东晋政权在相当长时间里一直保持着"君弱臣强"的格局。

晋元帝即位前,就与自己封国内的著名高门琅琊王氏深相结纳,至其称帝建号,亦以琅琊王氏翼戴之功为多。时王导在内任相,主持朝政,王敦(导之从兄、晋武帝婿)都督江扬荆湘交广六州诸军事,坐镇长江中游,内外相应,故有"王与(司)马,共天下"之谚。后来元帝对王敦日渐嫌恶,引用刘隗、刁协等人以相抗衡。永昌元年(322),王敦以声讨刘隗、刁协为名,发兵攻入建康,晋元帝忧愤而卒。敦自武昌移镇姑孰(今安徽当涂),兼控内外。明帝太宁二年(324),敦病死,临终命部下再次进攻建康,被击败。王敦虽被定为叛逆,但琅琊王氏在朝中的地位基本未受影响,王导仍然担任宰相。

王敦之乱对东晋及以后南朝的历史有重要影响。首先是开启了荆、扬之争的序幕。东晋南朝的政治和军事重心主要有两处,即长江中游的荆州和下游的扬州。扬州为首都所在,号令全国,荆州则是上流屯兵之所,有居高控制下流之势,往往称兵跋扈,由王敦首开其端。其次,使江南士族的政治势力受到了较大打击。对东晋朝廷而言,江南士族具有地主之谊和先期安定地方的功劳,但琅琊王氏等北方"侨姓"士族喧宾夺主,后来居上,掌握大权,引起了江南士族的不满,双方矛盾逐渐激化。在王敦之乱中,侨姓士族对江南士族分化瓦解,令其互相残杀,致使江南势力最大的义兴周氏、吴兴沈氏两个家族均被诛灭。此后江南士族只能做到维护自己的经济利益不受侵害,在政治上已无法与北方侨姓士族抗衡。

太宁三年(325),晋明帝卒,6岁的成帝即位,出自侨姓士族高门颍川庾氏的外戚庾亮与王导共同辅政。时流民军帅苏峻因助平王敦之乱有功,任历阳(今安徽和县)内史,屯兵淮南,与庾亮不和。咸和二年(327),峻以诛亮为名起兵，次年攻陷建康，焚掠财物一空。叛乱平定后，庾亮引咎出镇荆州，王导仍居中辅政。庾、王二人争权，矛盾渐深，荆、扬之争几乎又一次爆发。适逢二人相继去世，冲突暂时消弭。

东晋中期，权臣桓温当政。桓温为晋明帝婿，出自侨姓士族高门谯国桓氏，穆帝（344～361年在位）时代替庾氏家族镇荆州，率军攻灭割据蜀地的賨人政权成汉（初国号为成，后改为汉），声望大增。穆帝后期及哀帝（361～365年在位）、海西公（365～371年在位）时，桓温发动了三次北伐，一度攻入关中，又曾收复洛阳。但他夙怀政治野心，企图借北伐提高个人声望以代晋自立，东晋朝廷也对其北伐行动多方掣肘，所以桓温的北伐每次都是虎头蛇尾，有始无终。桓温晚年进位至大司马、都督中外诸军事，一身兼统荆、扬两镇，威权震主。太和六年（371），他强行废黜当时的皇帝海西公司马奕，改立会稽王昱，是为简文帝。简文帝在位，屡受桓温逼迫。朝中执政的高门士族陈郡谢氏、

图7-8 晋持刀武士俑

太原王氏等联合抵制桓温篡位，致使桓温无法如愿。直到桓温死去，司马氏的统治才转危为安。

桓温死后，陈郡谢氏的谢安主持朝政，他与坐镇荆州的桓温之弟桓冲协力合作，使东晋出现了较为稳定的局面，并且在淝水之战中挫败了前秦的大举进攻。淝水战后，谢安因功高受猜忌去位，不久去世。孝武帝任用同母弟司马道子为相，企图重振皇权声威，排抑士族势力。各家高门士族的人才日趋凋零，其中太原王氏参政较多，但他们没有获得先前高门那种左右政局、举足轻重的地位，高门士族专政的格局至此改变。

## 侨寓流民与东晋的军事形势

永嘉之乱以后百余年间，北方人民为躲避战乱和民族压迫大批流亡南下。据不完全统计，南下的流民约占当时北方总人口的八分之一，同时又占南方人口的六分之一。他们在南方被称为侨人，大都分布于江、淮之间或长江中下游沿岸。东晋政府在侨人聚居地按其原籍州、郡、县的名称设立侨州、侨郡、侨县，登记户口，进行管理，任命侨人大族为长官。起初，侨州郡县只是寄治于南土州郡县，本身并无实土，其户籍登记用白纸，称"白籍"，表示流寓和临时性，区别于土著居民用黄纸书写的"黄籍"。"白籍"侨人享有免调（田租以外按户征收的绢、绵等物）和免役的优待。后来各地侨人的生活逐渐稳定，东晋王朝开始对他们实施"土断"政策，就地编入土著百姓的"黄籍"，取消优待，一体承担赋役。由于统一户籍的需要，撤销了一批侨州郡县，保留下来的也都获得了从南土州郡县中分割出来的一块实土。土断之举进行过多次，以哀帝兴宁二年（364）由桓温主持的一次较为彻底。当时宗室彭城王司马玄隐匿五户侨人，即被下狱治罪。

侨寓流民也是东晋政权用以抵御北方民族进犯的主要军事力量。他们经过战乱磨炼，往往有较强的战斗力，同时又有自己的首领、核心，这些人的地位大多通过宗族乡党的势力基础而获得。东晋政权将有战斗力和指挥核心的流民集团安置于江、淮之间，作为捍卫江南的屏障，同时对他们也有疑忌和防范。晋元帝时，流民帅祖逖发动北伐，收复了黄河以南的大片土地，但因上层统治集团内争，朝廷掣肘，终至无功而卒。王敦之乱爆发后，晋廷不得已动用流民武装协助平乱，事后因处置失宜，引发苏峻之乱，致使建康一度失陷，损失惨重。

东晋中期，形成了分据长江中下游、支撑朝廷的两个军事重镇，在中游为襄阳，在下游为京口（今江苏镇江）。它们都是流民集聚的地区，其武力也主要由流民武装构成。襄阳为荆州藩屏，京口则是建康门户。孝武帝时谢安当政，以其侄谢玄镇京口，募集京口、广陵（今江苏扬州）流民劲勇，加以训练，组成一支精兵，作战屡建奇功。因时称京口为"北府"，故这支军队被称为"北府兵"。太元八年（383），时已统一北方的氐族前秦政权发兵百万南侵，前锋25万进抵寿阳（今安徽寿县）。晋将谢石、谢玄率北府兵8万应敌，在寿阳以东的淝水以少胜多，大破秦军，不仅挽救了东晋政权，也直接引发了前秦的崩溃。

淝水战后，东晋统治集团忙于内争，未能在北伐事业上有所进展。安帝隆安三年（399），因征发由奴婢放免为佃客者为兵，引起浙东社会骚动，五斗米道（道教的一支）教主孙恩聚众起事，众至数十万。桓温之子、坐镇荆州的桓玄趁乱起兵攻入建康，篡晋称帝。元兴三年（404），北府兵将领刘裕等人在京口起兵，击败桓玄，拥晋安帝复位。此时自东晋建立以来先后当权的琅琊王氏、颍川庾氏、谯国桓氏、陈郡谢氏、太原王氏等几家高门士族均已衰败，朝廷大权渐为出身于次等士族的刘裕所控制。

刘裕是侨寓京口的彭城（今江苏徐州）人，其家世虽属士族，但已沦落贫寒。因在北府兵中累积战功，地位逐渐上升。平桓玄后，于义熙五年（409）率军北伐，攻灭慕容鲜卑建立的南燕，威望大增。此时孙恩已死，其妹夫卢循统余部浮海南下，占领了广州。义熙六年，卢循大举北上，屡破晋军，直逼建康。刘裕迅速从北伐前线赶回，扭转了局势，次年卢循兵败自杀。至此刘裕已完全成为独力再造东晋的权臣。义熙九年，消灭割据巴蜀的谯纵。十二年再度北伐，灭掉割据关中的羌人政权后秦。虽长安得而复失，而潼关以东、黄河以南尽入东晋版图，为祖逖、桓温诸人所未及。义熙十四年（418），刘裕进位相国，封宋公，加九锡。随后他杀死安帝，立恭帝，进爵宋王。恭帝元熙二年（420），刘裕代晋称帝，国号宋，是为宋武帝。东晋共传11君，立国104年。

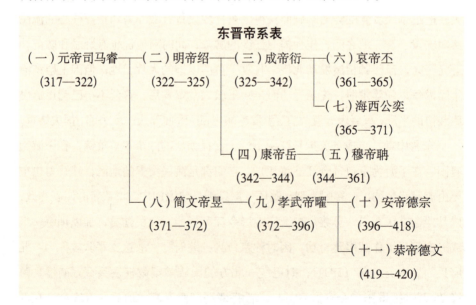

**东晋帝系表**

（一）元帝司马睿——（二）明帝绍——（三）成帝衍——（六）哀帝丕
（317—322）　　　　（322—325）　　（325—342）　　（361—365）
　　　　　　　　　　　　　　　　　　　　　　　　　　（七）海西公奕
　　　　　　　　　　　　　　　　　　　　　　　　　　（365—371）
　　　　　　　　　　　　　　　　（四）康帝岳——（五）穆帝聃
　　　　　　　　　　　　　　　　（342—344）　　（344—361）
　　　　　　　　　　　　　　（八）简文帝昱——（九）孝武帝曜——（十）安帝德宗
　　　　　　　　　　　　　　（371—372）　　　（372—396）　　　（396—418）
　　　　　　　　　　　　　　　　　　　　　　　　　　　　　　　　（十一）恭帝德文
　　　　　　　　　　　　　　　　　　　　　　　　　　　　　　　　（419—420）

# 第八章 政治分裂的魏晋南北朝 下

本章继续叙述魏晋南北朝的政治史。主要介绍大体与东晋同时出现于北方的"十六国",以及随后分据南北,形成对峙的南北朝。

# 一 十六国的割据

在东晋统治江左的百余年间,北方政治舞台上的主角是此前内迁的匈奴、羯、氐、羌和附塞的鲜卑族,史称"五胡乱华"。习惯上将这一时期北方出现的15个政权(其中个别政权是汉族建立的),加上賨人在四川建立的成(成汉),统称为十六国。其中前秦曾一度统一北方,故以前秦为界,十六国可分为前后两期。十六国的概况如下表:

| 国名 | 起止年代 | 开国君主 | 统治者族属 | 都城(及今所在地) | 灭于何国 |
| --- | --- | --- | --- | --- | --- |
| 汉 | 304～318 | 刘渊 | 匈奴 | 平阳(今山西临汾西) | 内乱 |
| 前赵 | 318～329 | 刘曜 | 匈奴 | 长安(今陕西西安) | 后赵 |
| 成汉 | 304～347 | 李雄 | 賨 | 成都 | 东晋 |
| 前凉 | 317～376 | 张寔 | 汉 | 姑臧(今甘肃武威) | 前秦 |
| 后赵 | 319～351 | 石勒 | 羯 | 襄国(今河北邢台),又迁邺(今河北临漳西南) | 内乱 |
| 前燕 | 337～370 | 慕容皝 | 鲜卑 | 龙城(今辽宁朝阳),又迁邺 | 前秦 |
| 前秦 | 351～394 | 苻健 | 氐 | 长安 | 后秦 |
| 后秦 | 384～417 | 姚苌 | 羌 | 长安 | 东晋 |
| 后燕 | 384～409 | 慕容垂 | 鲜卑 | 中山(今河北定州),又迁龙城 | 内乱 |
| 南燕 | 398～410 | 慕容德 | 鲜卑 | 广固(今山东青州) | 东晋 |
| 北燕 | 409～436 | 冯跋 | 汉 | 龙城 | 北魏 |
| 后凉 | 386～403 | 吕光 | 氐 | 姑臧 | 后秦 |
| 南凉 | 397～414 | 秃发乌孤 | 鲜卑 | 乐都(今属青海) | 西秦 |
| 西凉 | 400～421 | 李暠 | 汉 | 酒泉(今属甘肃) | 北凉 |
| 北凉 | 401～439 | 沮渠蒙逊 | 匈奴 | 张掖(今属甘肃) | 北魏 |
| 西秦 | 385～431 | 乞伏国仁 | 鲜卑 | 苑川(今甘肃榆中东北) | 夏 |
| 夏 | 407～431 | 赫连勃勃 | 匈奴 | 统万(今内蒙古乌审旗南) | 吐谷浑 |

## 从西晋灭亡到前秦统一

公元304年，刘渊在并州建立汉政权，李雄在蜀地建立成政权，这是十六国中最早出现的两个国家。刘渊之子刘聪在位时（310～318），汉兵相继攻陷洛阳、长安，西晋灭亡。刘聪在以并州为中心的主要统治区采取胡、汉分治之法，自己以汉帝和大单于的双重身份兼统胡、汉。大将刘曜、石勒在外各主一方，隐现割据之势。刘聪死后，汉廷发生内乱。镇守长安的刘曜称帝，改国号为赵，史称前赵。曜为刘渊族子，因为有这一血缘关系，通常将汉与前赵视为同一政权。

刘曜在关中称帝不久，石勒也在华北称赵王，史称后赵。石勒世为羯人部落小帅，少时曾被西晋贵族掠卖为奴。永嘉之乱中起兵反晋，辗转归于刘渊属下。刘曜称帝后，他脱离前赵自树旗帜，329年灭前赵，基本统一中原，不久称帝。后赵沿用胡汉分治政策，而民族压迫色彩尤重。石勒死后，其侄石虎杀勒子夺位，穷奢极侈，严刑峻法，人心思乱。349年虎死，诸子争位，石虎的养孙汉人冉闵夺得政权，利用民族对立情绪大杀羯人，后赵亡。

在汉、后赵先后据有中原的同时，西北、华北北缘和东北各存在一支力量较强的割据势力，即汉人建立的前凉、鲜卑拓跋部建立的代和鲜卑慕容部建立的前燕。前凉的奠基者是西晋凉州刺史张轨，其子孙在西晋灭亡后世守凉州，仍使用晋朝年号，但实际上已成为割据政权，史称前凉。代是日后北朝之一北魏的前身，故未被计入十六国之列。西晋灭亡前后，鲜卑拓跋部酋长猗卢拥众数十万，占有华北和漠南的交界地带，受晋封为代王，与汉、后赵对抗。338年，拓跋什翼犍正式建立政权，都于盛乐（今内蒙古和林格尔北）。前燕的奠基者是鲜卑慕容部首领慕容廆。慕容鲜卑居于辽河流域，西晋时已从事定居农耕生活。永嘉之乱爆发后，慕容廆自称鲜卑大单于，其子慕容皝于337年称燕王，史称前燕。后赵灭亡后，皝子慕容儁发兵击灭冉闵，进占华北，并进而称帝。此时氐族已在关中建立前秦，两国在北方形成东西对峙。

这段时间，成在巴蜀的统治相对比较稳定。李雄在位30年，政刑宽简，赋役轻省，百姓富实。雄死，宗室争位，国势削弱。雄从弟李寿在位时，改国号为汉，史称成汉。347年，为东晋桓温所灭。

前秦的出现一度结束了北方割据和混战的局面。氐族长期活动于关中，后赵灭亡后，其首领苻健称帝，史称前秦。357年健侄苻坚即位，前秦进入鼎盛时期。苻坚博学通经史,具有政治抱负和谋略。他擢用汉族士人王猛为相,任贤举能,整饬吏治,发展经济,尊崇儒术,国力超出北方其他政权。370年,前秦灭前燕,统一中原。373年,从东晋手中攻取巴蜀,占有成汉故地。376年,灭前凉,同年灭代。疆域之广,在十六国中居最。北方也由此进入了一个短暂的和平、安定时期。

十六国前期诸胡族政权的统治者,大多数都具有较强的汉化倾向,在治国方面也尽可能获取汉族士族的合作。不过就各胡族整体而言,距离与汉族的融合都还较远,因此民族矛盾仍然比较尖锐。战乱当中,北方社会广泛出现了一种坞壁组织,即地方豪强或流民聚众自保形成的堡垒。通常以宗族、乡里关系为组织纽带,设于有险可守之地,且守且耕。胡族统治者为维持在地方的统治,不得不授坞壁首领以官职,坞壁也就成为各政权地方行政机构的治所。具有独立、割据色彩的坞壁广泛存在,是各政权难以保持长期稳定的一个重要原因。

## 北方的再分裂与北魏的统一

前秦统一北方后,苻坚自以三分天下已有其二,计划攻灭东晋,完成统一。许多大臣对此持有异议,但苻坚自恃强盛,不听劝阻,一意孤行。383年八月正式出兵,以弟苻融率兵25万先行,坚自统步兵60余万、骑兵27万为后继,旗鼓相望,前后千里。十月,战于淝水,秦军大败。东晋兵少,所败者只是前秦的前锋部队,但秦军本无斗志,前锋既败,后军也竞相奔逃,一溃不可收拾,自相践踏及冻饿而死者十之七八。这场大张旗鼓的军事行动,遂以惨败告终。

由于北方民族关系复杂,前秦的统治外表强盛而基础不稳,淝水一败之后,竟然陷于瓦解。384年,前燕宗室慕容垂在华北重建燕政权,史称后燕。被前秦迁徙到关中的鲜卑人也在慕容泓、慕容冲率领下起兵,苻坚被迫撤出长安,不久被羌人首领姚苌擒杀。姚苌自称秦王,是为后秦。经过一番混战,在北方又形成了后燕、后秦东西对峙之局。此外周边地区还有一些政权,鲜卑酋长乞伏国仁在陇右建立西秦,氐族将领吕光割据河西走廊建立后凉。鲜卑拓跋部首领拓跋珪则于386年在代北重建代国,稍后改国号为魏,称魏王,这也就是后来统一北方的北魏。398年,拓跋珪称帝,由旧都盛乐迁都平城(今山西大同东北),是即魏道武帝。

与后燕、后秦的对峙相联系，十六国后期的历史也一度在东、西两个区域形成各自的发展线索。在东方，迅速崛起的北魏对后燕构成了巨大威胁。395年，燕军讨伐北魏，大败于参合陂（今山西阳高境）。次年拓跋珪发起反攻，包围燕都中山，燕主慕容宝突围逃奔前燕旧都龙城，河北州郡尽入北魏，后燕被分隔为两部分。僻处龙城的后燕朝廷内乱不断，至409年灭亡。大将冯跋夺得政权，仍用燕国号，史称北燕。后燕宗室慕容德据山东地区自立，史称南燕。以后北燕亡于北魏，南燕则被东晋刘裕所击灭。

在西部，姚苌及其子姚兴在位时，后秦消灭了前秦余部，迫使西秦称臣，后凉归降，一度十分强盛。姚兴晚年，匈奴铁弗部酋长赫连勃勃叛秦独立，在陕北建立夏政权。勃勃凶暴嗜杀，在他的频繁袭扰下，后秦国势渐衰。姚兴死后，东晋刘裕北伐，攻入关中，后秦亡。刘裕急于篡晋，匆忙南返，赫连勃勃遂发兵南下，占领长安，大致据有后秦故地。

这一时期，河西走廊的局势也是变幻莫测。吕氏后凉建立不久，境内即出现若干支新的割据势力，南部有鲜卑秃发乌孤建立的南凉，西部有匈奴沮渠蒙逊建立的北凉和汉族大姓李暠建立的西凉。在多面受敌的不利形势下，后凉最

图8-1 赫连夏都城统万城遗址

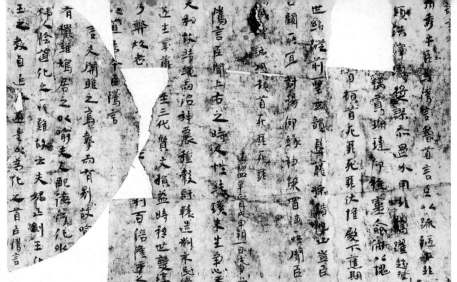

图 8-2 西凉秀才对策文残卷

终不得不降附于后秦。此后其余三凉展开混战，北凉渐居优势，占据了前、后凉故都姑臧。414年，屡败于北凉的南凉被西秦偷袭灭亡。421年，北凉灭西凉。此时在关陇地区剩下夏、西秦、北凉三个政权。它们或是统治残暴，民心不附，或是版图狭小，力量薄弱，皆非北魏敌手，北方再统一的趋势日益明显。

425年，赫连勃勃病死。次年，北魏相继攻克长安、统万，夏国疆域丢失大半，嗣君退往陇西。431年，夏主赫连定击灭力量更弱的西秦，掳其民欲渡黄河西走，遭到青海地区的鲜卑支裔吐谷浑袭击，赫连定被俘，夏亡。439年，北魏灭北凉。至此北方重归统一，十六国的历史也完全结束。

## 二　北朝概况

北朝一共包括5个王朝，其中北魏占了大部分时间。6世纪上半叶，北魏分裂为东魏和西魏，随后东、西魏又分别被北齐、北周所取代。北齐、北周东西对峙，北周后来居上，灭掉北齐。不久，北周政权被外戚杨坚所篡夺，北朝终止。

### 北魏前期统治

北魏的建立者鲜卑拓跋部是魏晋内迁、附塞诸民族中比较落后的一支。它

图 8-3 云冈石窟北魏佛像

最早活动于大兴安岭北段东麓，后来逐步迁到漠南地区，建立了代国，继而发展为北魏政权。魏道武帝拓跋珪解散部落组织，分土定居，自此拓跋部民开始由游牧向农业经济过渡。北魏击败后燕，占领中原后，仿汉族制度设官分职，并将大批中原百姓迁至平城周围耕种。明元帝在位时（409～423），从南朝刘宋夺得黄河以南的大片土地。第三代皇帝太武帝拓跋焘相继灭掉夏、北燕、北凉，结束了十六国的割据局面。

这一时期，漠北的柔然和南方的刘宋是北魏的劲敌。柔然是崛起于4世纪中叶的漠北游牧民族，源出东胡，其首领称"可汗"。魏太武帝曾几度北征柔然，获得大胜。太平真君十一年（450），刘宋发动北伐，攻占了河南的一些州郡，太武帝随即发兵反击，渡过淮河，前锋直抵瓜步（今江苏六合东南），在江北大肆焚掠。此役之后，刘宋的势力削弱，北魏在南北战争中常居主动地位。献文帝在位时（465～471），从刘宋夺得山东、淮北的青、齐等四州，完全占有了黄河流域。

面对北方社会宗族势力强盛、坞壁组织广泛存在的局面，北魏统治者不得不依靠宗族首领或坞主作为地方统治的支柱，于是形成了"宗主督护"的制度，即承认"宗主"在当地的势力和特权，利用他们代表北魏朝廷"督护"地方，收纳租税，征发徭役、兵役。在这一制度下，充当宗主的豪强大姓控制着大量劳动力，仍然对中央集权形成妨碍。另外北魏佛教兴盛，广占土地、户口，影响了国家的赋役收入。太武帝在位后期，下令灭佛，焚经毁寺，屠戮僧侣，使北方佛教一度陷于衰落。到太武帝死后，禁令始解。

北魏统治者也沿袭了十六国以来尊崇汉族士族的传统，积极招引士族成员充实统治机构，委托他们制定官制、礼仪、律令。北魏前期，汉族士族中最受重用的人是清河崔氏的崔浩。崔浩博览经史，明敏有谋略，兼通阴阳术数，历仕道武至太武三朝，多次参与重大决策的制定，为北魏统一北方作出了重要贡献。但他自恃门第才学，经常表现出对鲜卑人的鄙夷不屑，又企图按照士族高门的传统理想，整理并区分姓族高下，触犯了鲜卑贵族的民族意识，引起其强烈不满。后因主持编纂国史，公开披露了北魏皇室一些避讳不愿人知的早期历史，终于激怒太武帝，于太平真君十一年（450）被处死，其家族与姻亲均遭灭门惨祸。崔浩国史之狱表

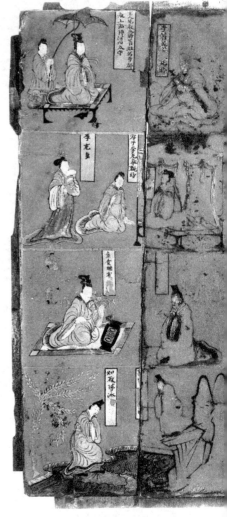

图8-4 北魏汉族大臣司马金龙墓出土漆画

明，尽管北魏已入主中原数十年，但民族矛盾仍然相当尖锐。与此相关，北魏统治者推行了很多民族压迫政策，致使汉族和其他被统治民族频繁掀起反抗斗争，北魏的统治很长时期内都不完全稳定。

### 魏孝文帝改革与六镇起事

魏孝文帝在位时（471～499），北魏统治集团在政治、经济等方面采取了规模较大的一系列改革措施。虽然史籍统称这些措施为孝文帝改革，但事实上由于孝文帝年幼即位，其在位前期的改革措施主要是由当时执政的太皇太后

冯氏主持推行的。改革主要包括下列内容：

整顿吏治——规定地方长官的任期按治绩优劣为定，优者升级而久任，劣者降黜。北魏前期地方官没有固定俸禄，贪污勒索公行。太和八年（484），始颁行俸禄之制，申明在俸禄之外贪赃满绢一匹者，即处死刑。

均田制——太和九年，颁布均田令，规定15岁以上男子皆从政府手中领取露田40亩、桑田20亩，妇女领取露田20亩。露田加倍或加两倍授给，以备休耕，至年满70还官。桑田作为世业，不须还官，可卖有余或买不足，但要栽种一定数量的桑、榆之类树木。奴婢、耕牛皆可受田，故贵族富人仍能由此多占土地。均田农民的赋税负担，以一夫一妇为单位，每年纳帛一匹，为调，粟二石，为租。单身男女、奴婢、耕牛也都按照各自不同的标准缴纳租调。均田令适应了当时北方人口减耗、荒地和无主地大量存在的现实，起到了推动垦荒、稳定土地关系的积极作用。

三长制——均田制实行稍后，又推行三长制，重建秦汉以来的乡官系统，取代宗主督护。民户五家立一邻长，五邻立一里长，五里立一党长，是为三长，负责检查户口，征发赋役。三长制使得国家对社会基层的控制有了显著加强。

汉化政策——孝文帝本人有很深的汉文化修养，亲政后推行了一系列比较激进的汉化措施。太和十八年（494），将首都从代北的平城迁至汉魏旧都洛阳。下令改革鲜卑旧俗，以汉族服饰取代鲜卑服饰，朝中禁鲜卑语，改说汉语。迁洛鲜卑贵族一律就地落籍，死后不得归葬代北。改鲜卑姓为汉姓，其中皇族拓跋氏改姓元。模仿汉族社会中的士庶门第区别，对鲜卑贵族"定姓族"，即人为地定出门第等级。汉化改革引起了一部分鲜卑贵族的强烈反对，一度爆发叛乱，但被孝文帝镇压。太子元恂也因卷入其事被废黜并处死。

上述改革措施促进了社会经济的发展，北方经济进入十六国以来最为繁荣的时期。汉化措施也顺应了北方民族融合的历史趋势，为全国统一奠定了基础。但另一方面，汉化措施也给北魏王朝带来了一些消极影响，激化了鲜卑族的内部矛盾。这些消极影响与政治腐败和其他社会矛盾相结合，终于引发了大规模的动乱，导致了北魏的灭亡。

动乱发起于北部边境的六镇。北魏为防御柔然骚扰，在北部边境自西而东设立了沃野（今内蒙古五原东北）、怀朔（今内蒙古固阳西南）、武川（今内蒙古武川西）、抚冥（今内蒙古四子王旗东南）、柔玄（今内蒙古兴和西北）、怀荒（今河北张北）六个屯兵的军镇，军士以鲜卑人为主。北魏前期，六镇地

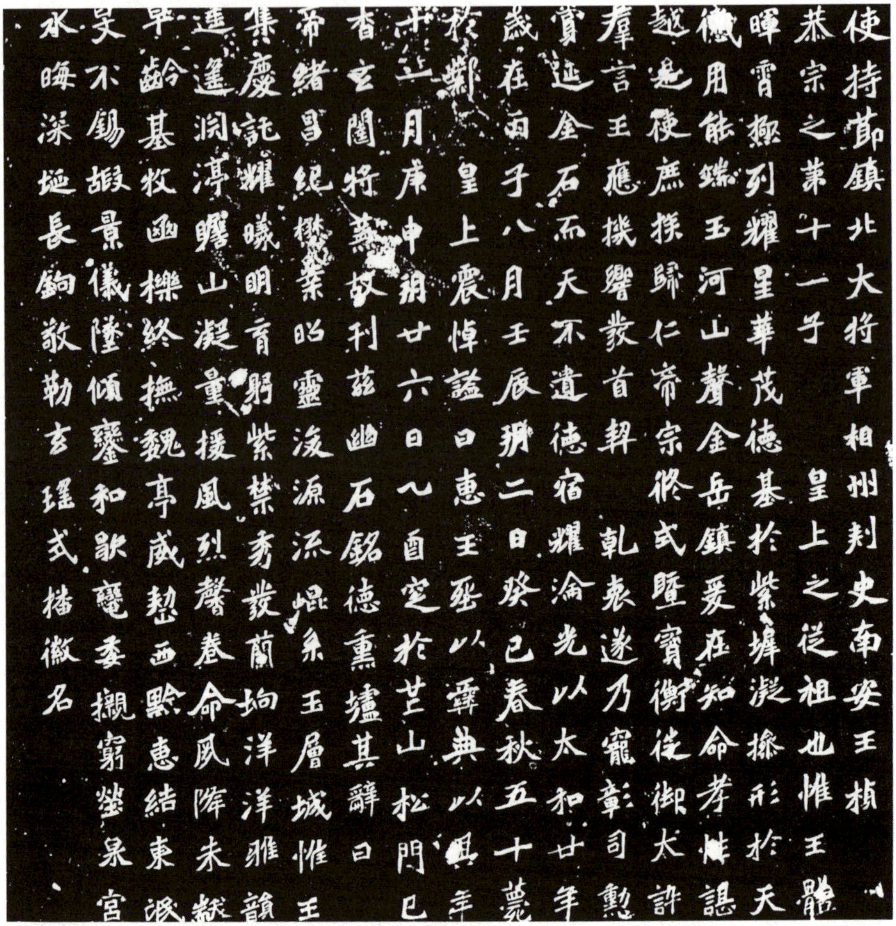

图8-5 埋葬在洛阳的北魏南安王元桢墓志

位重要，将士往往以军功得官。孝文帝汉化改革后，朝廷南迁，且重文轻武，六镇地位下降，当地鲜卑子弟受到歧视，仕途艰难，不满情绪日益强烈。加上镇民内部贫富分化、将官欺压军士等原因，遂使六镇成为当时社会矛盾的焦点。魏孝明帝正光四年（523），沃野镇民匈奴人破六韩拔陵杀镇将反，六镇军士纷纷响应，并波及西部的高平（今宁夏固原）等镇。后破六韩拔陵败，北魏朝廷将其部众迁往河北，这批六镇流民又在河北各地起事，并逐渐形成了一支以葛荣为首的强大军事力量。孝昌二年（526），葛荣称帝，国号齐，势力及于河北七州，对北魏构成了巨大威胁。

此时北魏朝中也发生了事变。孝明帝与其母胡太后争权，于武泰元年（528）被太后毒死。在镇压六镇起事中屡立战功、握有重兵的并州契胡（匈奴别部）酋长尔朱荣攻入洛阳，杀胡太后，拥立孝庄帝，又在洛阳东北的河阴屠杀北魏王公百官2000余人，史称"河阴之变"。此后尔朱荣独揽大权，相继击败葛荣及各地反魏起事。但朝中的内乱一发不可收拾，经过一番混斗，北魏终于在孝武帝永熙三年（534）分裂为东、西两部分。北魏自道武帝建国起，共历14君，149年。六镇起事虽然失败，却导致了北魏王朝的崩溃，六镇军人及其后裔也成为此后百余年中北方乃至全国历史舞台上的主角。

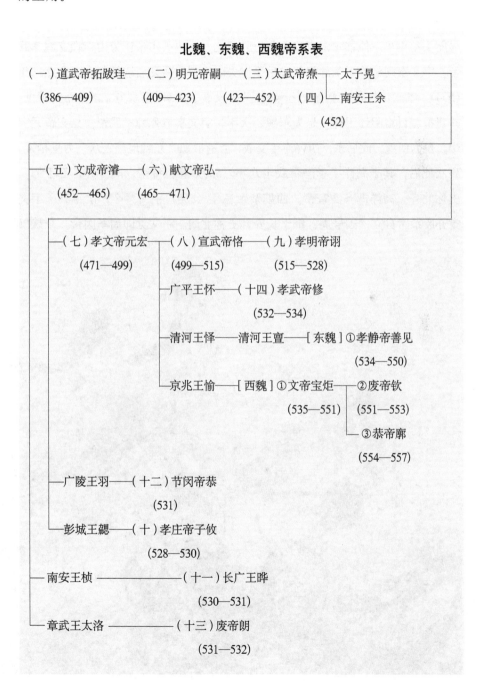

## 从东、西魏对峙到北周灭齐

　　东、西魏的实际统治者分别是在六镇动乱中成长起来的军阀高欢、宇文泰。高欢自称出自北方士族渤海高氏,但祖先久居怀朔镇,已逐渐鲜卑化。宇文泰为鲜卑别部宇文部(据考证其源出南匈奴)人,世代居于武川镇。二人早年均参加六镇起事,辗转归于葛荣属下,为尔朱荣收降,受到擢用。高欢年龄稍长,显露头角更早。他奉尔朱家族之命屯驻河北,后攻灭尔朱氏势力,拥立魏孝武帝。宇文泰则从尔朱荣部将贺拔岳平定关陇,贺拔岳死后继统其众。永熙三年(534),孝武帝与高欢矛盾激化,逃往关中投靠宇文泰,高欢另立孝静帝元善见,并将都城自洛阳迁于邺,是为东魏。次年,宇文泰毒死魏孝武帝,立文帝元宝炬,是为西魏。此后东、西魏连年交战,互有胜负。东魏地广人众,力量稍强。高欢死后,其子高洋于孝静帝武定八年(550)篡位称帝,国号齐,都于邺,史称北齐。高洋即齐文宣帝。西魏恭帝三年(556)宇文泰卒,次年其子宇文觉亦废恭帝自立,国号周,都于长安,史称北周。宇文觉即周孝闵帝。东魏仅

图 8-6 北齐贵族娄睿墓壁画出行图

图 8-7 敦煌莫高窟西魏重装骑兵壁画

历一帝，17年；西魏三帝，22年。

东魏、北齐统治集团的核心是六镇军人。六镇起事带有反汉化性质，这在东魏北齐的统治下也有明显反映。矛盾和对立主要表现在文化上，并非简单的种族之别。鲜卑集团中包括了大量出自六镇的鲜卑化汉人，而已经迁洛并汉化的鲜卑人则被当做汉人看待。鲜卑语言、习俗在东魏北齐重新流行，汉族士人为求进用，也不得不学习鲜卑语。相对十六国北朝民族融合、进步的大趋势而言，东魏北齐的"鲜卑化"风气是一股为时短暂的回潮。在政治上，高欢父子纵容鲜卑勋贵贪赃苛敛，腐败之风迅速蔓延。齐文宣帝荒淫酗酒，暴虐嗜杀，以后数君亦多昏庸残暴，朝政黑暗，剥削苛重，统治日益衰落。

西魏的情况与东魏有所不同。宇文泰集团虽以六镇军人为骨干，但对关陇地区的汉族豪强、士人也十分倚重，没有出现明显的民族或文化冲突。西魏文帝大统七年（541），颁布由汉族士人苏绰归纳的六条行政原则：先治心，敦教化，尽地利，擢贤良，恤狱讼，均赋役，称为"六条诏书"，要求官吏对照执行，强化了各级官僚机构的行政管理职能。军事方面，以六镇鲜卑人为骨干，收编关陇豪强的乡兵部曲，建立起一套称为"府兵"的军队系统，共设八柱国为长官，以下分设十二大将军、二十四开府。府兵的管理采取了早期鲜卑部落兵制的形式，军官皆恢复或赐予鲜卑姓，军士一律以主将之姓为自己的姓氏。这样就在一定程度上照顾了六镇军人的反汉化情绪，也加强了军队内部的凝聚力。政治制度采取复古之法，按照《周礼》官名更改官制，发布文告模仿《尚书》文体，以此标榜承袭汉族正统，吸引儒家士大夫。在宇文泰的统治下，西魏社会比较安定，国力日渐强盛。废帝二年（553），从梁朝手中夺得蜀地，次年又占领长江中游的江陵（荆州），渐呈后来居上之势。

北周建立之初，与北齐作战尚无优势。周武帝宇文邕（泰第四子）即位后，北周进入鼎盛时期。武帝扩大府兵的征发范围，冲淡其民族和部落兵制色彩，强化了中央集权。又禁断佛、道二教，没收寺院的土地、财产，使其役属人口归为国家编户，加强了国家的经济实力。建德六年（577），周军攻下邺城，灭北齐。北齐共传六主，28年。次年周武帝病卒，子宣帝继位，不久又传位于幼子静帝，自任太上皇，称天元皇帝。宣帝骄纵残暴，北周国势稍衰。大象二年（580），宣帝死，外戚杨坚秉政。次年杨坚逼静帝禅位，建立隋朝，北周亡，共五帝，25年。历时虽短，但已初步奠定了全国统一的基础。

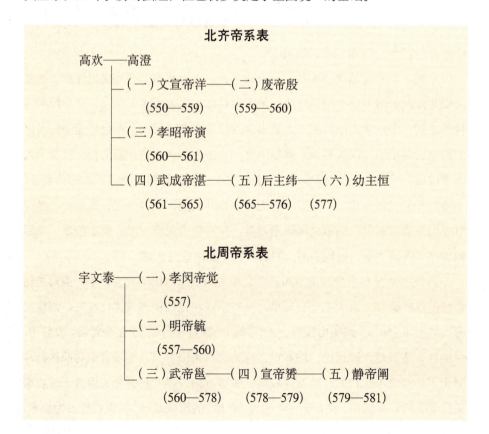

## 三　南朝概况

南朝包括东晋以后依次出现的宋、齐、梁、陈四个王朝，其中齐又称南齐，以与北朝的北齐相区别。皆以建康（今南京）为首都，加上先前定都于此的吴、东晋两政权，又合称为"六朝"。

### 宋与齐

420年，宋武帝刘裕篡晋称帝，建元永初。由于此前两次北伐获胜，宋初疆域北抵黄河、秦岭，为"六朝"版图之最。文帝刘义隆（武帝第三子）在位时（424~453），政局稳定，经济繁荣，因其年号为元嘉，史称"元嘉之治"。元嘉二十七年（450），文帝发动北伐，但在魏军的反击下败退。魏太武帝趁势南进，率兵号称百万，直临长江，抄掠后北撤。以后刘宋统治集团内部斗争愈演愈烈。宋明帝在位时（465~472），卷入宗室内争的徐、兖、青、冀州刺史薛安都等人惧祸降魏，山东、淮北的大片土地被北魏占据。顺帝升明三年（479），禁卫军将领萧道成篡位，建立南齐，是为齐高帝。刘宋共传八主，历时60年。

齐高帝先世为东海兰陵（今山东枣庄峄城镇东）人，东晋时南渡，寓居武进（今属江苏），社会地位与宋武帝相仿，均属侨人当中的次等士族。高帝及其子武帝赜在位时（479~482，482~493），赋役刑罚相对宽简，统治较为稳定。后来皇位被高帝之侄明帝萧鸾（494~498在位）夺走。明帝子东昏侯萧宝卷在位时（498~501），专事杀戮，人人自危。中兴元年（501），宗室疏属、雍州刺史萧衍自襄阳起兵，攻入建康。次年萧衍篡位，建立梁朝，是为梁武帝。南齐共传七主，历时24年。

宋、齐政局动荡，统治集团内部矛盾十分尖锐。两朝皇帝皆以宗室诸王出镇要地或在朝秉政，掌握大权，结果皇族冲突成为统治集团矛盾的主要表现形式，屠戮之惨，触目惊心。两朝还接连出现年少即位的童昏之君，种种昏庸残暴之举更是匪夷所思，皆至众叛亲离，死于篡弑。

寒人势力的崛起也是南朝的新现象。寒人指与士族相对的"庶族"，其先世不显，家无政治背景，多以吏干、军功入仕。东晋末年以来，高门士族已趋于腐朽,不能承担王朝的政治、军事重任,徒以门阀自矜。而寒人中不仅多才能之士,也因社会声望低、宗族实力弱为君主所乐于使用。南朝官制,中书省典掌机密,参与决策,地位重要,但其权力主要并不归于宗室或士族担任的长官中书令,而是归于寒门担任、品级较低的中书通事舍人。在地方上,虽以宗室出镇方面,而又多用寒人为"典签"以佐之。典签本为处理文书的小官,但在宋、齐则成为代表皇帝监视、控制诸王的重要职务。宋、齐拥兵一方、卷入政争的武将,很多也是寒人出身。相比之下,王、谢之类高门士族在政治上的重要性已大为下降,仅是凭门第据虚位,点缀朝堂,于篡夺禅代之际,掌领衔推奉之任,君统变易,视之漠然。而他们也因此远离权力斗争的旋涡,较之横遭杀戮的宗室,却又幸运多了。

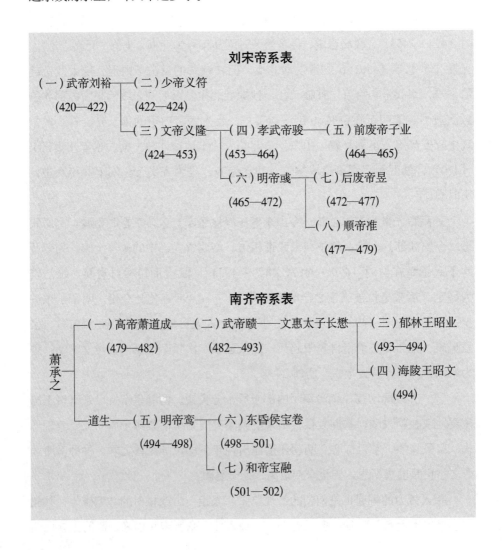

## 梁与陈

梁武帝在位近 50 年，是南朝一个相对较长的稳定时期。武帝为政标榜宽和，注意协调、照顾统治集团内部各阶层的利益，改变宋、齐两朝对宗室诸王的猜忌迫害政策，扭转了此前骨肉相残、动荡不已的局面。武帝本人勤于政务，自奉节俭，且博通经史，大兴儒学，制礼作乐，以粉饰太平。又尊崇佛教，三次舍身出家，宣称为民祈

图 8-8 南朝梁萧景墓石兽

福，然后由朝臣重金赎回。但他虽宽纵权贵，却苛刻百姓，赋役繁重，犯法连坐，佞佛之举更是劳民伤财。在军事上，与渐趋衰落的北魏多次交兵，互有胜负。中大通元年（529），武帝趁北魏内乱，派大将陈庆之奉北魏宗室元颢北上，一举攻入洛阳，但因孤军深入、后援不继而败还。

武帝晚年，爆发侯景之乱，梁朝受到重创，未久即亡。侯景是东魏军阀，原为北魏怀朔镇戍卒，参加六镇起事，后投靠高欢为大将，高欢死后降梁。梁武帝不顾朝臣反对，接纳侯景，封为河南王。侯景见梁政日衰，萌发野心，于太清二年（548）举兵反，渡江攻入建康，包围台城（建康宫城）。镇守方面的武帝子孙彼此观望，各怀异志，坐视侯景连续围攻 130 余日，终于在太清三年将台城攻破。梁武帝被囚禁，病饿而卒，年 86。侯景立简文帝（549～551 年在位），自任相国、宇宙大将军、都督六合诸军事。后篡位称帝，国号汉。在此期间，梁武帝子孙在长江中上游展开混战，武帝第七子荆州刺史湘东王萧绎取得优势，派兵攻灭侯景，并在江陵称帝，是为梁元帝。武帝第八子益州刺史武陵王萧纪东下与元帝争位，败死，益州亦因兵力空虚被西魏侵占。武帝之孙雍州刺史岳阳王萧詧（武帝长子萧统之子）又引西魏军攻梁元帝。承圣三年（554），西魏军攻破江陵，杀梁元帝。次年，大将陈霸先在建康拥立元帝之子敬帝。太平二年（557），陈霸先篡位，建立陈朝，是为陈武帝。梁朝共传

四帝，历时 56 年。

　　陈武帝为吴兴长城（今浙江长兴东）人，自称祖籍颍川（今河南许昌东）。家世寒微，出身小吏，积军功得高位。陈朝版图狭隘，远非宋、齐、梁之比。除益州已入西魏、北周外，江陵一带被西魏北周扶植的萧詧割据，仍用梁国号，史称后梁。长江下游江北之地，则在乱中尽入于北齐。侯景之乱期间，江南动荡，很多原居寒庶地位的南方土豪聚宗族乡里自保，形成新的割据势力。陈朝建立后，这类土豪一部分归附，另一部分桀骜不驯者则被次第诛灭。陈宣帝在位时（569～582），趁北齐因于北周进攻之际，一度收复淮南失地。北齐灭亡后，陈军继续北上，但为北周军队击溃，淮南之地又被北周夺去。宣帝卒，后主陈叔宝继位，荒于酒色，不理政务，统治腐败，而北方隋朝新建，势力蒸蒸日上，南北实力差距更加悬殊。祯明二年（588），隋军大举南征，次年年初攻入建康，后主被俘，陈亡。共传五帝，历时 33 年。自东汉末年以来长达 400 年的政治分裂，至此完全结束。

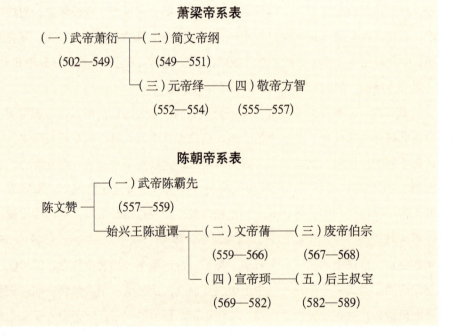

# 第九章 两汉魏晋南北朝时期的经济、社会与文化

本章在此前四章的基础上，概述两汉魏晋南北朝近800年间有关经济、社会、文化诸方面一些重要问题的演变线索。

# 一　两汉魏晋南北朝时期的经济与社会

本节从五个方面介绍两汉魏晋南北朝时期经济与社会领域的一些重要问题。

## 农业与手工业

农业是古代国民经济的基础，也是衡量生产力发展水平的主要指标。西汉时期的农业经济，在战国、秦的基础上达到了中国古代的第一个高峰，在生产规模、工具、方法等方面，都为以后2000年农业的发展树立了基本模式。西汉铁农具的使用已相当普遍，牛耕也十分普及。武帝末年赵过在西北地区推行代田法，将一亩耕地分为三甽（沟）三垄，耕作时甽垄逐年代换以恢复地力，从而提高粮食产量。成帝时人氾胜之著有农学专著《氾胜之书》，对当时农业生产的经验进行系统总结，特别是根据关中地区的自然条件，探讨了精耕细作的先进技术。史载西汉末年全国垦田数字达827万余顷，户数1220余万，口数5950余万。以后近千年各朝官方统计的全

图9—1 陕西咸阳出土西汉铁犁

国垦田、户口，均未超出上述数字。这里面当然有统计不实、隐漏不报的因素，不可尽信为真，但西汉农业生产所取得的成就，亦可略见一斑。

从新莽到魏晋南北朝，农业经济沿着战乱破坏和和平恢复的轨迹几度反复。成书于东汉晚期的崔寔《四民月令》，从地主经营田庄的角度，按季节总结了当时的农业技术知识和管理经验。魏晋动乱迭起，加上气候变冷，北方农业生产受到了严重影响。而南方所受影响相对较小，且因人口大量南流，开始发展麦类等旱田作物的种植，农业在原来较低的水平上有进一步的发展。

图 9-2 长沙马王堆一号汉墓出土素纱单衣

总体而言，尽管在动荡中不乏短暂稳定和局部繁荣，但魏晋南北朝的农业生产毕竟没有超出汉代的水平。北朝后期贾思勰著《齐民要术》，总结自西汉以来北方农业生产的经验，是现存最早且完整的古代农业技术著作。

西汉手工业的成就非常突出。冶铁业规模巨大，燃料开始用煤。丝织业产品种类繁多而且精美，流及中西亚乃至欧洲，中西交通的"丝绸之路"此时已初步形成。铜器、漆器制造技术复杂，分工精细。东汉发明"水排"（水力鼓风炉）用于冶铁，造纸技术开始推广，制瓷业也在制陶业的基础上有了初步萌芽。两汉的官府手工业形成了从中央到地方多种行业的庞大体系，私营手工业也相当繁荣，出现了一些经营手工业致富的大手工业者，尤以西汉前期为最。到魏晋南北朝，手工业的分工状况、产品数量和生产技术仍保持着一定的水平，部分行业如制瓷、造纸比两汉更有进步，但私营手工业特别是独立手工作坊的地位较之两汉有了大幅度的下降。这与社会动荡和商品经济衰退的背景有密切关系。

## 商品经济与自然经济的消长

中国古代的商品经济自春秋、战国之际开始发展，至西汉进入一个高峰。全国形成了若干大的经济区域，各有商业发达的中心都会。首都长安是全国最繁华、富庶的城市。洛阳、临淄、邯郸、成都、宛（今河南南阳）合称"五

图9-3 四川新都东汉市集画像石

都",与长安并居全国六大都市之列。位置较偏的吴(今苏州)、蓟(今北京)、番禺(今广州)也都是一方商业中心。商业行业繁多,商品丰盛,用于商品销售的经济作物种植在农业生产中也占有一定的地位。东汉商业仍然比较繁荣,洛阳取代长安成为最大的商业都会,国家对商业经营的垄断、限制也少于西汉中后期。但商业发展主要表现在奢侈品销售上,日常生活用品的交换未见增长。与此同时,自然经济因素却有了一定的上升。豪强地主多经营田庄,组织较大规模的多样性生产,具有很强的自给自足性质。这类田庄的增多,直接导致了商品交换范围的缩减。西汉钱币使用非常普遍,除黄金、铜钱外基本没有其他物品用作交换媒介。到东汉,黄金首先退出了流通领域,而布帛在交换中的作用日益重要,原来用钱币支付的赏赐、犯罪赎金、人头税等渐次改用布帛。这也潜含着商品经济衰退的趋势。

经过汉魏之际的大动乱,商品经济严重凋敝。洛阳、长安等大城市遭受严重破坏,商业活动在一段时期内几乎陷于停顿。曹魏建立后,废罢五铢钱,百姓购买物品、计算物价普遍使用布帛或谷物。此后三百余年,钱币在北方亦有使用,但流通都为时较短,且一般只限于各政权都城等局部地区。东晋南朝的钱币流通相对广泛,但其商品经济的起点较低,币制混乱,铸币质量不佳,故钱币仍与谷帛并行。与此相联系,魏晋南北朝的商业活动也以南方为盛,北方商业明显衰退,总体上看,较之两汉远为逊色。

在商品经济凋敝的同时,自然经济的地位继续上升。坞壁成为北方自然经济的主要单位,一般都据险而设,内部组织严密,耕守结合,自给自足,与外界的经济联系十分微弱，有的甚至长期与外界隔绝。一些坞壁发展为州郡治所后，人口聚集渐多，一定程度上带有城镇性质，同时旧的城市也会在乱后得到部分重建。但这些城镇或城市主要只是作为一个地区的政治、军事中心而存在，缺乏汉代城市的交换职能。在南方，豪强大族广占土地，建立田庄，其中实行多种经营，生活所需大都自行解决，对商品交换的依赖也很小。

## 赋役与户籍

汉承秦制，向普通百姓征收的赋税主要有两项，即按土地征收的"租"和按人口征收的"赋"。汉初轻徭薄赋，田租十五税一，稍后减为三十税一，直至东汉末基本未变。田租征收谷物，通算多年的平均产量，以三十税一标准折合为固定数额来缴纳，是一种定额课税制。汉武帝时更改亩制，将各地大小不等的划亩标准（多为百步一亩）统一定为240步一亩，亩的面积增加，而租额大体仍旧，这样田租占亩产量的比率实际上又大大低于三十税一，有"百一而税"之称。赋的征收标准为：民年15至56，每年出赋120钱，为一"算"，称算赋。14岁以下（大多数时候起征年龄为7岁）出20钱（武帝时增至23钱），称口赋。与田租的轻省相比，赋的负担对百姓更为沉重，尤其是贫民。成年男子为政府负担的徭役，主要有三种。一为"正卒"，指两年兵役，一年在本地，一年赴京为卫士。二为"戍边"，亦为兵役，一生中需赴边疆戍守一年。三为"更卒"，指力役，每年在本地从事一个月的无偿劳动。更卒可纳钱代役，称为"更赋"。

为保障赋役征发，维持社会稳定，汉朝实行了一套严密的户籍管理制度。通常每年八月由地方官统一查验户口，登记造册，书明每户男女人口、姓名、年龄、身份、相貌、土地、爵级等情况，年终逐级向上申报。比较而言，西汉时户籍登记相对更为完备，东汉则因豪强地主势力膨胀，大量隐匿人口，致使国家掌握的户口数量始终不及西汉。

汉魏之际，赋税征收制度发生了较大变化。曹操平定河北后，将赋税项目统一规定为田租每亩四升，每户又出绢二匹、绵二斤。户出绢、绵后来统称"户调"。自此百姓的赋税负担由租、赋变为租、调。调与赋的区别，一是由按口征收变为按户征收，二是由纳钱变为纳实物，西晋户调之法，丁男之户绢三匹、绵三斤，丁女或次丁男为户者减半征收。但此数只是一个平均数字，征收时官府还要根据事先按资产划分出的九个户等进行调配，户等在上者多收，下者少收，以使负担相对合理，称为"九品混通"。另外西晋实行"占田制"，规定农民占有土地的最高限额为丁男70亩，丁女30亩，其中必须负担田租的"课田"为丁男50亩，丁女20亩，平均每亩四升。南朝梁、陈之时，户调改为按丁征收，称"丁调"。北魏孝文帝实行均田制后，统一颁行新的租调制，以一夫一妇为单位，征租粟二石，调帛一匹。徭役方面，兵役基本由世袭专业化的兵户或胡族成员负担，一般民户主要承担力役。其具体征发名目、期限因时而异，战乱时期更无规制可言。

　　魏晋南北朝的户籍管理有一些与两汉不同的特点。户籍种类不一，有若干类特殊身份的人单列户籍，如兵户、杂户等（详下）。由于士族享有免役特权，户籍上要注明显示士族身份及等级的家世、婚宦等情况。十六国大多统治短暂，户籍紊乱，北魏时户籍制度逐渐完备，至孝文帝时实施三长制，国家对基层户口的控制已较为牢固。西魏、北周编制计帐，即地方预计次年赋役概数上报朝廷，与传统的户籍相配合，其工作更为复杂，为以后隋唐所继承。

## 人身依附关系

　　从两汉到魏晋南北朝，社会上人身依附关系的形态经历了较大变化。两汉人身依附最显著的社会阶层为奴婢，其法律地位几乎与物质财产相同，除任意杀害受到限制外，主人可以随意役使、殴辱、赠送及买卖。奴婢有官、私之分。官奴婢主要来源于罪犯、俘虏，私奴婢主要来自买卖。另外两者之间还通过赏赐、籍没等方式彼此转化。通常认为汉代奴婢人数在200至300万，较高的估计则为600余万。其中有相当多的人从事生产，手工业中使用奴婢尤为常见。西汉中后期，破产农民大量沦为奴婢，致使社会矛盾激化，故而王莽有冻结奴婢买卖之举，东汉光武帝也一再下诏释放奴婢或改善其待遇。在东汉，奴婢数量的增长基本上受到了控制，其待遇和地位也有所提高。

　　奴婢以外，两汉社会中还存在其他一些依附性的社会阶层，其中主要是租种豪强地主土地、缴纳地租的佃农和为豪强地主雇佣耕作、领取雇值为生的雇农。国家对佃、雇农的法律和社会地位一直没有作出专门规定，在观念上仍将他们与身份完全自由的自耕农同等看待。但事实上，他们在经济上对地主的依赖又必然演化出超经济的人身依附关系。这些依附性的佃雇农通常有宗族、宾客、徒附、部曲等名称。尽管奴婢在生产中仍起着很大作用，但在法律上仍属自由人的依附农民也变得越来越重要。一方面奴婢地位缓慢提高，另一方面依附农民的身份日益卑微，两者逐渐靠拢，以致出现了"奴客""僮客"之类连称。

从东汉末年到魏晋，非奴婢的人身依附关系已完全发展成熟，它通常被称为"部曲佃客制"。战乱使更多的农民被豪强地主所控制，他们不仅要为地主耕种土地，缴纳地租，还要服劳役，任杂务，战时则武装为私兵部曲，不单立户口，而附于主家户籍，世代相袭，非自赎或主人放免不得脱籍。但他们又都有自己的财产，并且不像奴婢那样可以买卖。在动荡的形势下，国家对这些依附人口进行清查、控制更为困难，不得不默许其存在。以后直到南北朝，无论在北方的坞壁或是南方的田庄，部曲佃客都是其中主要的劳动者。相比之下奴婢的数量越来越少，大批释放后的奴婢转化成了部曲佃客。随着佛教的流行，寺院拥有大量称为僧祇户、佛图户的私属人口，实际上也是变相的佃客。

与民间人身依附关系的发展、变化相适应，魏晋南北朝国家控制的依附人口也主要不再是官奴婢，而是一些与部曲佃客身份类似的阶层。如曹操兴办屯田，招募流亡农民为"屯田客"，父死子继，实际上就相当于国家的佃客。地位相近的又有专业化的世袭兵士，称为士家。汉朝的普遍义务征兵制在魏晋已经破坏，国家只能牢固控制一部分人户，令其世代当兵，不得脱籍改业，婚姻亦仅限于同类，其性质实为民间私兵部曲的变型。另外，北朝还存在一个称为杂户或隶户的贱民阶层，多来自拓跋鲜卑统一北方时的战争俘虏，也包括一部分罪犯。他们为官府承担手工造作、屯田、放牧之类特殊工作，职业世袭，单立户籍，且不得与良人通婚。杂户的地位低于平民而高于奴婢，性质亦与国家控制的部曲相当。

## 门阀士族的兴衰

从东汉到魏晋，统治集团中逐渐形成一个带有贵族色彩的门阀士族阶层，它拥有特殊的政治和社会地位，其影响由南北朝一直延续到唐代。

汉武帝"独尊儒术"以后，社会上形成了一批既有经济和宗族实力、又有文化背景的"士族大姓"。在东汉，一些士族大姓因世代通经入仕，位至公卿高官，还有一些则长期把持地方政权，往往又被称为世家大族。曹魏实施九品中正制后，一些当朝为官的家族逐渐独占上品，垄断高官，门阀士族就此产生。所谓门阀，本为"家门阀阅"的简称，指家族的政治背景。魏晋时形成的门阀士族，虽然就社会阶层整体而言是东汉世家大族的延续，但就具体家族来看则都是当朝显贵，与祖先在东汉的官爵地位基本无关。然而随着九品中正制的推行，门阀士族很快凝固成为具有封闭性、排他性的集团。一般来说，一些在魏晋连续几代多人被九品中正制评为上品（二品）、并因而担任高级官员的家族，以后就成为高门士族。而在九品的评定中未能获得上品（居于三品以下）、但仍有多人担任低级官员的士人家族，形成了士族中的"次门"、即次等士族。至于那些在魏晋没有"士"的身份、其成员没有资格被中正品评的家族，其后代即使贵盛，通常也不能称为士族，而被称作庶族或寒人。这样自东晋以下，"门阀"逐渐成为门第的同义语，它不完全意味着当时或近期的政治地位，而更多地决定于承自祖先的特殊血统。

东晋是门阀士族的鼎盛时期，高门士族琅琊王氏、颍川庾氏、谯国桓氏、陈郡谢氏、太原王氏相继主持朝政。这些高门士族都是自北方南迁的侨人。"侨姓"士族门户很多，高下不一，又因南渡早晚拉开身份差距。此外，江南地区还有一些土著的"吴姓"士族。士族身份皆列于户籍，可因此享有免役的优待，又多广占田产，荫庇部曲佃客。东晋末高门士族衰落，侨姓次等士族力量上升，相继建立了宋、齐、梁三个王朝。到南朝，作为士族代表的高门士族已经严重衰败，人才凋零，失去实权，只能出任少量俸禄优、品级高、事务清闲的所谓"清官"。面对越来越多掌握实权的寒人，士族被迫深沟高垒，严自标置，通过婚（婚姻关系）、宦（所任职务）与寒人严格划清界限，甚至几乎完全隔绝来往。由于长期以来社会上形成了尊崇门阀的观念，显贵后的寒人总想设法与高门士族交结，但却屡屡碰壁，狼狈不堪。然而高门士族的自我封闭、孤芳自赏，只不过使自己变得更加虚弱。至侯景之乱，这一阶层受到了毁灭性的打击，到隋朝统一后已几乎消失无踪。

在西晋灭亡后的北方，士族的命运有所不同。西晋士族凡未南渡者，多凭借宗族力量据险自保，大都得到胡族统治者的依赖和重用。在北魏统一北方的过程中，士族成员作出了很大贡献。但在民族隔阂尚存的情况下，士族炫耀门第、自我标榜之举也引起鲜卑贵族的敌视，最终引发了崔浩国史之狱，很多士族牵连受祸。魏孝文帝汉化改革中专门有"定姓族"一项，不仅人为地制造出一批鲜卑"高门士族"，也对北方汉族士族的门户高下进行了评定，一度确立了汉化鲜卑人与汉族的联合门阀统治。虽然此后不久北魏衰亡，门阀统治未能长期延续，但北方士族的活跃程度却明显优于同时期的南朝士族，直到隋唐仍然得到时人企羡、敬重。其所以如此，是因为北方士族在复杂环境下腐朽较为迟缓，进入北魏后仍长期担任军职和繁杂的行政工作，保持了活力，另外他们扎根宗族乡里，基础深厚，元气长存不衰。即使在时代更易、政治特权丧失后，他们仍能凭借宗族力量和文化传统维护自己的社会地位，从历史舞台消失还要经历一个较长的过程。

## 二 两汉魏晋南北朝时期的文化

本节分四方面简要介绍两汉魏晋南北朝时期文化的发展状况。

### 经学与玄学

经学即对儒家经典《易》《书》《诗》《礼》《春秋》进行研究的学问。汉代经学根据所据经书版本、解释的不同，出现了两大流派。一派所据经书为师徒父子口耳相传，到汉代才用当时通行的隶书笔录下来，故称今文经学。另一派根据的是汉代渐次重现于世的先秦典籍旧本，皆用秦以前文字书写，故称古文经学。西汉大部分时间流行的都是今文经学。今文经学诸经的传授又有不同的门派、家法，其中《易》分四家，《书》《诗》《礼》皆分三家，《春秋》则有公羊、谷梁两《传》。武帝时的儒学大师董仲舒，所治即为《春秋》公羊学。"独尊儒术"之后，今文经各门派大都在朝中设立了博士。甘露三年（前51），汉宣帝曾亲自在石渠阁主持会议，召集儒生讨论诸经各门派的异同。今文经学的特点是讲求"通经致用"，借用阴阳五行等学说来发挥经书的"微言大义"，鼓吹大一统、正名分、天人感应等思想，但不免空疏之弊。随着谶纬的广泛流行，今文经学亦与其相结合，趋于迷信、荒诞。

与此同时，儒学的发展带动了搜集与整理图书的热潮。汉成帝命刘向等人校勘朝廷征集到的图书，每书校毕皆撰写提要。后来刘向之子刘歆继承父

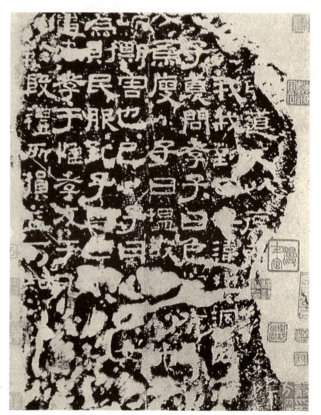

图9-4 东汉熹平石经拓片

业，完成了中国第一部目录学著作《七略》，共著录图书13269卷。刘歆将整理图书时所得古文经篇目上奏朝廷，请求将其与今文经一样立为官学，并因此与今文经博士们进行了激烈争论。王莽当权时刘歆得势，将古文《尚书》《春秋》左氏传、毛《诗》《周官》（即《周礼》）等古文经立为博士。王莽托古改制，又多以《周官》记载为范本，古文经学的社会影响大增。东汉建立后，取消古文经博士，官学仍用今文经。章帝于建初四年（79）主持了讨论经书异同的白虎观会议，编成《白虎通德论》一书，更系统地将阴阳五行说、谶纬与今文经学糅为一体。但此时今文经学弊病已相当明显，而古文经学解经重在"通经识古"，不胡乱穿凿比附，其传播反而更为广泛。古文经学家许慎精研文字训诂，编成古代第一部系统分析汉字字形和考究字源的字书《说文解字》。东汉后期经学大师马融、郑玄遍注群经，皆以古文经为主而兼采今文经之说。灵帝熹平四年（175），蔡邕参校诸体文字经书，以隶书书写经文及校勘记，镌刻石碑，立于太学，后世称为"熹平石经"，这是古代最早的官定经书版本。

曹魏时期，思想界出现了一股新的潮流，以道家老、庄思想糅合儒家经义和名家逻辑学，形成玄学。因其探讨玄理，立言玄妙，故有玄学之名。早期代表人物何晏、王弼以《老子》《庄子》的思想解释《周易》，认为天地万物以"无"为本，各种具体存在的"有"都是"无"的体现，然去"有"亦不能体"无"。又以道家的"自然"为无，儒家的"名教"为有，从而为儒家伦理道德标准提供了道家的哲学依据。通过探讨自然与名教的关系，玄学在以后的发展中分化出激进、温和两派。曹魏后期的嵇康、阮籍充分发挥何晏、王弼的"贵无"思想，主张"越名教而任自然"，蔑弃礼法，甚至"非汤武而薄周孔"，已带有异端色彩。与嵇、阮同时的向秀和入晋以后的裴𬱟、郭象则属温和派。他们提出"名教即自然"，致力于论证两者的同一性，并抬高名教的地位，更多地回归于传统。除有无本末问题外，玄学讨论的重要论题还有才、性离合同异，圣人有情无情等，总体来看思辨性较强，其命题和论证方法受先秦名家影响较大。东晋以下，随着佛教的传播，玄、佛趋于合流，独立的玄学逐渐消失。

玄学的兴起在一定程度上体现了士族阶层的文化风貌。玄学家讨论问题的方式称为"清谈"。作为一种名士活动，清谈源于东汉的清议，但其内容重点已不再是臧否人物，评论时事，而是抽象的玄理。清谈一般有相对固定的形式，分为宾、主两方。主方提出命题并阐述见解，客方加以问难，反复辩论，以概念清晰，语言简练为上。玄学家不仅口谈玄理，出言玄妙，行事亦多玄远旷达，出现了流于奇诡以表现个性的倾向，尤以嵇康、阮籍等激进派为最，其末流则发展为嗜酒颓废，放浪形骸。讲求审美也是玄学名士中的普遍现象，崇尚仪表端庄，风度潇洒，甚至变为薰香涂粉的病态女性美。日常行事处处追求气质、风度，言行迟缓，宠辱不惊，喜怒不形于色。这种"魏晋风度"一直为东晋南朝的高门士族所继承。

曹魏西晋玄学的流行主要限于朝廷和上流社会，传统经学（主要是古文经学）仍然在地方上传授。晋室南渡，将玄学思潮带到江南，此后南方经学颇受玄学影响。北方则传统经学根基深厚，继续承袭汉代遗风。到南北朝后期，南北方的学风差异已相当明显，史称"南人约简，得其英华，北人深芜，穷其枝叶"。

图 9-5 南京南朝墓砖画《竹林七贤图》局部摹本

## 佛、道二教的传播

佛教产生于印度，经中亚传入中国。东汉佛教已有一定的传播，但时人对佛教的认识有限，往往将其当做一种方术。佛学为世所知者主要是清虚无为、省欲去奢等内容，近于黄老之说。东汉后期安息（古国名，在今伊朗）僧人安世高和大月氏僧人支娄迦谶来华，在洛阳翻译佛经，扩大了佛教的影响。东汉末，佛教已开始造像和大量招集信徒的活动。

汉魏之际，士人的精神风貌有较大变化，失去了评论时政、激浊扬清的热情，更多地转向对个人生命的关怀，由感慨时光流逝、人生短促进而产生对生命和万物的怀疑，或饮酒以逃避现实，或服药以企求长生。佛教的因果报应、轮回转世理论对生死问题提供了一种解答，颇能满足士大夫的心理需求，加上大乘佛教当中的般若学说与玄学有相通之处，故佛学传播渐广。十六国时期，战乱和动荡的局势为佛教传播提供了有利的客观环境，百姓更易于皈依佛教，以为精神寄托。很多胡族统治者也尊崇佛教，以佛为"戎神"，一些西域高僧如后赵的佛图澄、后秦的鸠摩罗什、北凉的昙无谶，都极受敬重。鸠摩罗什主持译经，数量宏富，译文精确达意，将佛经翻译推进到新的水平。本土高僧的代表人物为佛图澄弟子道安，前秦时在长安主持佛事，整理经录，制定僧团法规仪式，寺院制度由此渐备。道安的弟子慧远

图 9-6 陕西户县草堂寺鸠摩罗什舍利塔

入东晋，居庐山，为南方佛教领袖。鸠摩罗什弟子众多，其中僧肇、道生都是一代佛学宗师。后秦僧侣法显西行至天竺取经，历时十余年，由海道归至东晋。此后又有不少人西行取经。

南北朝时期，佛教更盛，寺院拥有大量的土地和依附人口，还经营商业和高利贷，聚敛财富。南北佛教的发展各有特点。南朝偏重义理，学派众多，各自著述，互相辩难。北朝则崇尚修行，广泛建寺造像，还开凿了云冈、龙门等规模巨大的石窟。反佛势力与佛教的斗争，在南北方的表现形式也不相同，南朝一些士大夫就佛教与儒家伦理的矛盾发起攻击，与僧侣及其信徒争论沙门是否应敬王者，以及夷夏之辨。范缜著《神灭论》，从形神关系的角度出发，驳斥佛教的因果轮回之说。北朝则由于寺院经济膨胀过速，损害了国家利益，引发了北魏太武帝和北周武帝的两次大规模灭佛运动。不过，上述反佛的言论和行动都没有从根本上改变佛教流行并在中国扎根的趋势。

道教形成于东汉中后期。假托老子为始祖，实际上是黄老学说中某些思想概念与民间巫术、神仙方术的结合。其早期经典为《太平经》，内容十分庞杂。东汉末，有太平道、五斗米道两大流派。张角通过太平道组织黄巾起义，张陵则在蜀地和汉中宣传道教，入教者纳米五斗，故称五斗米道。张陵之孙张鲁一度在汉中建立了政教合一的政权，割据约30年。此后五斗米道长期流传，成为道教的主要教派，亦称天师道。

西晋灭亡后，社会动荡，道教趁机发展。百姓的反抗活动仍往往以道教为号召，如东晋末年孙恩、卢循即利用五斗米道发动起事。与此同时，信奉道教的上层士大夫也开始对其进行改革，尽量使它适应统治集团的要求。东晋前期人葛洪著《抱朴子》，讨论道教修炼之术，同时力图将道教信仰与儒家纲常伦理相结合，主张神仙养生为内，儒术应世为外。南朝道教的代表人物为齐、梁时期的陶弘景，北朝道教的代表人物是北魏前期的寇谦之，他们在改革道教方面都做了很多工作，制作教义，清理道规，各王朝也对道教组织进行了整顿。至南北朝末期，道教已基本成为一门比较正规、得到统治者崇奉和利用的宗教。

道教是中国本土的宗教，其传播较之佛教本来应有优势。但它思想内容贫乏，虽以"道"为名，与道家哲学的关系却不很大。在道教改革的过程中，很多道士不得不设法抄袭、改编佛经，以杜撰道教经典。另外道教宣扬通过修炼长生不老，也不如佛教的轮回转世之说易于使人信服。由于上述原因，道教势力的发展不及佛教。魏太武帝灭佛是在道教信徒的怂恿下进行的，而周武帝灭佛则连道教一并禁断，后仍与佛教同时恢复。

## 史学与文学

汉代史学的主要成就，是出现了司马迁《史记》和班固《汉书》两部史学巨著。司马迁，西汉武帝时任太史令，本着"究天人之际、通古今之变、成一家之言"的宗旨，撰成自上古至汉武帝的通史《史记》130卷、52万余字。《史记》分12本纪、10表、8书、30世家、70列传，以人物传记为主，兼寓编年、纪事诸体之长，开创了以后2000年历代王朝编修"正史"的基本体裁。其内容全面，编纂技巧高超，不虚美，不隐恶，被誉为"实录"。班固是东汉前期人，继承其父班彪的工作，完成了专记西汉一代历史的《汉书》100卷、80万字。《汉书》基本沿用《史记》创立的纪传体体裁，分12纪、8表、10志、70传，编纂体例更为严密，文赡而事详，进一步奠定了以后历朝纪传体断代"正史"的编修规范。东汉史学发达的程度高出西汉，史臣编有官修当代史《东观汉记》。赵晔《吴越春秋》和佚名《越绝书》开后代编写地方史志之端。荀悦又将《汉书》改编为比较简明的编年体史书《汉纪》。

魏晋南北朝的史学更加繁荣，私人修史之风尤盛，史著众多。关于东汉、三国的历史出现了多部著作，其中西晋陈寿著《三国志》、刘宋范晔著《后汉书》，质量最高，与《史记》《汉书》并称"前四史"，为历代正史中之佼佼者。有关两晋、十六国、南北朝的断代历史著作各有约20种，纪传、编年诸体皆备。其余体裁的史著也十分丰富，包括地方史志、地方人物传记、典章制度、地理、谱牒等等。由于史著的大量涌现，史学从附属于经学转向独立。到南北朝后期，文献整理已形成经、史、子、集四部分类法，史书单为一门。成书于唐初的《隋书·经籍志》著录汉代至隋代史书数百种，下分13类，各有源流，集中地反映了魏晋南北朝史学发展的成果。

汉代的文学形式主要为赋、散文和乐府诗。赋是一种介于韵文和散文之间的文体，讲究文采、韵节，通过铺陈文辞以"体物写志"。西汉前期赋的形式与楚辞相仿，韵文特点明显。随后开始出现更为散体化、结构庞大、气势恢弘、辞藻华丽的大赋，内容多为铺叙宫殿、都城、苑囿之盛，描述帝王行猎、出巡之壮观，也往往有文辞过于雕琢、冷僻之弊。东汉后期，抒情写物的小赋代之而起，以格调清新见长。散文作品中，西汉前期贾谊、晁错的政论文成就较突出，司马迁《史记》更是以叙事生动精辟在文学史上占有重要地位。汉朝的中央音乐机构称为乐府，掌管采集民歌配曲入乐，兼以了解风俗民情。乐府配乐的民歌就是乐府诗，其内容丰富，广泛而深刻地反映了社会现实，情感真挚细腻，具有很高的艺术价值。乐府诗以五言为主。东汉后期，一些文人吸取乐府诗的技巧，创作了反映士大夫内心世界的《古诗十九首》，对后世的文人五言诗有很大影响。

魏晋南北朝的文学成就以诗歌最突出，文人诗创作有明显的进步。曹魏建立前夕的汉献帝建安年间是文人诗创作的一个高峰，代表作家有曹操及其二子曹丕、曹植"三曹"和孔融、王粲等"建安七子"，还有女诗人蔡琰。曹魏时期的重要诗人为阮籍、嵇康。西晋则以左思、陆机、潘岳等人为代表。东晋末年陶渊明的田园诗风格清新自然，独辟蹊径，卓然为一大家。南朝谢灵运、鲍照、谢朓的成就较突出。上述作家的创作以五言诗为主，其中曹丕、鲍照等已开始写作七言诗。南朝谢朓、沈约归纳总结了诗歌创作声律运用的特点，自此古体诗开始向格律化的近体诗过渡。乐府民歌在这一时期继续发展，并且逐渐形成了南方婉约柔美、北方粗犷豪放的不同特征。文章写作则以骈文最盛，要求对仗排比工整，声律协和，典故运用纯熟。散文写作亦有可观。东晋干宝《搜神记》和刘宋刘义庆《世说新语》分别是古代志怪小说和文人轶事小说的早期代表性著作。

随着文学的进步，文学批评也在魏晋南北朝发展起来。曹丕的《典论·论文》是古代最早专门探讨文学创作规律的作品。其中称"文章经国之大业，不朽之盛事"，充分肯定了文学的社会价值。陆机作《文赋》，区分了十种文学体裁，分别归纳其创作要旨。南齐刘勰著有《文心雕龙》，是一部体大思精的文学批评著作，对历代重要的文学家及其著作进行广泛评论，并论述了文学创作的基本原则和技巧。梁朝钟嵘《诗品》是一部诗学批评专著。梁昭明太子萧统（梁武帝长子）编纂了周、秦以来的文学作品选集《文选》，共分文体39类，也反映出编者的文学思想和文学批评尺度。

## 艺术与科技

汉代绘画艺术已有一定成就，但今天所见主要是民间画匠的作品，如长

图9-7 顾恺之《洛神赋图》局部

永和九年岁在癸丑暮春之初会
于会稽山阴之兰亭修禊事
也群贤毕至少长咸集此地
有崇山峻岭茂林修竹又有清流激
湍映带左右引以为流觞曲水
列坐其次虽无丝竹管弦之
盛一觞一咏亦足以畅叙幽情
是日也天朗气清惠风和畅仰
观宇宙之大俯察品类之盛
所以游目骋怀足以极视听之
娱信可乐也夫人之相与俯仰
一世或取诸怀抱悟言一室之内
或因寄所托放浪形骸之外虽

图9-8 《兰亭集序》摹本

沙马王堆汉墓出土的帛画，各处墓室壁画，以及一些画像石刻。魏晋以下开始出现以画知名的画家，东晋顾恺之、刘宋陆探微、梁朝张僧繇皆以人物画著称于世，还有一些画家擅长山水画。书法艺术亦随绘画而进步。东汉末年蔡邕以工书著称。汉、魏之际张芝善章草（隶书的草体），钟繇善真书（即楷书）、行书。魏晋以下楷书、行书流行，逐渐取代了汉朝的隶书。东晋王羲之集此前诸家之大成，兼工各体，而又有自己的独特风格，后人尊为"书圣"，其代表作《兰亭集序》被称为书法史上的极品。其子王献之亦擅长书法，有"小圣"之称。汉代除画像石刻外，石雕、陶俑存世或出土颇多，皆有艺术价值。随着佛教的流行，十六国北朝的石窟艺术大为发展，其中兼有雕塑、绘画，主要代表有甘肃敦煌莫高窟、永靖炳灵寺石窟、天水麦积山石窟，以及平城（大同）云冈石窟、洛阳龙门石窟。汉朝的宫廷娱乐活动主要有乐舞和角抵之戏，魏晋以下继续发展，已初步出现了戏剧的萌芽。

两汉天文学比较发达，已通过观测星辰运行推算出二十四节气。关于天体结构，有宣夜说、盖天说、浑天说三种理论，其中浑天说认为天地之象如卵之裹黄，天外地内，比前两种更易理解。东汉太史令张衡著有天文著作《灵宪》，改进了演示天体运行的浑天仪，并发明候风地动仪以测定地震。天文

图 9-9 地动仪模型

学的发展使历法制定工作逐渐进步,历法制定又带动了数学的发展。西汉已出现古代第一部天文历算著作《周髀算经》,从天文观测中概括出一些数学定理。东汉时出现数学专著《九章算术》,汇集246道数学应用题及解算方法,系统地总结了先秦以来的数学成就,标志着中国古代数学已形成体系。魏晋之际刘徽注《九章算术》,对圆周率计算法进行修正。到南朝宋、齐时,祖冲之已将圆周率推算到3.1415926与3.1415927之间,分数值则以355/113为密率,22/7为约率,达到极高的精确度。

中医学的体系在汉朝已经建立。现存中国古代最早的医书是佚名的《黄帝内经》,其编写可能在战国,至西汉最后写定。其书分两部分,《素问》用阴阳五行之说阐释生理病理现象及其治疗原则,《灵枢》记述针刺之法。东汉时问世的《神农本草经》,记载药物365种,是中国古代第一部药物学著作。汉、魏之际,张仲景著有医疗专著《伤寒杂病论》,分《伤寒论》《金匮要略》两部分,前者论伤寒诸症,后者论杂病。书中讨论了据以诊断病症的表、里、阴、阳、虚、实、寒、热"八纲",以及有关治疗药方300余种,皆长期为以后的中医所继承,张仲景也被尊为"医圣"。同时期另有一位著名的医学专家华佗,精于方药针灸,并发明了用于外科手术的麻醉剂"麻沸散"。西晋王叔和著《脉经》,专论切脉之法。一些道教信徒因研求长生之术,在医药学方面作出了成就。如东晋葛洪著《肘后卒就方》,南朝陶弘景又进一步修订为《肘后百一方》,皆用常见之药配方,简明切于实用。陶弘景又有《本草集注》,著录草药700余种,比东汉《神农本草经》多出近一倍。

造纸术的发明和应用是科技史上的一件大事。先秦以来,书写材料或用竹简木简,以绳联册成编,或用绢帛,曲而为卷。但是简编笨重,绢帛价贵,都不能充分适应文化发展的需要。西汉时已开始用麻等植物纤维造纸。东汉和帝时,宦官蔡伦进一步改进造纸术,用书皮、麻头、破布、鱼网之类低成本原料造纸成功,价格便宜且宜于书写。自此纸的使用逐渐推广,世称"蔡侯纸"。到东晋末,纸的使用已完全普及,并逐步传至周边各国,为世界文化的发展作出了贡献。

图9-10 甘肃天水放马滩出土西汉纸片

# 第十章 隋朝与唐前期的鼎盛局面

魏晋南北朝以后，中国历史进入隋唐五代时期。隋唐五代以唐中叶为界，又可分为前后两个阶段。隋朝和唐前期重建了大一统的统治，尽管中间也有短暂的战乱，但总体而言政局稳定，社会繁荣，政治、经济、军事各方面都取得了辉煌的成就。

# 一 隋朝的兴亡

隋朝是继魏晋南北朝长期分裂之后出现的大一统王朝，开创了隋唐盛世的基本格局。但其统治维持未久，即因暴政而灭亡，共历三帝，38年。

## 隋朝的建立和统一

隋朝的建立者是北周外戚杨坚。杨坚一家自称出自东汉望族弘农杨氏，实则长期居于武川镇，已经鲜卑化。杨坚在北周袭父爵封随国公，其女为周宣帝皇后。宣帝卒，子静帝年仅8岁，杨坚以静帝外祖父身份辅政，掌握大权，于大定元年（581）逼静帝禅位，定国号隋，改元开皇，是为隋文帝。北朝后期，漠北崛起一个新的游牧民族突厥，它起自阿尔泰山南麓，6世纪中叶攻灭柔然，对中原构成强大威胁。隋朝建立后，突厥因内部纷争分裂为东、西两汗国，力量大为削弱，求和于隋，隋朝因而得以集中精力统一南方。开皇七年（587），隋先废黜江陵的傀儡政权后梁。次年十月大举伐陈，开皇九年正月攻入建康，陈亡。在此前后，为强化中央集权，防止分裂割据再度出现，隋朝统治者采取了一系列有针对性的措施。

进行户口调查——主要在北齐旧境内进行。开皇三年下诏"大索貌阅"，令地方阅实户口，新查出44万余丁，164万余口。计算人户资产评定户等，用以征发徭役、收附加税，使百姓负担合理，依附人口也更愿意归为国家编户。

改革地方行政制度——东汉末年以来地方行政形成州郡县三级制，机构数目不断增加，疆域则日渐缩小。分裂时期各割据政权侨置州郡招引、安置流民，使地方行政单位愈为破碎支离。开皇三年"罢天下诸郡"，三级制变为州、县两级制。后又改州为郡（唐朝重新改为州），并省郡数，全国共190郡，统1255县。这样在一定程度上改变了过去机构臃肿、效率低下之弊。废除九品中正制，选官之权尽归中央吏部。过去地方官府的属官习惯上由长官辟除，现在也改为统一由吏部任免。

加强对南方的控制和南北联系——隋平陈后，将北方的社会管理制度推行到南方，政令严急，导致江南豪强纷纷举事反隋。文帝派大军前往镇压，逐一平定。仁寿四年（604）隋炀帝即位，为加强对华北、江南等地区的控制，开始在洛阳营建东都。复以东都为中心开凿大运河，在一些旧有河道的基础上疏浚贯通，南起余杭（今杭州），向西北至洛阳，又折向东北至涿郡（今北京），全长4000余里。大运河在隋朝和以后朝代的南北交通上发挥了重要作用，为沟通南北经济、文化联系作出了巨大贡献。

隋文帝后期到炀帝前期，出现了鼎盛局面。生产迅速发展，仓库盈积。根据炀帝大业五年(609)统计数字，国家掌握的户数约900万，口数近5000万，达到魏晋以来的一个人口高峰。外部环境也十分稳定。隋廷利用突厥内部纷争，扶植阿史那染干为东突厥启民可汗，妻以公主。炀帝亲征青海吐谷浑，取其地置西海等四郡，西域高昌等近30国皆至河西朝觐。炀帝还两次派人至琉球（今台湾）招抚。大业五年至六年，隋廷在东都举行盛大的表演大会，周边民族、藩国皆遣使出席，盛况空前。

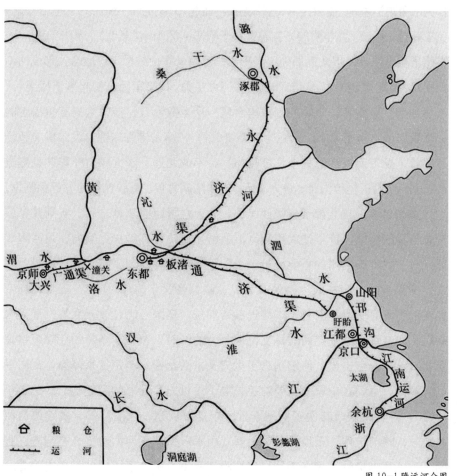

图 10-1 隋运河全图

## 隋朝灭亡与唐朝的建立

尽管有上述鼎盛表现，但隋朝统治却隐藏着严重的危机。特别是隋炀帝自恃富强，骄奢淫逸，不恤民力，徭役苛重，超出了百姓的负担极限。炀帝在位后期，对高丽发动战争，将隋朝统治推向了崩溃边缘。高丽长期以来据有朝鲜半岛北部和辽东，虽服属于中原王朝，但亦时有骚扰。炀帝大业七年（611），下诏亲征高丽，征调兵马，大造战船，督运军储。百姓困于苦役，死者相枕。次年春出师，发兵113万余人，规模超出平陈之役。但劳师远征，饷运难继，前线事权不一，兵士又无斗志，屡战不胜，被迫于七月班师。高丽趁机反击，隋军损失惨重。此时山东已爆发农民起义，炀帝却仍执迷不悟，于大业九年、十年又两次征伐高丽，同样未获战果，不了了之，而国内局势已经糜烂不可收拾。

隋炀帝初征高丽，发兵百万，役使民夫，又在百万以上。河北、山东地区作为战争前沿基地，受害最深，遂率先揭竿而起。大业七年，邹平（今山东邹平北）民王薄首先举事。九年贵族杨玄感起兵于黎阳（今河南浚县北），从者如流。薄、玄感虽相继败死，但大乱局面已经形成。反隋义军由分散渐趋联合，形成河南瓦岗军、河北窦建德军、江淮杜伏威军三大主力。瓦岗军因最初起事于瓦岗（河南滑县南）而得名，基本控制河南全境，众至数十万，推曾为杨玄感谋士的关陇贵族子弟李密为主。大业十三年（617），李密进围东都，发布檄文数炀帝罪状。炀帝南巡江都（今江苏扬州），不敢北返。隋太原留守李渊乘虚进占长安，立代王杨侑为帝，是为恭帝。很多隋朝官僚、贵族也在地方起兵割据。

李渊自称出自北魏士族陇西李氏，为十六国西凉李暠之后。实则其家族背景与杨隋相同，皆早迁武川镇，混杂鲜卑血统并有鲜卑化倾向，是西魏北周以来关陇贵族集团的重要成员。李渊祖父李虎为西魏大将，北周追封唐国公，子孙袭爵。渊本人为隋炀帝表兄。隋恭帝义宁二年（618）三月，炀帝在江都为乱兵所杀。五月，李渊逼恭帝禅位，定国号唐，改元武德，是为唐高祖。在唐军相继平定西北几支割据势力的同时，杀死隋炀帝的江都叛兵聚众北归，为李密击溃。洛阳隋将王世充又击败李密，李密穷蹙降唐，瓦岗军已告解体。唐朝在中原的主要对手只剩下王世充和河北的窦建德。武德三年（620），唐高祖命其次子秦王李世民东征王世充，包围洛阳，窦建德自河北来救，阵前被俘，王世充力竭而降，唐军一举消灭两大对手。在南方，唐朝派遣宗室李孝恭、大将李靖自巴蜀沿江而下，平定了杜伏威等各支势力。隋旧日版图基本皆为唐朝所有。

| 隋朝帝系表 |
|---|
| （一）文帝杨坚——（二）炀帝广——元德太子昭——（三）恭帝侑 |
| （581—604）　　　　（604—618）　　　　　　　　（617—618） |

## 二　从贞观之治到开元盛世

唐朝前期，经济恢复并趋于繁荣，社会稳定，国力强盛，先后出现了被誉为"贞观之治"和"开元盛世"的升平时期。其间，又因皇后武则天一度称帝，出现过短暂的政局变动。

### 贞观之治

贞观是唐朝第二任皇帝太宗李世民的年号。太宗为高祖次子，唐初封秦

图 10-2 阎立本《步辇图》：唐太宗接见吐蕃使者

王，在开国战争中立下了显赫的功勋。武德九年（626），在长安宫城北门玄武门发动兵变，杀死其兄太子建成、弟齐王元吉，逼高祖禅位。太宗君臣皆亲历隋末战乱，能够居安思危，励精图治，采取了轻徭薄赋、疏缓刑罚、并省冗官、精简宫掖、提倡节俭、劝课农桑等一系列政策。大乱之后，人易为治，加上天时较好，不数年即出现升平景象。当时政治风气也比较开明，太宗打破地域和门第偏见，广泛拔擢人才，标榜"兼听则明"，虚怀纳谏，大臣亦多遇事直抒己见，不阿顺苟从。太宗还注意运用政治体制来保证决策政令的正确制定，要求协助皇帝决策的中书、门下省对不妥诏旨进行抵制。凡此种种，皆使贞观一朝成为后世政治楷模。

贞观时期，在边疆开拓上也取得了重大成就。隋末之乱中东突厥重新崛起，扶植内地割据势力，唐高祖起兵时亦曾向其称臣。唐初，东突厥颉利可汗不断骚扰边境，甚至一度深入至渭水北岸，直逼长安。贞观三年（629）冬，唐太宗趁突厥天灾，派李靖、李勣统军分道掩袭，一举擒获颉利可汗，东突厥汗国灭亡。原隶属东突厥诸部族皆奉唐太宗为"天可汗"。在西方，贞观九年（635）唐军击败吐谷浑，十三年远征高昌（今吐鲁番），次年高昌王麹智盛出降，唐于其地置西州，后又设安西都护府。唐初西突厥内部分裂，太宗趁机开拓西域，相继控制龟兹（今库车）、焉耆、于阗（今和田）、疏勒（今喀什）等据点，皆由安西都护府统辖，称为"安西四镇"。

唐太宗对边疆问题并非纯用战争解决，而是根据形势辅以和平策略。对新崛起于青藏高原的吐蕃即采取和亲政策，以宗室女文成公主嫁于吐蕃赞普（其君主称号）松赞干布，从而保证西北开拓顺利进行，避免了腹背受敌的不利局面。

图 10-3 突厥墓石人像

太宗晚年，企图解决隋朝遗留的高丽问题，亲统大军亲征。但亦因饷运难继，气候不利，加上高丽防御坚固，无功而还。

## 武则天的崛起与武周政权

贞观二十三年（649），唐太宗卒，第九子治即位，是为高宗。高宗前期，承太宗之余荫，边疆开拓取得进一步成果。在西北，灭西突厥汗国，于天山北道置崑陵、濛池二羁縻都护府，自于阗以西至波斯以东，共置16羁縻都督府，各以当地小国国王为都督，皆遥领于安西都护府，声威之远，前所未有。在东北，龙朔三年（663）刘仁轨渡海平百济（在朝鲜半岛西南），总章元年（668）李勣攻灭高丽，于平壤置安东都护府。唐朝疆域，以高宗朝为最盛。

然高宗为人庸懦，在位中后期，权力渐移于皇后武则天之手。武则天，并州文水（今属山西）人，因日后加号"则天大圣皇后"而得名。则天14岁入宫为太宗才人，太宗死后出家为尼，高宗复召入宫，永徽六年（655）立为皇后。高宗患有风疾（头痛），有时目不能视，百司奏事往往令则天参决，时有"二圣"之称。则天与高宗育有四子。长子李弘始立为太子，后暴卒，

图 10-4 唐高宗时疆域

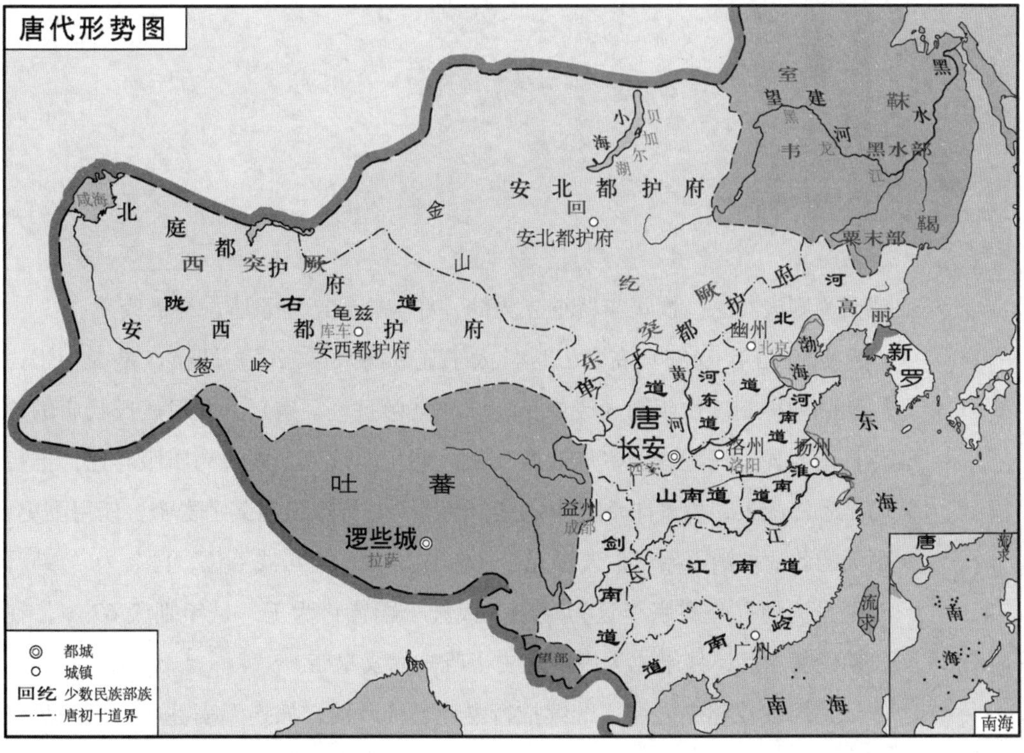

图10-5 乾陵（唐高宗与武则天合葬墓）石雕

或云为则天鸩杀。次子李贤继立为储，亦与则天产生矛盾，终被废黜。

弘道元年（683）高宗去世，太子显（高宗第三子）即位，是为中宗，则天临朝称制。次年则天废中宗，改立其弟旦（睿宗）。此时武氏代唐的趋势日渐明显，一些官僚贵族起兵反武，均相继败死。则天为压服异己，推行高压恐怖政策，大量诛杀李唐宗室、老臣，并有意识地奖励告密、任用酷吏，则天的政敌被消灭殆尽。天授元年（690），武则天正式篡位。自名为"曌"，改国号为周，降睿宗李旦为皇嗣，武氏子嗣皆封为王。是年则天67岁，在长期经营之后，终于成为中国历史上唯一的女皇帝。

武周政权建立之初，继续推行酷吏恐怖政治，株连无辜甚众。后来政权逐渐稳定，滥刑现象有所缓解。随着政治气氛趋于宽松，武则天对李氏家族的政策也渐渐改善，将早已废黜的中宗李显召回朝廷，复立为太子，李旦辞皇嗣之位，封为相王。为缓和李、武矛盾，则天命李显、李旦与诸武盟誓，为铁券藏于史馆，还多以李氏公主尚武氏子弟。这些措施收效明显，以后则天虽卒，武氏势力犹持久不衰，则天本人在唐朝也一直得到尊奉。

神龙元年（705），大臣张柬之等趁武则天病重发动政变，重新拥立中宗李显，逼则天退位，武周政权结束。不久则天去世，年82。武则天柄政和称帝时期，社会经济继续发展。但她残忍嗜杀，往往及于无辜。又迷信佛教，兴建土木，耗费资财。边疆局势明显恶化，东突厥贵族阿史那骨咄禄自立为可汗，重新复国（史称后突厥），东胡之裔、居于辽河上游的契丹起兵反叛，骚扰河北，屡败唐军。则天对此应付乏策，局面被动。凡此种种，都延缓了唐朝鼎盛时期的来临。

## 开元盛世

武则天死后，唐朝政局一时仍未能稳定。中宗皇后韦氏与皇女安乐公主干政，武氏家族武三思用事，朝政混乱。景龙四年（710）韦后与安乐公主毒死中宗，立其少子重茂，韦后临朝称制。睿宗李旦第三子临淄郡王隆基与太平公主（则天女、睿宗妹）发动政变诛杀韦后、安乐公主及其党羽，拥立睿宗复位。隆基以功被立为太子，与太平公主又产生矛盾。延和元年（712）睿宗传位于隆基，是为玄宗。次年太平公主又发动政变，被玄宗挫败，动荡局面始告终止。

玄宗平定太平公主之乱后，改元为开元。开元年号共行29年，又改元天宝。开元时期和天宝前期，唐朝达到了鼎盛阶段，出现了为时较长的升平局面，史称"开元盛世"。开元十四年（726）统计户数近707万，天宝时则已近907万，史家估计其时实有户数可能高达1300万。经济繁荣，物价低贱，社会治安稳定。唐朝声威远达海外，与东亚的新罗（在今朝鲜半岛）、日本和中亚、西亚地区都建立了密切的关系。大批外国和周边民族使节、留学生频繁前来，中外文化交流非常活跃。

边疆方面，由于防御加强，外交策略得当，与北方的突厥和契丹基本维持了和好关系，战事较少。开元、天宝之际，突厥内乱，为其属部回纥所灭，

图 10-6 唐玄宗纪泰山铭

图 10-7 宋人绘《太真（杨贵妃）上马图》

回纥首领亦接受唐朝册封。居于东北松辽平原的靺鞨粟末部建立了渤海国，朝贡不辍。这一时期，唐朝军事经营的重点主要在西部，吐蕃成为其最强劲的对手。双方争夺不相上下，总体而言唐朝略居优势。

然而自开元中期起，唐朝盛极而衰的态势逐渐萌发。玄宗为"盛世"环境所陶醉，骄侈之心日增，怠于政事，拒谏饰非。开元后期李林甫任相，专宠固位，排斥异己，政治趋于腐败。天宝时，玄宗宠幸贵妃杨玉环，纵容杨氏家族穷奢极欲，贵妃堂兄杨国忠继李林甫任相，朝政愈益浊乱。天宝十载（751），唐将高仙芝与大食（阿拉伯帝国）军会战于怛罗斯（今哈萨克斯坦江布尔城附近），大败，唐朝在西北的经营受到严重挫折。这一时期，云南的乌蛮建立了南诏政权，结好吐蕃，与唐对抗。天宝十载至十三载，唐三次发兵攻南诏，俱以惨败告终。不久安史之乱爆发，唐朝的鼎盛局面遂一去不返。

## 三 隋唐制度

隋朝及唐前期鼎盛局面的出现，与一些具体制度的制定和贯彻有密切关系。随着社会状况的变化，这些制度中的一部分到唐朝中叶已经破坏废弃，还有一部分则在调整、发展后继续发挥作用，并为以后的王朝所继承。

### 均田制与租庸调制

隋及唐前期继续沿用北魏以来的均田制。唐代规定：18～60岁的男子各受永业田（北魏称桑田）20亩，口分田（北魏称露田）80亩，60岁以上男子、残疾人、寡妇等受田大略减半。永业田皆传子孙，口分田于本人死后归还政府另行授受，但首先照顾本户应受田者。与北魏不同之处，奴婢、耕牛不再受田，代以按官品、勋级多受土地。官五品以上受永业田5顷至100顷（顷为百亩）不等，勋官受永业田（又称勋田）60亩至30顷不等。有夫之妇女亦不受田。在宽乡（地广人稀之处）可以限外占田，但要另册登记。另外买卖限制有所放宽，官、勋永业田及赐田并许买卖，特殊情况下也允许出卖一般的永业田乃至口分田。

大体而言，隋唐均田制规定的受田数量只是"应受田"，即在土地占有现实情况的基础上，以个体农民的耕作能力为依据制定一占田限额，以便充分发挥土地、人力效率，并非强制划一地重新分配土地。民户原有土地按田令重新登记，其不足限额部分是否补足，补充多少，因时因地而异，具有相当大的弹性。在隋初与唐初，均田制的实施适应了社会上存在大量自耕农的现实情况，起到稳定产权、发展生产、确保赋役来源的作用，为帝国的强盛创造了条件。

均田制下实行的赋役制度称为租庸调制。租庸调以丁为单位征纳，每年租二石，调绢二丈及绵三两（或折

图 10-8 唐代庸调银饼

纳布、麻）。服正役 20 日，可按每日折三尺纳绢替代，是为庸。如在 20 日以外加派正役，加 15 日免调，30 日租调俱免，算上加派，总计不能超过 50 日。

与均田制、租庸调制相联系，还实施了严密的户籍制度。唐制：民户每年要向地方政府呈报本户户口、田亩，称为手实。地方政府汇总各户手实，统计出当地"课口"总数及应纳租调总额，逐级上报中央以作财政预算依据，称为计帐。在计帐基础上进一步登记户籍，逐户载明户口、田亩、承担赋役情况，一式三份，分存于县、州、户部。每岁一造计帐，三年一造户籍。这方面制度是自西魏、北周继承下来的，但更加完备。

然而均田制实施也有很大的不稳定性。承平日久，人口渐增，农民破产流亡的情况日益严重，而政府所掌握的土地不足授受。由于均田制的逐渐衰落，按丁缴纳的租庸调制也无法保证，两种附加税——按户等每户征收的户税和按地亩征收的地税在国家财政收入中的比重逐渐压倒租庸调。到唐朝后期，均田制和租庸调制已完全瓦解。

## 征兵制

隋及唐前期的军队实行征兵制，其核心又是府兵制。府兵沿自西魏、北周，起初具有较强的鲜卑部落兵制色彩，隋唐时民族色彩已经消失，散居地方，定期应征服役，相当于预备兵。唐制：统领府兵的基层组织称为折冲府，每府 800 人至 1200 人。全国折冲府总数 600 有余（多时可能超出 800），主要分布在北方，关中即占三分之一以上。府兵从各地有财力民户中征召，农闲时由折冲府组织训练，轮流服役，或到京师宿卫，或出征作战。本人不承担国家赋役，但宿卫、出征时的衣粮甲胄轻武器均需自备。作战时由朝廷任命将帅，持兵部符节下折冲府调兵出征，战毕兵散于府，将归于朝。

唐朝前期的征兵制并不限于府兵系统。府兵数量有限，且首要任务为宿卫，边疆作战往往需要临时补充兵源。此类临时增兵皆从一般民户中募集，称为"兵募"，但带有强制性，实际上仍是征兵。另外随边疆拓展，经常征调内附的蕃族作战，称为蕃兵。

上述制度为隋唐的边疆开拓发挥了很大作用，但也逐渐暴露出许多问题。由于战事频繁，兵役沉重，府兵逃亡渐多，一般民户规避兵募，兵额难以维持。在伍者亦士气低落，作战能力下降。玄宗时，京城番上的府兵严重缺员，朝廷乃从民间招募精壮承担宿卫任务，称长从宿卫，后又更名彍骑，共达12万人。此后各地府兵逃死者不补，府兵制逐渐瓦解。在边疆，也同样招募精壮，长征长镇，允许携带家口，官给田地屋宅给养装备，称为长征健儿，亦称官健。轮差府兵或兵募远戍的做法也告废止。这样，征兵制已为募兵制所取代。到唐朝后期，征兵制仅仅留有少许残余，主要为临时征发、保卫地方之民兵，称为团结兵。团结兵不入正规军籍，亦不长期脱离生产，只是募兵的补充形式。

## 三省六部制

秦汉中央官制的核心是三公九卿。到隋唐，其地位已被西汉中期以后相继出现的尚书、中书、门下三省，以及尚书省的下属机构六部所取代。中书省负责出令，即按照皇帝旨意起草诏令文件。门下省负责封驳，即对中书诏令和臣下奏章进行审核，不妥者驳还。尚书省负责将中书、门下通过的决策

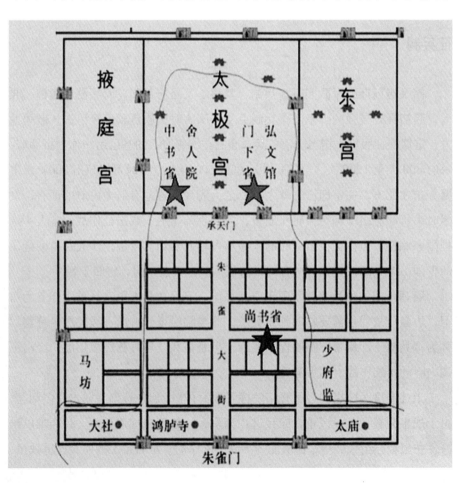

唐代三省位置图

分别下发六部，监督其付诸实施。六部之中，吏部主管人事，户部主管财政经济，礼部主管文化教育，兵部主管军事，刑部主管司法，工部主管工程建设。每部下面又各分四司，共二十四司，分工处理具体事务。

在隋和唐初，三省长官中书令、侍中、尚书仆射是当然的宰相。他们每日上午在政事堂(设于门下省)共同商讨国家大事，午后各归本省处理本职工作。随后制度稍变，仆射不再参加宰相议政，皇帝又指定某些级别略低的官员参加政事堂会议，以"同中书门下三品"或"同中书门下平章事"系衔。久之"同中书门下平章事"成为宰相专称，无论实居何职，但加此衔即为宰相。唐玄宗时，政事堂更名"中书门下"(时已迁至中书省)，并附设吏、枢机、兵、户、刑礼五房作为僚属秘书机构。宰相会议的决策写成"中书门下奏状"，报皇帝批准，付外执行。皇帝下发诏令，原则上也须经宰相通过，加盖"中书门下之印"方能生效。如遇需要集思广益的重大问题，则由宰相主持百官集议。

隋唐王朝也设置了专门的监察、谏诤官员。监察机构御史台设御史大夫、中丞为正副长官，下设侍御史、殿中侍御史、监察御史。谏诤官员包括左右散骑常侍、左右谏议大夫、左右补阙、左右拾遗诸职，分属门下、中书两省(凡左皆属门下、右属中书)。

比较规范的三省六部制主要存在于唐朝前期。自唐玄宗时起，差遣之制流行，往往临时差委某官负责本职以外的某项工作，久之差遣遂成为其真正职掌。于是三省六部制渐趋有名无实，其官多为虚职，被新出现的差遣职务取代。如盐铁使、户部使、度支使取代户部财政权，监选使、监考使分割吏部人事权，等等。这样的状况一直持续到北宋后期。

## 科举、铨选与考课

科举是隋唐时期新兴的一种选官制度。其主要特点是通过考试选拔官员，不问出身与背景，公平竞争。因为有多种科目，"分科举人"，故名科举。唐制，科举分为常科和制科。常科每年举行，只限平民参加，制科则由皇帝根据需要临时举行，有官职者亦可应试。常科考试科目以明经、进士二科最为重要。明经主要考试帖经，重在测试经书记诵能力，较易应付。进士以杂文为主要录取标准，后来杂文专试诗赋，遂成为文学之科。因其难度较大，录取不易，故登第者最受世人推崇。与均田、征兵等制度仅行于唐中叶以前不同，科举制在隋和唐前期仅仅是初步成型，日后才获得更为长足的发展。

唐朝科举的正式考试于每年十月在礼部举行。由于考试立法尚不很规范，请托奔竞之风盛行，考生试前往往向达官贵人投呈作品，以加深对己印象，称为"行卷"。科举及第只是取得了入仕的"出身"，要真正获得官职，还须到吏部参加专门的铨试。终唐一代，科举取士在仕途中所占比例不算很大，但高级官员中科举出身的比重日渐上升，进士尤受重视。

科举以外，隋唐还有门荫（官员子孙凭父祖地位入仕）、杂色入流（吏职积劳授官）等仕途。官员的选任方式因品级高低而异，五品以上由皇帝、宰相决定任命，六品以下则由吏部选授（武官归兵部）。后者参选人数多，工作量大，因而更加制度化。对参选人员进行铨试，内容包括身、言、书、判（写作判词）四事，分别取其"体貌丰伟""言辞辩证""楷法遒美""文理优长"。如四事皆可取，则先德行，德均以才，才均以劳，又称"三实"。

对中下级官员的考核由吏部考功司负责，称考课。每年评定为政优劣，称小考。三或四年综合鉴定，称大考。考核标准包括四善二十七最。"善"属于德行方面对全体官员的共同要求，分德义有闻、清慎明著、公平可称、恪勤非懈四项。"最"则是根据不同部门的性质、职责对有关工作分类提出的不同要求，如"礼制仪式、动合经典"为礼官之最，"谨于盖藏、明于出纳"为仓库之最，等等。综合善、最定等第，自上上至下下分为九等，各有相应的奖惩办法。以后王朝的官员考核一直受到这套制度的影响。

## 律令格式

隋唐立法工作较为完备，形成了由律、令、格、式四种形式构成的法典体系。律为惩罚犯罪行为的刑法典。令是正面规定的规章制度条例。格主要是皇帝以制敕形式不断颁布的禁令汇编，相当于律的补充与变通。式为各种章程细则，补令所不及。这四种形式都起源较早，至隋唐始并行而收互相补充之效。其中令、格、式的全貌已不得见，只有部分或片断遗存。唐代的律则有完整保留，即唐高宗初年颁行的《永徽律》。当时在制定律文的同时，又命大臣为律文作疏证解释，阐明疑义，剖析内涵，成《律疏》30卷。后人将二者合并刊行，称为《唐律疏议》。

唐律分为十二篇，其篇目和具体内容如下。名例律：即总则。卫禁律：

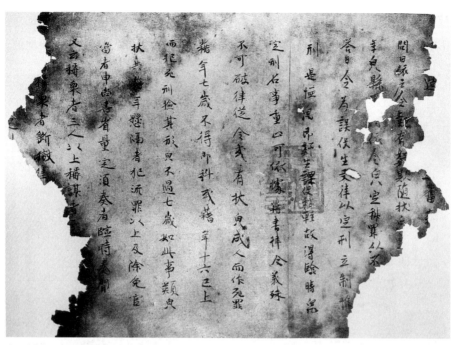

图 10-9 吐鲁番出土唐律残片

宫廷警卫与关隘边防。职制律：官员行政。户婚律：户籍土地赋税婚姻等事。厩库律：畜牧与仓库保管。擅兴律：军队征调与工程营建。贼盗律：盗窃、抢劫等重大刑事犯罪。斗讼律：斗殴杀伤事件，并述刑事诉讼程序。诈伪律：欺诈伪造行为。杂律：为上述诸篇拾遗补阙。捕亡律：规定追捕犯人事宜。断狱律：规定审判囚禁等事宜。这一分类法源于北齐，影响直至明初。具体刑名则有笞、杖、徒、流、死五种，称为"五刑"。笞刑有自 10—50 下五等，杖刑有自 60—100 下五等，均为以杖责打身体。徒刑自一年至三年分五等，隶于官府服苦役。流刑为流放外地，分 2000、2500、3000 里三等，皆居作一年，役满在当地为编户。死刑分绞、斩二种，以斩为重。

在司法原则方面，唐律非常鲜明地体现出"一准乎礼"的儒家化特征。名例律首列"十恶"，即常赦所不原的十项大罪，具体包括谋反、谋大逆、谋叛、恶逆、不道、大不敬、不孝、不睦、不义、内乱，其性质或为危及君权，或为破坏家族伦理关系，皆在厉禁之列。为优崇贵族官僚，又有议亲、议故、议贤、议能、议功、议贵、议勤、议宾的"八议"之法。凡八议之人犯死罪皆须上奏，再行审议，流罪以下径减一等。唐律还以儒家丧服礼中的五服作为量刑定罪的重要标准，将亲属关系由近及远分为斩衰亲、期亲（由礼之齐衰亲演变而来）、大功亲、小功亲、缌麻亲五等。犯罪连坐，先亲后疏。亲属间犯罪，虽行为相同，而视其亲疏量刑大异。总体来说，唐律系统总结了前代法律实践经验,具有立法审慎、内容周详、条目简明、解释准确等优点,影响不仅及于后世,并及于东亚日本、朝鲜等国,在法制史上占有重要地位。

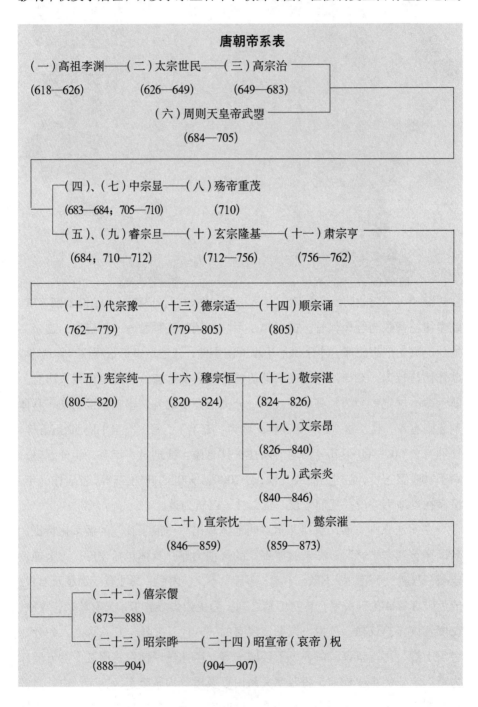

## 第十一章 割据倾向的再现：从安史之乱到五代十国

唐玄宗天宝末年，爆发了地方军阀发动的安史之乱，唐朝大一统帝国的鼎盛局面自此结束，地方上又出现了分裂割据倾向。发展到10世纪初，进入完全分裂的五代十国时期。

# 一 安史之乱与藩镇割据

安史之乱因叛乱首领安禄山、史思明而得名。叛乱虽被平定，但却引发了藩镇割据的局面，一部分地方军政长官据地自雄，不服从朝廷号令。这样的局面一直持续到唐朝灭亡。

## 安史之乱

安史之乱是一次地方军阀反抗中央的武装叛乱。玄宗时期，边防驻军大量增加，形成十个边防大军区，其长官称为节度使，除军事外还兼管军储、财政，进而兼任边地采访使，监察州县。因联防需要，又时或以一人兼数节度使。于是形成了边将权重的现象。兵制方面，已经普遍募兵入伍，官给资粮，长期服役，往往父子兄弟相代为兵。在募兵制下，养兵费用大增，且军队成分复杂，颇难驾驭。边将得以专兵，对作战有利，但也有尾大不掉的隐患。特别是一些由蕃将担任的节度使，能够利用民族意识团结军中蕃兵，形成有凝聚力的集团，尾大不掉的状况更为明显。相反内地军事力量却日益衰落。一般地方驻军甚少，中央虽有禁军，而久处承平，训练废弛。天宝元年（742），全国兵数57.4万余名，边军已占49万，明显出现外重内轻的格局。唐朝"盛世"局面一朝崩溃，实肇于此。

安史之乱的首领安禄山、史思明，均为营州柳城（辽宁朝阳）杂胡，当出自原居中亚的粟特人。禄山以军功累迁至平卢（治今辽宁朝阳）节度使，又兼范阳（治今北京）、河东（治今山西太原）节度使，所统三镇边军近20万，形成庞大的地方势力。天宝十四载（755）十一月，安禄山起兵叛乱，长驱南下，次年正月在洛阳称帝，国号大燕。六月，叛军攻陷潼关，进占长安，玄宗仓皇逃往成都。皇太子李亨前往朔方节度使治所灵武（今属宁夏），自行称帝改元，遥尊玄宗为太上皇，是为肃宗。肃宗以朔方为中心，征调西北诸镇边兵，又得回纥发兵援助，局面逐渐挽回。至德二载（757）正月，安禄山为其子安庆绪所杀。九十月间，唐军相继收复长安、洛阳，安庆绪退保邺郡（今河南安阳），留镇范阳的叛军大将史思明降唐。乾元元年（758）九月，唐郭子仪、李光弼等九节度使统军60万围邺，史思明降而复叛，率

图 11-1 四川梓潼县北唐明皇（玄宗）幸蜀闻铃处

精兵来援，大败唐军，并杀安庆绪，仍称大燕皇帝，重新攻占洛阳。后思明为其子史朝义所杀，唐朝借回纥兵之力再度收复洛阳。代宗宝应二年（763）正月，史朝义穷蹙自杀，安史之乱终于平定。

## 藩镇割据

安史之乱平定后,节度使(或称观察使)的设置更加广泛。平叛唐军主力为朔方等西北边镇兵,也有中原新募集的军队。随着乱事渐平,唐廷与平叛将领的矛盾日益明显,互相猜忌。边疆方面,吐蕃趁唐西北边兵精锐内调之机步步推进,夺取河西走廊和西域。回纥虽助唐平乱,但也经常恃势欺凌。由于上述背景,平叛战争很难取得彻底的胜果。唐廷亟待早日结束战事以处理新矛盾,于是尽力招诱安史部将反正,许以节度使职位。为维持内外力量均衡,平叛时内地新设节度使及新募军队也不能裁撤,有时还需要多置藩镇以相牵制,于是藩镇数目累增至40有余,出现了藩镇割据的局面。

诸多藩镇之中,以河北地区的"河朔三镇"即卢龙(治今北京)、成德(治今河北正定)、魏博(治今河北大名北)三处藩镇割据程度最强。其节度使起初皆为安史降将,治下又是安史叛乱的根据地,民族成分较为复杂,人多剽悍尚武,有一定胡化色彩。他们各拥强兵,自行署置官吏,赋税截留本镇不上供,又互结婚姻以为声援。终唐朝后期,三镇节度使的任命朝廷基本不能干预,皆为家族相传或悍将夺位,然后奏报中央予以形式上的承认。中原、西北地区藩镇与朝廷的关系则具有两重性,既起到为朝廷防御河朔、捍卫边境的作用,但也有一批骄兵悍将,不时发生动乱。其中淄青(治今山东东平西北)、横海(治今河北沧州)、宣武(治今河南开封)、淮西(治今河南汝南)、泽潞(治今山西长治)等藩镇,均曾出现一段时期的半独立局面。东南、西南地区藩镇则较为稳定,基本忠于朝廷,虽偶有动乱亦旋即扑灭。东南地区还是唐朝后期中央的主要财赋来源。

藩镇强弱互有不同,然数量既多,互相牵制,没有形成像安禄山那样过大的地方势力。即使是割据性最强的河朔三镇,也须在形式上臣服朝廷,只有当自身利益受到严重侵害时才会公开与中央对抗。另外唐朝后期藩镇内部权力下移,骄兵杀逐节帅事件频繁发生,也对后者反抗中央形成制约。藩镇军队主要来自破产农民或无业流民,全家随军,父终子继,形成新型的职业雇佣兵集团。如节度使发放粮饷、赏赐不及时,往往引起骚动或哗变,久而优待稍不如意即寻衅滋事,乃至杀逐旧帅拥立新帅。由于诸藩镇彼此矛盾以及各自内部矛盾的存在,唐朝中央才能继续绵延百余年,勉强维持形式上的一统。

## 二 安史乱后的唐朝中央

安史之乱以后，唐廷为重振中央权威进行了一系列努力，一度出现"中兴"局面。但中央统治集团内部矛盾剧烈，加上边疆问题的困扰等诸多因素，衰亡趋势最终仍未挽回。

### 财政经济改革

安史乱后，面对严重的财政困难，唐朝政府推行了若干整顿、改革措施。

首先是改革盐法。唐前期对食盐产销的管理，仅限于征收盐税。安史兵兴不久，唐廷立专卖之法，由官府统一收购产盐区食盐，加价售于盐商出卖，严禁私人盗煮销售，政府收入由此陡增。肃宗后期到代宗朝，刘晏主管财政，对食盐专卖制度的一些细节进行改进，盐利所入由40万缗（贯）增至600万缗。史称此后"天下之赋，盐利居半"。此外唐廷对茶、酒等商品也实行专卖，获取了大量收入。

刘晏主管财政期间，还推行了其他一些理财措施。一是整顿漕运，降低运输成本，提高安全系数和运输效率，较好地保证了东南地区对唐朝中央的物资供应。二是平抑物价，在及时掌握各地物价动向的基础上，动用各处粮仓储备以调节丰歉，防止商人囤积居奇，官府从中获利。这两项措施在改善朝廷财政状况方面均有显著功效。

唐后期财政经济方面的最大改革是赋税制度的变化。由于均田制破坏，租庸调制无法维持，两种附加税户税、地

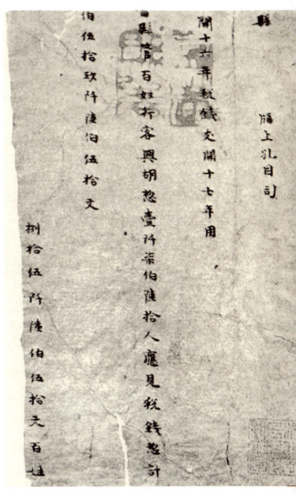

图 11-2 唐代商税文书

税所得收入渐增，按户税、地税之制改革租庸调，已是势所必然。另外安史乱后赋税征收已无常规，杂税林立，中央财务机构和地方藩镇皆巧立名目向下摊派，亦亟需改革以整齐划一。德宗建中元年（780），经宰相杨炎筹划，正式颁行新的赋税制度两税法。流亡的客户一律就地落籍，同当地原籍之主户共同承担赋税。地方官府量出制入，将诸项税收合并为一总额，按照先前户税、地税两种征收方法分摊到每户百姓头上。户税按户等征钱，其标准兼顾人丁与资产，地税则是履亩纳粮。因每年分夏、秋两次征收，故名两税。

两税法简化了税收名目，扩大了征税面，使百姓负担更为合理，也进一步改善了政府财政状况。自此国家对百姓征敛的重点由税丁转向税产，这是中国赋役制度发展过程中的历史性变化。

## 元和中兴

经过上述财政经济改革，唐朝中央的财力有所恢复，至宪宗朝，与藩镇斗争获得了较大的成果。因宪宗年号为元和，史称"元和中兴"。

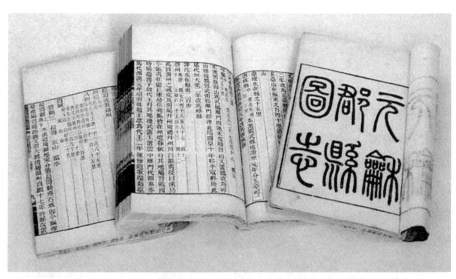

图 11-3 唐宪宗时编纂的全国地理志《元和郡县图志》

唐廷与藩镇第一次大规模的冲突发生在德宗建中三年（782）到贞元二年（786）。时德宗初即位，希望伸张中央权威，拒绝藩镇世袭请求，引起河朔三镇和淄青、淮西联兵叛乱。卢龙朱滔称冀王，成德王武俊称赵王，魏博田悦称魏王，淄青李纳称齐王，淮西李希烈称楚帝。泾原节度使（治甘肃泾川北）军奉调平叛，过长安时因赏薄哗变，拥立前卢龙节度使朱泚为秦帝。

朔方节度使李怀光率军勤王，也加入叛乱。德宗逃出长安，颠沛流离，狼狈不堪。不久泚、怀光相继败死，李希烈亦为部将所杀，但唐廷对其余反叛藩镇已无力讨伐，仅以削去王号为条件，承认它们在当地的统治权。这次叛乱又称"二帝四王之乱"。

贞元二十一年（805），宪宗即位，整顿朝政，改革旧弊，朝廷威信有所提高。即位之初，剑南西川（治今成都）刘闢、夏绥（治今内蒙古乌审旗南）杨惠琳、镇海（治今江苏镇江）李锜相继叛乱，宪宗坚主用兵，命将得人，很快讨平。已割据多年的淮西、淄青两镇成为宪宗下一步用兵的目标。元和九年（814）淮西节度使吴少阳死，其子元济匿丧自领军务，因唐廷不予承认，四出焚掠。官军进剿，相持数年，最终在元和十二年十月袭破蔡州（今河南汝南），俘吴元济送至长安处死。元和十三年，宪宗复下诏数淄青节度使李师道罪状，调各路藩镇兵围攻淄青。淄青将领刘悟倒戈诛师道，归附朝廷。唐朝平定了数十年跋扈不臣的淮西、淄青，声威波及河朔三镇。之前魏博节度使田弘正已表示放弃割据，至此成德、卢龙二镇亦纳地归命，"元和中兴"达到顶峰。

然而这次"中兴"的基础并不稳固。河朔藩镇割据具有长期传统，地方职业雇佣兵力量雄厚，仅主帅归顺中央并不能解决问题。元和十五年（820），宪宗死，穆宗即位，对河朔复杂形势估计不足，企图裁军，但善后不力，乱源已萌。唐廷派往河朔的官吏，又多昏庸骄奢不得人心。长庆元年（821），河朔三镇皆发生兵变，自行推举节度使。朝廷发兵讨伐，作战不利，被迫重新承认三镇割据。由是河朔再失，直至唐亡，不能复取。其余藩镇，以后也时有短期割据。"中兴"之局，遂告终止。

## 宦官专权与牛李党争

安史乱后，唐朝中央政局不稳，内部斗争激烈，这也使它难以集中力量解决藩镇问题。

首先是宦官专权。唐玄宗后期宠信宦官高力士，开宦官预政之渐。肃宗时宦官李辅国用事，后拥立代宗，被尊为"尚父"。肃、代两朝，李辅国、程元振、鱼朝恩以宦官身份先后典掌禁军，权势赫然。德宗时，经"二帝四王之乱"，禁军溃散，早先由陇右边地入援勤王的一支边军神策军承担了保护皇帝的任务。德宗命宦官分任左右神策护军中尉统之，不断扩编，发展到

15万人，成为新的禁军。这样宦官继续控制着唐朝中央的军事力量。政务方面，宪宗设左右枢密使，用宦官担任，负责传达文件，渐参机要，与左右神策中尉合称"四贵"。在外则普遍任用宦官监军。宦官内外相结，形成了左右政局的庞大势力。自宪宗至唐亡共九帝，其中八帝（敬宗除外）为宦官所拥立，二帝（宪宗、敬宗）死于宦官之手。

宦官专权自然要与外朝臣僚产生矛盾，皇帝有时也不得不与外朝臣僚合作对付宦官。唐中央政府机构位于宫城南部及宫城以南的皇城内，而宦官主要活动于宫城北部，故而外朝臣僚与宦官的斗争被称为"南衙北司之争"。较大规模的"南衙北司之争"共有两次，皆以外朝臣僚失败告终。

第一次发生在贞元二十一年（805）。是年正月德宗死，太子诵即位，是为顺宗。顺宗擢用东宫旧臣王伾、王叔文进行改革，裁抑宦官势力，又任命武将统神策军，企图夺宦官兵权。八月，宦官俱文珍等发动政变，逼迫顺宗禅位于太子纯，是即宪宗。二王贬死于外地，当政仅146天。由于顺宗预定下一年新年号为永贞，故这次改革又称"永贞革新"。

第二次发生在大和九年（835）。时唐文宗在位，先与宰相宋申锡谋诛宦官，事泄未遂。文宗又起用李训、郑注，合谋毒死大宦官王守澄。李训等进而设计，于是年十一月二十一日朝会时，遣人奏称左金吾厅内石榴树上夜降甘露，计划诱使宦官前来观看，伏兵捕杀。宦官仇士良等察觉情况有异，抢先挟持文宗退入后宫，遣神策军大杀朝官，死者不可胜数，外朝势力完全失败。此事史称"甘露之变"。

南衙和北司各自内部都有矛盾。宦官存在着不同派系，常在皇位更迭之际各自拥戴继承人。外朝臣僚中的集团斗争，则主要表现为历时约四十年的牛李党争。

牛李党争以两派首领而得名。牛党首领为牛僧孺、李宗闵，李党首领为李德裕。宪宗时牛僧孺、李宗闵在科举对策中触犯宰相李吉甫，德裕即吉甫之子。穆宗初年李德裕又借一次科场案之机打击李宗闵，此后矛盾日益激化，各分朋党，更相倾轧，交替进退。武宗时用李德裕为相，牛党诸人尽被贬斥。武宗死后宣宗即位，李德裕外贬崖州（今海南琼山东南）而卒，党争以牛党胜利告终。就个人政绩而言，李德裕较胜一筹。会昌三年（843）泽潞节度使刘从谏卒，其侄刘稹欲擅自继位，德裕力主发兵讨伐，终于将泽潞平定。会昌五年，又协助武宗推行"灭佛"措施，拆除寺院数万所，勒令僧尼还俗

26万余人,没收大量土地,改善了朝廷财政状况。德裕死后,唐朝中央再无杰出人才,衰颓难以挽回。

## 边疆形势

唐朝后期的两大强邻为北方的回纥和西方的吐蕃。回纥原为漠北铁勒之一部,语言、习俗与突厥相近。唐玄宗时,回纥首领骨力裴罗起兵攻灭后突厥汗国,受唐册封为怀仁可汗,铁勒诸部皆归其统治。安史之乱爆发后,回纥助唐平叛,肃宗遂与回纥和亲,以亲生女宁国公主嫁与回纥可汗。此后回纥历代可汗皆接受唐朝册封,德宗、宪宗皆以公主与回纥和亲,但双方也时有小的摩擦。元和四年(809),回纥更名回鹘。文宗开成五年(840),回鹘可汗为黠戛斯所杀,诸部离散,一部分南下降唐,一部分西迁。西迁者一支至河西走廊,称甘州回鹘,为裕固族祖先。一支迁至西域,以后逐渐形成维吾尔族。

图 11-4 新疆吐鲁番伯孜克里克石窟唐回鹘王族像壁画

黠戛斯原居于回纥西北、叶尼塞河上游。灭回鹘汗国后据其故地,仍受唐册封。10世纪时亦逐步西迁,以后形成柯尔克孜族。

吐蕃是藏族的祖先,源出西羌,首领称为赞普。唐初松赞干布统一青藏高原,建立了强大政权,逐渐成为唐朝在边疆的头号劲敌。安史乱后,吐蕃从唐朝手中夺走河西走廊和西域,代宗时一度攻占长安。穆宗长庆元年(821),吐蕃使节与唐朝大臣在长安西郊会盟修好,次年唐朝使节又到吐蕃与赞普再度盟誓,并将誓文刻石立碑,今尚存于拉萨大昭寺前。史称此事为"长庆会盟"。后吐蕃发生内乱,逐渐走向瓦解。宣宗大中二年(848),沙州(今甘肃敦煌)人张议潮起兵反抗吐蕃统治,以河西、陇右十余州复归唐朝。吐蕃人最初信仰原始宗教本教,松赞干布时佛教开始流传,逐渐形成独具特色的藏传佛教。

南诏立国云南,玄宗末年受吐蕃册封,与唐对抗。安史之乱爆发后,南诏继续扰边,大渡河以南尽为其所有。后虽与唐恢复盟好,但仍时有侵扰,唐朝驻军桂林进行防御。懿宗咸通九年(868),戍守桂林的徐州戍卒因不满超期戍边,怨愤起事,推庞勋为首领,北上攻占宿、徐二州,阻断漕运。虽被镇压,但唐朝因此元气大伤。

唐朝后期还有一个比较活跃的边疆部族沙陀。沙陀原为西突厥别部,安史乱后吐蕃控制西域,将其迁于河西。元和三年(808),沙陀酋长朱邪尽忠率部降唐,被安置于晋、陕北部。后朱邪赤心助唐平庞勋有功,授大同军节度使,赐名李国昌。沙陀勇悍善战,唐末五代加入逐鹿中原的斗争,相继建立了后唐、后晋、后汉三王朝。

图 11-5 大昭寺唐蕃会盟碑

## 唐朝的对外关系

隋及唐初，朝鲜半岛上存在高丽、百济、新罗三国。高丽在半岛北部，同时占有辽东，百济在半岛西南，新罗在东南。隋炀帝、唐太宗皆亲征高丽而不克。唐高宗朝，先与新罗合兵攻灭百济，复于总章元年（668）攻灭高丽，设安东都护府，治平壤。后来新罗逐步蚕食百济、高丽故地，逼迫唐朝将安东都护府内迁。新罗与唐朝关系密切，大量新罗人入唐求学、学佛、经商、游历甚至应举做官。10世纪初，王建建立后高丽，甄萱建立后百济，新罗仅据有半岛东南部，重新形成三足鼎立之势。不久王氏高丽统一朝鲜半岛，中原五代政权亦予以册封。

唐朝与日本也建立了密切的官方往来。终唐一代，日本派出"遣唐使"19次，实际到达者15次。使团多时达数百人，包括大量留学生、求法僧人、工匠、翻译等。唐朝亦时遣"送使"同回，不少人因而留居日本。646年日本发生"大化革新"，经济、政治、教育改革多仿唐制。扬州僧人鉴真赴日本传授佛教戒律，出行5次皆遇风涛折回，第6次始最终成行，后在日本去世。

唐朝前期，中亚地区有粟特昭武九姓国以及吐火罗诸国，后皆为大食（阿拉伯帝国）所灭。粟特人居于阿姆河、锡尔河之间，建立了康、安、石、史等一批小城邦国家。据载他们最初都来自祁连山北昭武城，因被匈奴击破而迁于河中，故自称"昭武九姓"。吐火罗居于阿富汗北部，可能是大月氏后裔，共有20余小国。唐高宗灭西突厥后，在粟特、吐火罗地区广设羁縻州、府，遥领于安西都护府。玄宗后期，黑衣大食（阿拔斯王朝）取代白衣大食，继续与唐争夺中亚诸小国。天宝十载（751），唐军与大食军战于怛罗斯（今哈萨克斯坦江布尔城附近），大败，被俘2万余人，其中有一些造纸工匠，造纸术因而西传。安史乱后，西域为吐蕃占据，唐朝已无力再向中亚发展。

唐朝与西方的经济贸易十分繁荣，主要交通线为著名的

图11-6 唐代墓葬出土的波斯、阿拉伯、东罗马金银币

"丝绸之路"，东起长安，沿河西走廊至敦煌，然后出玉门关或阳关，分途抵达葱岭（今帕米尔高原），再分数道至南亚、西亚北非或欧洲。唐朝出口

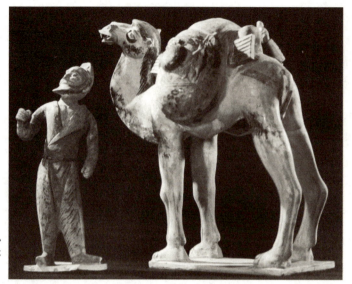

图11-7 唐代胡人牵骆驼俑

的大宗货物为丝及丝织品，次为陶瓷，由西方输入者则有珠宝、药材、香料等。海路贸易则以广州为主要贸易门户。大批中亚、西亚移民沿陆、海商路东来，尤以昭武九姓粟特人为多，其人擅长经商，足迹甚广。安史集团及五代沙陀三王朝中以安、史、康、石、何、米为姓者甚多，绝大部分皆与粟特有关。波斯、大食人寓居中国者则主要集中在广州、泉州、扬州等地。这一时期，西方宗教文化在中国的传播也很活跃，后文介绍隋唐宋元文化时另述。

## 三　五代十国

9世纪晚期，唐朝在农民起义的打击下崩溃，至10世纪初灭亡。此后中原地区相继建立了五个短命王朝，同时在南方以及北方的山西地区，又出现过十个大小不等的割据政权，合称五代十国。

### 唐朝的覆亡

唐僖宗乾符二年（875），濮州（今山东鄄城北）人王仙芝聚众反唐，冤句（今山东曹县西北）人黄巢起兵响应，揭开动乱序幕。后仙芝败死，黄巢转向江南发展,由两浙入闽、广。乾符六年,黄巢在广州发表文告指斥唐朝弊政,统军北伐,于广明元年(880)渡江,相继占领洛阳、长安,唐僖宗逃往成都。黄巢称帝,国号大齐,建元金统。巢军兵力强盛,号称百万,但始终流动作战,既入长安,反为各路唐军环围于内。中和二年(882),巢军将领朱温被唐军策反,驻兵阴山的沙陀族首领李克用(李国昌之子)也南下助剿,黄巢被迫于次年放弃长安东撤,至中和四年六月,败死于狼虎谷(今山东莱芜西南)。黄巢虽败,大乱方兴未艾。在动乱中成长起来的新军阀各自割据一方,几乎是无地不藩,无时不战。

唐僖宗自蜀返京不数年即卒,宦官拥立其弟昭宗。南衙北司之争继续进行,南衙朝官主要倚仗宣武节度使朱全忠(朱温降唐后赐名)为援,北司宦官则先后结纳河东节度使李克用、凤翔(治今陕西宝鸡北)节度使李茂贞。光化三年(900),朱全忠进占长安,消灭了朝中的宦官集团,又命各地藩镇尽诛监军宦官。天祐元年(904),朱全忠逼迫昭宗及百官迁往洛阳,随即杀昭宗,立其子昭宣帝(又称哀帝)。次年杀宰相裴枢等高官30余人,投尸黄河。南衙与北司同归于尽,唐室名存实亡。

朱全忠,宋州砀山(今属安徽)人,幼随母为佣工。在黄巢部下积功至同州防御使,降唐后授宣武节度使,以汴州(今河南开封)为中心发展势力,兼并中原多处藩镇,控制了河南、山东地区,受唐封为梁王。此时在北方主要形成朱全忠与河东李克用(受唐封为晋王)争霸的政治格局,朱全忠在战争中占得上风。天祐四年(907),朱全忠正式篡位,国号梁,都于汴,史称后梁。全忠更名晃,即后梁太祖。后梁虽代唐而立,然疆域狭小,只能控制河南、山东地区及河北、陕西、湖北、安徽之一部,共21节镇。在其余地区,还存在着李克用等许多割据势力,或仍沿用唐朝年号对抗后梁,或径自称帝建元,或表面接受后梁册封而行割据之实,全国遂陷入大分裂之中。

## 五代的更迭

自朱全忠篡唐后半个多世纪内,中原地区走马灯般更换了五个短命王朝,分别是梁(907~923)、唐(923~936)、晋(936~947)、汉(947~951)、周(951~960)。为与前代同名王朝相区别,通常称之为后梁、后唐、后晋、后汉、后周。

后梁建国不久即陷入内乱,梁太祖于912年为其子朱友珪所杀。此时河东李克用已死,其子存勖嗣晋王位,923年称帝,因曾受唐赐姓,遂以唐朝继承人自居，仍定国号为唐，是为后唐庄宗。同年唐军奇袭汴京成功，灭后梁。与后梁相比较，后唐尽有晋、冀、陕之地，925年灭前蜀王氏政权后奄有两川，版图大增。但庄宗恃胜而骄，专以享乐聚敛为事，人心不附，不久即死于兵变。军士拥立李克用养子李嗣源（原无姓、名忽邈佶）为帝，是为后唐明宗。明宗留心国事，改革前朝弊政，在位8年，局面粗为安定。

在中原连年战乱之际，契丹崛起，使华北政治形势更为复杂。契丹长期活动于辽河上游，曾为唐朝边患。916年，其部落联盟首领耶律阿保机称帝（后定国号辽，是为辽太祖）。随后东灭靺鞨所建渤海国，西略漠北，建立起强

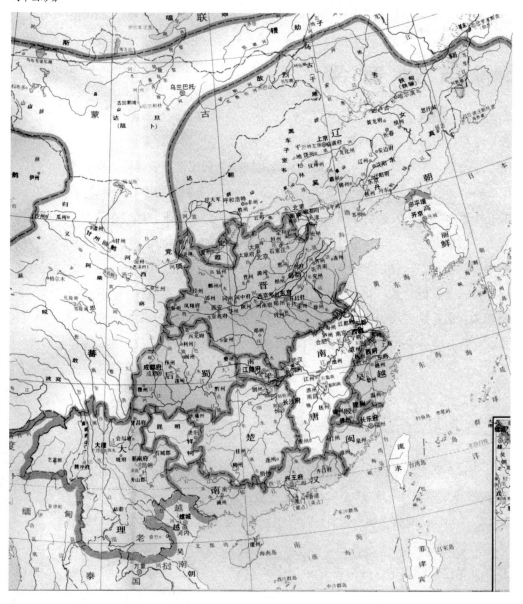

图 11-8 五代后晋时期的中国形势

大的游牧国家。后唐河东节度使石敬瑭谋夺帝位，求援于契丹，允以称臣，事契丹主耶律德光（阿保机子，辽太宗）为父，割让沿边幽、蓟等16州（后称燕云十六州，今北京及晋、冀北部），并岁贡绢帛30万匹。936年，契丹册立石敬瑭为帝，国号晋，是为后晋高祖。后晋与契丹联兵攻灭后唐，晋高祖如约割地。自此华北失去屏障，无险可守，而北方民族南侵则大为便利。

晋高祖卒，其侄出帝即位，与契丹关系恶化。946年，耶律德光发兵南下，次年初攻入汴京，俘晋出帝，后晋亡。德光于汴称帝，定国号为辽，但局面不稳，旋即北返。后晋河东节度使刘知远称帝于太原，收复中原州县，仍定都于汴，是为后汉高祖。其子隐帝嗣位，为政残暴，大将郭威举兵入汴，建立后周，是为后周太祖。后汉凡四年而亡，于五代中寿命最短。后周整顿军务，改良政治，气象渐新，战乱局面行将结束。

五代总的特点是政局动荡、政治黑暗、法制败坏、经济凋敝。50余年中，皇帝更换14人，分姓八姓。其中后唐三姓、后周两姓，皆因收养义子所致。后唐、后晋、后汉三朝君主皆为沙陀人，然民族特色不明显，基本已汉化。其间亦有短期的稳定、恢复与创造，诸帝多重视禁军建设，唐中叶以来外重内轻现象逐渐扭转，为北宋的统一和集权奠定了基础。

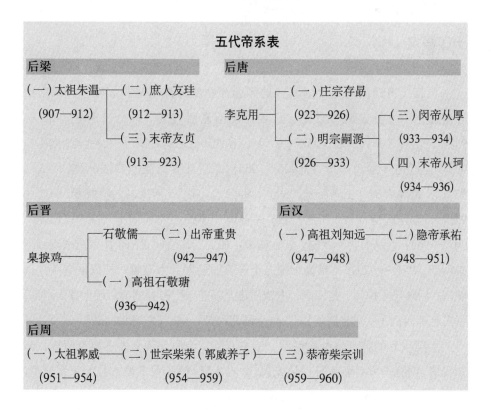

**五代帝系表**

**后梁**
（一）太祖朱温 ── （二）庶人友珪
（907—912）　　（912—913）
　　　　　　 └ （三）末帝友贞
　　　　　　　　（913—923）

**后唐**
李克用 ── （一）庄宗存勖
　　　　　（923—926）
　　　　 └ （二）明宗嗣源 ── （三）闵帝从厚
　　　　　　（926—933）　　（933—934）
　　　　　　　　　　　　 └ （四）末帝从珂
　　　　　　　　　　　　　　（934—936）

**后晋**
臬捩鸡 ── 石敬儒 ── （二）出帝重贵
　　　　　　　　　　（942—947）
　　　 └ （一）高祖石敬瑭
　　　　　（936—942）

**后汉**
（一）高祖刘知远 ── （二）隐帝承祐
（947—948）　　　　（948—951）

**后周**
（一）太祖郭威 ── （二）世宗柴荣（郭威养子）── （三）恭帝柴宗训
（951—954）　　　（954—959）　　　　　　　　　（959—960）

图11-9 南唐顾闳中《韩熙载夜宴图》局部

## 十国概况

与五代更迭同时，全国其他地区还存在着另外一些割据政权。其中比较重要的有十个。在今江苏、江西、皖南先后有吴（杨行密所建，892～937）、南唐（李昪所建，937～975），在四川先后有前蜀（王建所建，891～925）、后蜀（孟知祥所建，926～965），浙江有吴越（钱镠所建，893～978），福建有闽（王潮所建，893～945），两广有南汉（刘隐所建，905～971），湖南有楚（马殷所建，896～951），湖北西部有南平（高季兴所建，907～963），以上共为九国，皆在南方。加上五代后期立国于山西的北汉（刘崇所建，951～979），是为十国。十国版图最大者为南唐，不仅据有两江、皖南，后来还灭掉闽、楚二国，占领福建大部并一度占有湖南。最小者为南平，仅占有鄂西荆（今湖北荆州）、归（今湖北秭归）、峡（今湖北宜昌）三州之地。

十国政治的特点是乱而后治，治中有乱。十国创建人大多出身微贱，颇知民情，据有一方后能实行保境安民、休养生息政策，很多地方数十年无战事，

中原难以企及。另一方面,各国建立后虽一时粗安,然嗣君多不得人,昏庸、荒淫、残暴之主比比皆是。且政局不稳,骨肉争位相残,内乱频作。剥削较重,百姓虽暂免刀兵之苦,复困于诛求之苛。

总体而言,唐末南方所受战乱破坏仍较北方为轻,加上社会环境相对稳定,故南方经济于恢复之中亦略有发展。各国为自保之需,皆致力于发展农业,垦荒并兴修水利。手工业和商业的恢复、发展程度也都超出北方。早在唐朝,南方经济在全国的地位已十分突出,经五代十国,此趋势有增无减。宋初地理书《太平寰宇记》载五代十国时期全国新置59县,其中绝大部分位于南方。至北宋统一南北,于后周、北汉治下的北方得户约百万,而于南方诸国原辖区得户230余万。

## 后周时的统一趋势

五代之乱至后汉已极,后周则出现趋治迹象。后周太祖郭威、世宗柴荣

（荣为郭威妻侄，养为义子，又立为皇储）是五代诸帝中较有作为的政治家，推行了一系列改革措施，使长期混乱的北方社会逐渐走上安定之路。经济上振兴生产，招抚流亡，奖励垦荒，减免苛捐杂税，均定赋役。世宗显德二年（955），下诏裁并寺院，勒令僧尼还俗，佛教史籍将这次事件与北魏太武帝、北周武帝、唐武宗的灭佛行动合称"三武一宗之厄"。政治上澄清吏治，整顿司法，提高文臣地位，抑制武将跋扈。军事上大力整顿禁军，严肃军纪，招募存留精锐，淘汰老弱，为统一战争创造了条件。

显德二年，世宗命臣下各撰《平边策》，讨论对外作战方略。王朴提出"攻取之道，从易者始"的观点，主张用兵先易后难，先南后北，这一策略基本被世宗所采纳。同年周军西征后蜀，攻下秦、凤、成、阶四州之地（均在甘肃南部）。次年又大举征伐南唐，经三年激战，迫使南唐求和，割让江、淮之间14州64县，并岁输贡物。南边初步稳定后，世宗于显德六年（959）四月出兵北伐，从辽国手中夺回瓦桥关（今河北涿州南）以南瀛、莫、易3州17县。适逢世宗突患重病，被迫班师，不久世宗病卒。

世宗之子恭帝即位，年仅7岁。禁军统帅殿前都点检赵匡胤觊觎皇位，于次年（960）正月制造辽兵来犯的假情报，统兵出征，随即于陈桥（开封东北陈桥镇）发动兵变，黄袍加身，返京废黜恭帝，建立北宋，是为宋太祖。宋太祖继承周世宗事业，相继削平南方的南平、后蜀、南汉、南唐诸国。至其弟太宗即位，又灭北汉，统一遂告完成。

# 第十二章 北宋变法

960年，宋太祖赵匡胤建立宋朝，都于汴梁（时称东京），至1127年南迁为止，共传九帝，史称北宋。北宋政治史的基本线索，是围绕宋初"防弊"之政进行的变法与守旧之争。

图 12-1 河南巩县宋陵石雕

## 一 宋初"防弊"之政及其新弊

北宋建立后，统治者殚精竭虑，制定了一系列防止动乱隐患的政策和措施，专制集权得到空前强化。但其制度设计主要是从消极防范的角度考虑，重在"防弊"，结果旧弊虽防，新弊渐生，积重难返，国势不振，很快又出现了统治危机。

### 防弊之政的制定

宋太祖建国后，相继削平南方诸割据政权。开宝九年（976），太祖卒，其弟晋王光义通过宫廷政变夺取皇位，是为太宗。太平兴国四年（979），太宗灭北汉，此后两度伐辽，均为辽军所败。宋初统治者虽未能尽复汉、唐旧疆，然孜孜致力于整顿内务、巩固中央集权，制定了一套"防弊"之政，基本奠定有宋三百年制度的规模。

防弊之政的第一原则是收权，尽量将地方权力收归中央，保证藩镇割据局面不复出现。宋人将其概括为"稍夺其权，制其钱谷，收其精兵"。

稍夺其权——稍，意为逐渐。先于诸州设通判一职，选京官充任，号为"监郡"，对节度使形成牵制。继而罢领"支郡"，节度使只负责驻节所在州的政事，藩镇境内余州皆直隶朝廷，由朝廷委任中央文官"权知军州事"，简称知州。节度使以后逐渐变为虚衔，只领取俸禄而不赴任。

制其钱谷——令各州财赋除留必需之经费外一律上缴，由中央财政机构三司统一管理。设诸路转运司，代表中央综理地方财政。又下令废止晚唐以来藩镇经营贸易的特权。

收其精兵——将地方精锐部队尽量征入禁军，剩余多老弱不堪攻战，仅任工程力役，称为"厢军"。禁军的布置采取"守内虚外"策略，20余万禁军，有一半以上驻扎在京师附近。又实行"更戍法"，对禁军驻地定期更换移动。

防弊之政的第二原则是分权，尽量使各层权力机构的权力趋于分散，互相牵制，防止专擅。在中央，宰相（同中书门下平章事）之外，增设参知政事为副宰相。又令枢密院专掌军政，三司专掌财政，其中枢密院与宰相对掌文武大政，号为"二府"。三司长官三司使则号称"计相"。枢密院的军权主要限于发令调遣，并不参与日常统辖。统辖军队的是殿前都指挥使司、侍卫亲军马军都指挥使司、侍卫亲军步军都指挥使司三机构，合称"三衙"。三衙又只是日常统兵，遇战事由朝廷另委将帅统兵出征。

在地方，初设诸路转运使司（简称漕司）监管各地财政，兼及行政监察，号为"监司"。以后又增设多种名目的路级监司，提点刑狱司（简称宪司）主管司法，提举常平司（简称仓司）主管仓储，安抚使司（简称帅司）主管军务、治安，合称"四监司"。它们互不统属，路之辖境划分不尽相同，治所亦未必在一地。州级机构中，通判与长官形成分权，同签文书，互相制约。

又有一项与分权原则相关的制度，即官、职、差遣分离。隋唐传统官称至宋依然保留，但徒具形式，仅代表资历、俸禄的高低，居其官者通常不掌其事。文官又有称为"职"的衔号，如殿阁学士、修撰之类，亦与实际工作无关，只是荣誉头衔。实际工作和权力则由差遣决定，多称为权知（或提举、提点、管勾）某机构事、充（或判、行等）某职之类，意在表示"名若不正、

图 12-2 明人绘《雪夜访普图》描绘宋太祖与宰相赵普策划解除宿将兵权的故事

义若不久",其工作带有临时性质,不得长期专擅某项权力。

防弊之政的第三原则是重文轻武。宋太祖即位不久即通过举行宴会"杯酒释兵权",剥夺宿将石守信等统领禁军的权力,代以资浅才庸之将领。以后更是有意识地压制武将,枢密院长官皆用文臣,作战时多不设主帅,将从中御。与此同时,大力抬高文官、士人地位,提倡文治,扩大科举规模,鼓励台谏言事,强化监察工作,逐渐形成了"不杀士大夫及言事者""与士大夫治天下"的传统"家法"。

统观宋初防弊之政的具体内容,可谓用心深远,思虑周到,使唐朝后期以来的种种动乱因素得到了有效控制,宋政权没有成为五代以后的第六个短命王朝。但另一方面,上下约束过紧,牵制过密,权力不专,效率低微,其消极影响在以后的历史进程中也得到了充分暴露。

## 积贫积弱局面

宋太宗以后,真宗(997~1022在位)、仁宗(1022~1063在位)、英宗(1063~1067在位)相继继统,"防弊"之政的隐患逐渐显露,时人概括为"积贫""积弱"。即财政危机和军力衰弱不振。积贫又表现为"三冗","冗官""冗兵"和"冗费"。

冗官——真宗以下,官员队伍人数迅速增长,严重超编。冗官现象的出现,主要是因为官僚机构设置叠床架屋,职能交叉,又常因人因事添设职务。就入官途径而言,科举、恩荫、进纳、吏员出职诸途并开,每年都有大量新人涌入官僚队伍。官员待遇也较为优厚,俸禄之外,频有赏赐,既可免役,复得荫子。故多一官,国家即增加数笔有形的开支,减少一笔无形的收入,官愈冗而费愈冗。相关者还有冗吏,其害亦同。

冗兵——军队数量更是恶性膨胀。宋初禁军20余万,太宗时30余万,真宗时至40余万,仁宗时达到82.6万,加厢军则达125.9万。宋朝统治者将募兵制作为消除动乱的良法,每遇灾荒即大行招兵,入伍者携带家属,终身倚食于朝廷。

图 12-3 宋军官佩牌

又实行更戍法，频繁调动，开支浩大。如此皆导致军费直线上升，成为财政支出的大宗，时人云"天下之所以困，本于兵"。

冗费——冗官耗于上，冗兵耗于下，加上其他费用，自然导致冗费。而且宋朝财政管理不善，机构重叠，彼此牵制，收入分散数处，互不相知、互不调用。财物积贮库中不参加流通或正常流通，却时为贪官污吏中饱私囊。凡此种种，皆使财政危机日益严重。真宗至仁宗前、中期，尚能勉强应付，仁宗末年到英宗之初开始出现赤字，以下年年亏空。考虑到北宋经济发展和朝廷财政收入不断增加的因素，财政状况之恶化可谓惊人。

积弱现象更具讽刺意味。宋廷虽斥巨资养兵，却未得其用，在与边疆民族政权辽和西夏的作战中被动挨打，一败再败。积弱的原因主要是军政败坏。由于实行养兵政策，招兵过滥，导致军队素质下降，军士骄惰，训练废弛，战斗力低微。此外还有诸多致弱因素：一是军事指挥混乱，将从中御，以文制武，兵权分散，互相牵制；二是兵不识将，将不专兵，上下无凝聚力；三是消极防御，战略呆板，兵分势孤，被动挨打；四是长期重文轻武，忽视将材培养，将领有勇无谋，临敌每多失策。这些无一不是宋初防弊政策的恶果。

## 因循苟且与"异论相搅"之风

自宋太宗时起，以防弊为核心的宋初政策、制度逐渐确立了"家法"地位，历代皇帝奉为圭臬，只能附益，不敢更改。与此相联系，北宋前期黄老政治思想颇为流行，官员崇尚"无为"，因循苟且，以"妄有更张"为戒。与西汉前期的"无为而治"不同，北宋前期的"无为"立足于复杂细密的防弊之政基础之上，牵一发而动全身，改动更难。防弊原则的出发点即体现消极思想，宁可不求有功，必须先求无弊。加上机构重叠，官员繁多，权力不专，权限不明，互相牵制，动辄得咎，导致官员遇事唯恐承担责任，皆以老成持重相标榜。个别有开拓精神、勇于任事的官员，总是不合时宜，难行其志。如真宗时宰相寇准因破格用人，即引起同僚不悦。辽兵南侵，寇准力主真宗亲临前线，使局势未至大坏，本属有功之臣，却被攻击为以皇帝作"孤注"，签订"城下之盟"，终被罢相。北宋前期贫、弱局面皆累"积"而成，实与政坛的因循苟且风气密切相关。

因循苟且之外，又有"异论相搅"之风。这也是防弊原则的表现之一，即以观点、作风不同之人共谋朝政,彼此"异论相搅,即各不敢为非"(宋真宗语)。北宋台谏合一,以前代负责监察百官的御史台和负责谏诤皇帝的谏官共同承担"言官"职责,上谏天子,下察百官,对重大问题可以"风闻言事",与宰执大臣形成"异论相搅"的格局。宋初以来鼓励台谏言事,即使冒犯了皇帝或宰相也不予重责。这样的做法本来有利于更广泛地反映士大夫阶层的意见,收集思广益之效,预防错误决策,保证统治稳定。但其形成政策的主要动机则在于防范大臣专权,仍属消极防弊。况且北宋值晚唐五代乱离之后,士大夫致力于重建儒家伦理道德体系以改变社会风气,不免于矫枉过正。其具体表现,即重义轻利,重名轻实,重道德轻事功,重原则轻表现,重动机轻结果。流弊所及,遂至务为高名,好持苛论,意气用事,舍大就小。这本来是中国古代儒家士大夫的共同缺点,而尤以两宋为甚。《宋史·食货志》评论说:"大国之制用,如巨商理财,不求近效而贵远利。宋臣于一事之行,初议不审,行之未几,即区区然较其失得,寻议废格。后之所议未有以逾于前,其后数人者,又复訾之如前。使上之为君者莫之适从,下之为民者无自信守。因革纷纭,非是贸乱,而事弊日益以甚矣。世谓儒者论议多于事功,若宋人之言食货,大率然也。"这段话一针见血地击中了宋代"异论相搅"政风的弊端。贫、弱痼疾,也因此日重而难除。

## 庆历新政及其失败

宋仁宗庆历年间,部分士大夫针对日益严重的统治危机,发起一次政治改革,史称"庆历新政"。新政的主要领导者为范仲淹。仲淹为官清正,因抨击朝中的因循苟且之风,被当权宰相吕夷简排斥外地多年,而名望愈高,与韩琦、富弼、欧阳修等人结成改革派集团。庆历三年(1043),此集团重要人物悉数被起用,范仲淹拜参知政事,韩琦、富弼拜枢密副使,欧阳修等任谏官。仲淹遂提出具体改革方案,分为"十事",包括明黜陟、

图 12-4 范仲淹像

抑侥幸、精贡举、择官长、均公田、厚农桑、修戎备、减徭役、覃恩信、重命令。当时推行并引起震动的，主要是一、二、四项，余者基本未及实施。

明黜陟——是对当时的磨勘制度而发。磨勘指官员升迁官阶（即官、职、差遣中的官）时的考核手续。北宋官阶可分为京朝官、幕职州县官两大部分。其中京朝官属于官僚队伍上层，分40余阶，每升一阶均须经转官磨勘，手续较为简易，通常到规定期限（文职三年，武职五年）即予转阶，甚至双转、超转。这实际上是因循苟且之风在人事制度上的表现，反过来更进一步助长了因循苟且之风。所谓"明黜陟"，主要就是对磨勘进行严格管理，按政绩升迁，改变论资排辈、鱼贯而升之弊。

抑侥幸——针对恩荫制度。北宋恩荫亦称"任子"，指为现任高、中级官员的子孙提供出仕机会。实际上除子孙外，还可以荫及旁亲，级别愈高，荫亲愈多。且名目繁杂，一人可多次荫及亲属。每年由恩荫入仕的官员（包括宗室、外戚）子弟数量庞大，下级官员多出于此途。宋朝恩荫之滥，是统治者优待官僚士大夫、扩大统治基础的表现，但却成为冗官现象的主要原因。范仲淹因而提出限制官员恩荫人数，或加以考试，合格者始授官。

择官长——委各路"监司"官员以更大权力，同时兼按察使、转运使，精选其人，负责甄别州县官吏善恶，不任事者即予罢黜。此举有加强地方责任制的含义，希望改变人事权力过分集中于中央的呆板状况。

上述三项改革措施刚一出台，即遭到极大阻力，谤言群起，指为"朋党"。在反对派激烈攻击下，范仲淹不久被迫出外巡边，改革集团其他人物纷纷贬逐出朝，庆历新政告终。其失败原因，主要是由于范仲淹等人直接从整顿吏治下手，与同属既得利益者的整个官僚集团为敌，难度、阻力过大，寡不敌众。另外仲淹一派因与吕夷简等资深官僚斗争而得名，上台后仍未尽除朋党之习，自命君子而以小人责人，团结中间力量不够，更使失败加速。

## 二　王安石变法

庆历新政失败后，改革议论仍不绝于朝野。至神宗即位，起用王安石，推行变法。因神宗在位时曾行用熙宁、元丰两个年号，故亦称"熙丰变法"。变法与反变法两派争斗不已,余波直至北宋灭亡。

## 变法的经过和内容

王安石,字介甫,临川(今江西抚州)人。长期在地方任职,学问、道德、政绩均深孚时望。神宗熙宁二年(1069)擢拜参知政事,次年升任宰相,主持变法。其改革思想以富国强兵为目的,以理财为先务,理财则重开源而轻节流。熙宁九年,安石罢相,新法在神宗主持下继续推行。元丰八年(1085)神宗病卒,其子哲宗即位,由神宗之母太皇太后高氏摄政。高氏起用反变法派首领司马光为相,将新法全部废罢。

图 12-5
王安石像

王安石变法的内容涉及很多方面,就目的而言,大体可分富国、强兵、培养人材三类。富国一类又可分农业政策和商业政策。

富国类(农业政策)——其一为青苗法。各处官府于每年青黄不接之际,分两次贷款给农民,收成后加息20%(个别地区曾收30%),随夏秋两税还官。借贷听从民户自愿,贷款限额按户等递增,贷者五户或十户结合互相担保。其二为募役法,又称免役法,针对地方州县职役而行。职役指基层衙门吏职及乡村办事人员,此前均按户等轮差乡村主户(指纳税有常产者)充任,应役者无偿服务,又缺乏相应的职权保障,轻者耽误农作,重者倾家荡产。安石改差役为募役,停止轮差,由官府出钱雇人应役。雇募费用根据各地所需数目,由民户按户等高下分摊。原来应役的乡村主户交纳"免役钱",原来不应役的其他户籍类别减半交纳"助役钱"。又一律多交20%以备荒年之需,称"免役宽剩钱"。其三为农田水利法。鼓励民间开垦荒田,兴修水利,费用由受益人户按户等高下出资分摊,不足者由官府依青苗钱例贷款,可延期偿还。或劝谕富室提供贷款,依例计息,官府置簿催还。其四为方田均税法。规定每年九月由县官派人丈量土地,核实每户土地数量、质量,从而确定税额,发给文帖。此法主要在北方实行,旨在核查隐漏田产,增加税入。

富国类(商业政策)——其一为均输法。宋初于江淮诸路设发运使,督运各地上供物资，所取或非所产，运至又或非所需。安石当政，责成发运使周知东南财赋所出及京师物资需要情况，根据"徙贵就贱，用近易远"的原则进行买卖，既节省购物价钱及运输费用，又可获取商业利润。其二为市易法。在东京等大城市设"市易务"，朝廷拨款作本，收购滞销货物待机出售，并依据市场情况评定物价。向商人提供贷款，年息20%。商人亦可赊购货物，计息还钱。其三为免行法。免去东京各行商铺承担供应官府需求的任务，改为交纳"免行钱"，由官府直接购买所需物品。

强兵类——其一为保甲法。规定乡村民户每十家（后改为五家）组成一保，五保一大保，十大保一都保。凡家有两丁以上，皆出一人为保丁。选物力殷实、有材干者任保长、大保长、都保正，负责督催保丁农闲时军训，平时夜间轮差巡逻，维持治安。保内互相监视，犯罪连带承担责任。此法主要目的在于逐步恢复"兵农合一"的征兵制，最终取代募兵。至熙宁九年，全国保甲"民兵"已达693万余人。其二为将兵法。在部分精简军队的同时，将其划分为若干称为"将"的编制单位，各设正将一人，专掌军事训练，以期提高军队战斗力。其三为保马法。在北方五路保甲中按自愿原则择人代替官府养马，可免除部分赋税。其四为设立军器监，负责监督兵器制造，提高质量。

培养人材类——其一为改革科举。废除唐以来的诗赋、帖经、墨义几种考试方式，代以考试经义和时务策。经义以通经书义理为主，不重章句训诂。其二为整顿学校。在太学实行"三舍法"，分外舍、中舍、内舍三级，学生经考试逐级而升，上舍生成绩优异者可不经科举直接授官。安石与子弟门人撰著《诗义》《书义》《周礼义》，合称《三经新义》，作为统一教材，也作为科举取士依据。

以上新法，基本都是由王安石亲自策划、制定。安石罢相后，神宗又进行了官制改革，按照《唐六典》记载重新恢复唐朝的三省六部中央职官体系，改变官、职、差遣分离的状况，使机构、官员名符其实，史称"元丰改制"。此举与王安石关系不大，但广义上也可划入"熙丰变法"范围之内。

## 变法的效果和评价

王安石变法规模宏大，措施细密，推行时间也较长，但最终并没有完全达到预期效果。

就安石富国强兵的初衷而论，新法主要实现了富国这一目标，不仅消除了财政赤字,而且积聚起大量钱币谷帛,仓库充实。全国兴修水利工程1万余处,溉田36万余顷,推动了生产发展。但另一方面,就财物来源而言,仍以发展生产所得为少,直接征敛于百姓者居多。青苗法虽号称自愿借贷,实则结保共借,强行摊派,辗转计息,成为新的税钱。免役法定时定额征钱,并加征"宽剩钱",以备荒之名行苛敛之实。一些地区甚至既收役钱,又利用保甲变相恢复差役,百姓应役负担减轻无多,国库却多出大笔收入。在当时货币流通不足的情况下,青苗、役钱强令纳钱,更使百姓受损。王安石推行变法时曾标榜"民不加赋而国用饶",实际上并未兑现。况且新法所敛财富,除一部分用以增加吏员俸禄外,绝大部分都囤积库中,并未真正用于发展生产,加强国力。

强兵方面,则成果甚微。军器监监督制造出大量兵器,可供数十年之用。熙宁年间,安抚使王韶出兵攻取了原为吐蕃活动区的熙(今甘肃临洮)、河(今甘肃临夏)、岷(今甘肃岷县)三州之地。尽管有这些成就,但总体来说军政腐败依旧,将兵法并未使军队素质有所提高。保甲民兵训练日浅,尚远不能取代正规禁军。保丁不堪官府役使及保长、保正欺压,往往起而反抗,流窜为盗,反而成为新的动乱因素。元丰时与西夏两次作战,损失军士、民夫共约60万人,物资不计其数,充分反映出"强兵"梦的破灭。神宗闻讯恸哭,精神受到重创,终至数年后抑郁而卒。

总体上看,王安石变法是一次失败的改革,未能扭转北宋衰亡趋势。安石博通古今,志存高远,对社会弊病有比较深刻的认识,诸新法用意大多未为不善。但他主政时已年近半百,急于立事功以自效,"富强"措施接踵出台,特别致力于可以立竿见影的聚敛创收。操之过急,执行不得其人,以致法度走形。相反,对于"防弊"之政的主体内容,如中央过分集权、各层机构事权分割、重文轻武、冗官冗兵,王安石却大都采取了回避态度,勇于治标,不敢治本。面临反对意见,又执拗不回,变本加厉,不免意气用事。终至新法弊端日深,距其发展生产、去民疾苦的初衷也越来越远,其失败实有内在的必然性。

## 变法余波:北宋晚期党争

宋哲宗即位时年仅十岁,太皇太后高氏摄政,司马光出任宰相,凭借"以母改子"旗号,将新法不分青红皂白全盘废罢。变法派官员被列为"奸党",榜名于朝堂,其主要成员蔡确、章惇、吕惠卿、曾布均被贬至外地。因此时年号为元祐,史称"元祐更化",元祐更化只是简单恢复变法以前旧制,对旧制中的问题并没有提出新的解决方案。不久司马光病卒,反变法派分裂为若干小集团。苏轼、吕陶、上官均等形成"蜀党",程颐、朱光庭、贾易等形成"洛党",刘挚、梁焘、王岩叟、刘安世等形成"朔党",三派斗争被称为"蜀洛朔党争",朝政一片混乱。

元祐八年(1093),太皇太后高氏去世,哲宗亲政,改次年为绍圣元年,取绍述神宗事业之意。变法派东山再起,章惇进拜左相,曾布、蔡卞(王安石婿)、蔡京(卞兄)等人亦纷纷起用,对反变法派大行报复。但变法派内部不久也出现分裂,曾布与章、蔡诸人相争,章惇复与蔡氏兄弟不和。元符三年(1100)哲宗卒,无子。皇太后向氏与曾布定策,立其弟佶嗣位,是为徽宗。向太后主持朝政,贬斥章惇等变法派,旧党复起。时隔两年向太后又卒,徽宗亲政,再行"绍述",改元崇宁,意为崇法熙宁。前变法派成员蔡京在宦官童贯帮助下登上相位,定司马光、苏轼、程颐等120人为"元祐奸党"。不久又加上向太后临朝时期反变法的官员,以及变法派中与蔡京意见不合的章惇等人,共309人,合为一籍,刻石朝堂,颁行全国,称为"元祐党籍碑"。死者削官,存者贬窜,子孙皆不得官于京师。党争一再反复,严重削弱了北宋统治力量。

蔡京当政时期,打着王安石新法的旗号,以聚敛搜刮为能事。徽宗穷奢极侈,大兴土木,于苏、杭一带置局采办奇花异石,官吏趁机敲诈勒索,民不聊生。宣和二年(1120),睦州青溪(浙江淳安西北)人方腊利用摩尼教组织起义,次年失败。稍前北方有宋江起事,活动范围遍及河北、京东(即今山东)、淮南,后接受招安。不久,北宋就被新兴的东北女真族金朝所灭。

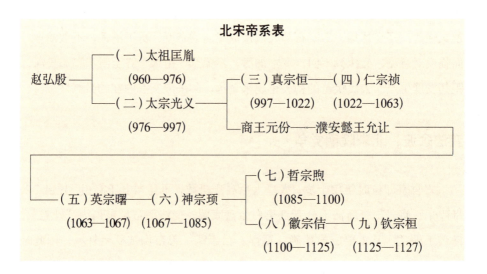

右页：图 12-6 宋徽宗绘《芙蓉锦鸡图》

## 宋朝的文官政治

中国古代的官僚政治发展到宋朝已经相当完备、成熟，也可以将宋朝的官僚政治更确切地称之为文官政治，或是士大夫政治。

文官政治发达的首要表现是科举制的完备。分三级考试，三年一考。初级为地方性的解试，二级为礼部主持的省试，三级为皇帝主持的殿试。考试规模明显扩大，录取人数数倍于唐。考试手段更加严格，力求做到公平竞争，采取了搜身、糊名、誊录等多种前所未有的防弊措施。与唐朝相比，进士科已成为宋朝科举的主要名目，其他科目无足轻重。至北宋晚期，进士科又根据考试内容区分为诗赋进士、经义进士两类。科举考试向读书人广泛开放，

图 12-7 宋代殿试图

不问家世，一旦录取，即刻授官，且升迁前景远较其他仕途优越。两宋宰相134人中，有123人系科举出身。科举制的完备程度和重要地位，在以后明清两朝仍然保持，但其基本规模则奠定于宋朝。

文官政治发达的表现之二，是人事管理制度更加复杂、严密。其法规之细、条文之繁，任法而不任人，使官僚制作为"理性行政秩序"的特点得到了充分体现。官员通常带有包括实际职务、官阶、勋、爵、贴职、检校官、功臣号在内的多重头衔，其中最重要者为实际职务和官阶。官阶代表官员个人的资历，它决定官员的基本待遇，包括俸禄、恩荫、封赠父母妻室等，职务则决定了官员的实际权力，还可由此领取职务津贴。官员的职、阶不一定对应，其迁转均有一套相当复杂的程序。

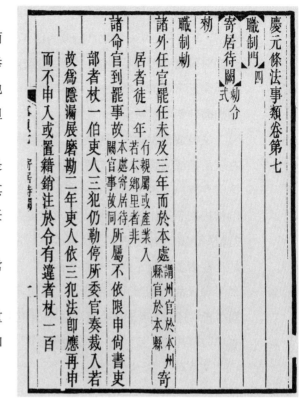

图12-8 宋代法令文书汇编《庆元条法事类》书影

职务迁转——职务系列的高低次序称为资序，任某职满一定年限即可"成资"，有资格升任高一资序之职务。同一职务，又可以"副""权""权发遣"等名目分为不同的资序。任职期满、赴吏部注拟新职者，须先将各种文状（申请书、个人档案、推荐信等等）上呈供审查，合格后方能参加铨选。由于宋朝职官分类和层次复杂，人事规定具体细致，用于指导具体操作的"条""例"累积繁多，乃至重复歧互，也为吏部官吏特别是从事文书工作的吏员提供了作弊机会。

官阶迁转——宋朝官阶分为京朝官和幕职州县官两大级别。升迁官阶时须经历一套复杂的考核手续，称为磨勘。凡幕职州县官升阶进入京朝官，须经改官磨勘，京朝官系列内升级，须经转官磨勘。绝大多数官员初仕皆为幕职州县官，据其不同出身、所任不同职务，在积累一定资考后，理论上皆有改入京朝官的可能，其政治地位、经济待遇均将因此大为提高。朝廷对改官磨勘这一关卡约束甚严，不但要严格考察其出身、资历、政绩、家庭背景（有无犯罪人员），还需要数名中高级官员保荐并连带承担责任，称为"举主"，举主的人数、身份皆有具体要求，不得稍有差错。京朝官人数虽少，但分阶细密，其转官三年一磨勘（后改为四年），手续较为简易。范仲淹"庆历新政"企图对转官磨勘进行限制，结果招致官僚群起反对而失败。磨勘制度也成为宋廷奖惩官员的手段之一，对有功官员常予减少磨勘年限之奖励，有过者则增加磨勘年限以惩戒。

文官政治发达的表现之三，是宗室、外戚、宦官等各种非理性政治因素在政治领域受到了比较成功的抑制。宋代基本没有出现宗室谋篡、外戚干政、宦官专权以及因之引起的内讧和残杀，皇帝的亲属、家奴对政治和社会的影响被控制到了比较低的程度。这主要是因为在制度上有种种预防措施，且执行较好。如为防止宗室成员预政，规定除远亲外不许参加科举考试，担任官职也有诸多限制。皇子不直接封王，通常先授防御使头衔，然后经由国公、郡王等级别，逐渐升至亲王。亲王又不得世袭，其子孙比照官员恩荫制度，爵位渐次递降。亲王朝会班序居于宰相之下，官属亦从简。对外戚、宦官预政，也都防范甚密，使"与士大夫治天下"的基本国策得以顺利保持。

文官政治发达的表现之四，是士大夫集团与皇权之间形成了相对合理的制衡关系。中国古代的官僚政治从总体上来说是服务于专制皇权的，但官僚政治长期发展后也形成一定的自主性，对皇权形成限制，并且具有将皇帝包容于官僚机器之中的趋势，要求其尽可能扮演好自己的特定"角色"。经筵制度的形成就是这方面的典型表现。经筵是专门为皇帝学习经书、史书而开设的课程，除寒暑期外均隔日一讲。宋朝台（御史台）谏（谏官）合一，共任言责，不仅起到了牵制宰相的作用，也对皇帝形成约束，常言人之所不能堪，有时还与宰相联合起来对抗皇帝。宋朝皇帝大多数时候也能做到从大局出发，节制自己的私欲，在一定程度上体现出"公天下"的面貌。

宋朝士大夫虽然在具体问题上对皇权形成制衡，但在思想上又竭力鼓吹绝对、单方面和无条件的忠君观念（当然"忠"的范畴内仍然包含着斗争因素）。其背景主要是值晚唐五代乱离之后，士大夫致力于重建传统的伦理道德秩序以保证社会稳定，不免矫枉过正，将忠君观念提到了人生第一原则、"天理"所在、"无所逃于天地之间"的高度，这对后代也产生了深远影响。不过，宋朝的皇权在官僚体制约束下尚未膨胀到过高的程度，对臣下的基本人格和尊严还保留一份尊重，与士大夫集团在政治领域也还能够较好地协调关系，这都是它与以后朝代不同的地方。

# 第十三章 两宋与辽、夏、金、蒙的对峙

宋朝先后与北方民族建立的辽、夏、金、蒙古政权形成对峙。与这些政权的和、战关系,也成为贯串两宋的一条重要历史线索。

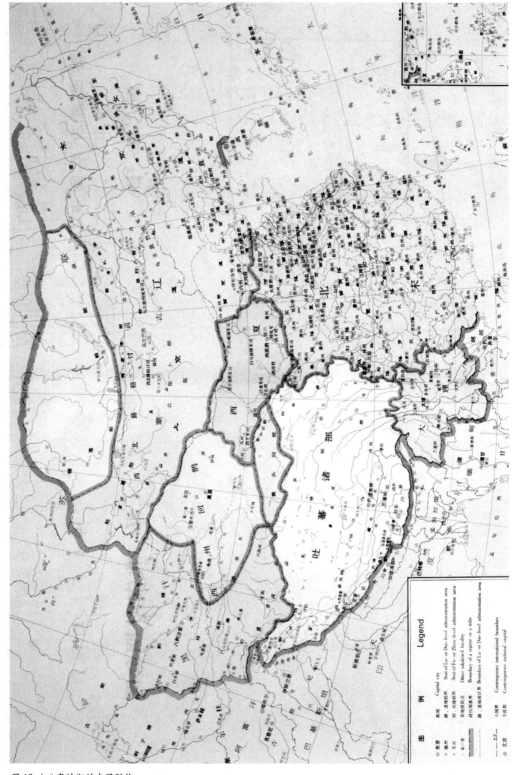

图 13-1 北宋时期的中国形势

# 一 辽、西夏的统治及其与北宋的关系

辽是契丹族建立的王朝,据有北方草原和华北农耕地区的北缘,在五代即已建国。北宋初期,宋、辽数次交锋,辽占有明显优势。11世纪初双方签订"澶渊之盟",此后长期维持和平关系。12世纪前期,辽为金朝所灭,共历9帝,210年。西夏是党项族在西北地区建立的政权。它在唐末五代及北宋前期只是一个半独立的边疆藩镇,后称帝建国,经过数年交战,迫使北宋承认了其独立政权的地位。此后它在名义上仍是北宋的藩属国,但双方屡次发生战事。北宋灭亡后,西夏称臣于金,后为蒙古所灭,共历10帝,190年。

## 辽朝统治概况

契丹族出自东胡,与鲜卑同源,北魏时始见史载,居于潢水(今西拉木伦河)以南、黄龙(今辽宁朝阳)以北,分八部。唐初形成部落联盟,大贺氏、遥辇氏相继担任联盟长。10世纪初,耶律阿保机代称可汗,916年正式称帝(后追尊辽太祖),仍以契丹为国名。建都城于临潢(今内蒙古巴林左旗),称上京,又创制文字,制定法律。阿保机先征服邻近的奚族,继之讨平漠北诸部室韦(亦

图13-2 辽墓壁画契丹人引马图

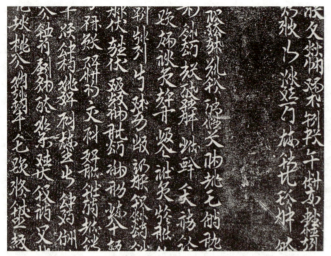

图 13-3 契丹小字墓志拓本局部

称鞑靼)。926年,攻灭号称"海东盛国"的靺鞨政权渤海国。其次子德光(辽太宗)利用中原混乱局势,助后晋灭后唐,取得燕云十六州。会同十年(947)灭后晋,于汴梁模仿汉族礼仪受百官朝贺,始建国号为辽。然立足不稳,被迫北撤,病卒于归途。

982年辽圣宗即位,年幼,皇太后萧氏主持政务。在萧太后指挥下,辽击败了北宋的北伐,又转守为攻,迫使北宋签订澶渊之盟。圣宗在位近50年,是辽朝的鼎盛时期。此后兴宗、道宗依次嗣位,宫廷斗争激烈,多次发生政变,辽的统治渐衰。边境民族的反抗也日益频繁。漠北的室韦(鞑靼)诸部虽早已服属于辽,但仍属于"羁縻"性质,朝贡无常,几次掀起叛乱。1114年,东北的女真联盟长完颜阿骨打起兵反辽,次年称帝,建立金朝,几年内基本攻占了辽朝统治的核心地区。1125年,辽天祚帝被金兵俘虏,辽亡。皇族耶律大石退至西域称帝,仍用辽国号,史称西辽,都于八剌沙衮(今吉尔吉斯斯坦托克马克东南),号虎思斡耳朵。西辽立国中亚80余年,至1218年为蒙古所灭。

辽朝是一个半游牧半农耕国家,兼有两种不同的社会经济形态。反映到政治制度上,形成一套"一国两制"的南、北面官制度。契丹之俗崇拜太阳,故皇帝御帐朝东,中枢官员分列南北,各司其职,双轨理政。北面官治理契丹等游牧部族事务,南面官则负责汉人州县事务,"以国制治契丹,以汉制待汉人"。部族和州县不完全由国家直接管辖,有一些隶于斡鲁朵或头下。斡鲁朵出自突厥语,意为宫帐或宫殿。辽每一皇帝(包括摄政的皇后和个别皇子)都建立自己的斡鲁朵,其下有直属的军队、民户、奴隶、部族州县,构成独立的经济军事单位,死后由家属后代继承。头下全称头下军州,又作投下,是贵族的领地。贵族将战争中所掠或皇帝赏赐的人口自置城堡管理,即为头下,又称"私城"。头下属民依附于领主,但在向领主交租的同时仍需向官府纳税,称为"二税户"。

辽朝皇帝始终保持着草原生活传统,居处无常,四时转徙,捕鱼猎兽,

图 13-4 山西应县辽代木塔

各有大致固定的地区，称为捺钵，即契丹语"行营"之义。大部分贵族和高级官员皆随从皇帝而行，捺钵成为国家政治中心，又称"行朝"。皇帝通过捺钵进行军事训练，并笼络归属民族酋长。冬夏捺钵还要举行北、南臣僚会议，商讨国家大政，决定重要人事任命。辽建有五京，上京临潢府之外，还有中京大定府（今内蒙古宁城）、东京辽阳府（今属辽宁）、南京析津府（今北京）、西京大同府（今属山西），严格说来都不是正式首都，更类于镇抚地方的首府，真正首都则是流动的捺钵。

辽朝贵族政治色彩明显,契丹显贵家族世代产生高官,一些燕云地区的汉族大族也有特殊政治地位。科举主要针对普通汉人,至辽末才允许契丹人应试。意识形态方面儒、佛并崇,佛教尤为兴盛。

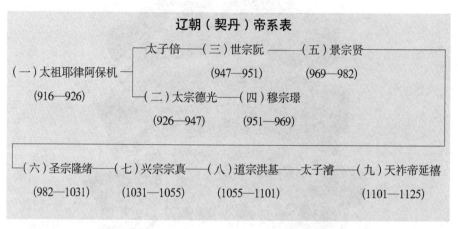

## 北宋与辽的关系

宋太祖赵匡胤曾两次攻打北汉,都因辽军及时增援,无功而还。宋太宗即位后,于太平兴国四年(979)亲征北汉,筑长围以困太原,别遣军队阻击辽的援军,终使北汉力竭而降。太宗乘胜北上伐辽,包围燕京,猛攻不下,而辽军精锐来援,内外夹击,大败宋军于高粱河(在今北京西直门外)。辽圣宗年幼即位,皇太后萧氏柄政,宋太宗以为有机可乘,遂于雍熙三年(986)再度发动北伐。宋军分为三路,初期进展顺利,然不久东路军与辽军主力相遇,粮运不继,大败于歧沟关(今河北涞水东),中、西两路军也被迫撤退,为辽军追击,损失惨重,名将杨业被俘而死。史称此役为"雍熙北征"。此后宋朝基本放弃了收复燕云十六州的努力,辽朝却趁机掌握了战争主动权,转守为攻,频频南侵。宋真宗景德元年(1004),辽萧太后挟圣宗率军大举南下,直抵黄河北边的澶州(今河南濮阳),汴京震动。宰相寇准力定御驾亲征之策,真宗渡河至澶州,宋兵士气稍振,辽方亦未敢恋战,双方议和。经谈判达成协议,两国约为兄弟,各守疆界,互不招纳降附,取消敌对行动,沿边不得创筑城堡,改易河道。辽圣宗尊宋真宗为兄,宋真宗尊辽萧太后为叔母。北宋每年向辽支付"岁币"银10万两,绢20万匹。此协议史称"澶渊之盟"。

澶渊之盟订立后百余年,宋、辽之间一直维持着和平通使关系,但也出现过两次较大的边界纠纷。仁宗庆历二年(1042),辽朝趁西夏崛起、北宋困于宋夏战争之机，屯兵境上，遣使至宋索要"关南旧地"，即周世宗北伐时从辽手中夺得的瓦桥关以南地区，北宋派大臣富弼赴辽进行交涉，拒绝了割地要求，但以每年增付"岁币"银10万两、绢10万匹为补偿。神宗熙宁八年（1075），辽朝又就与北宋河东路（今山西境内）接壤的边界提出异议。北宋沈括奉命前往谈判，据理力争，挫败了辽朝占地的企图。

12世纪初，女真族建立金朝，辽的统治摇摇欲坠。宋徽宗与蔡京、童贯等密谋，希望从中渔利，乘乱收复燕云地区。重和元年（1118），宋廷遣马政由海路使金，宣和二年（1120）订立"海上之盟"。商定两国共同攻辽，金负责攻取辽的中京，宋负责攻取燕京，灭辽后宋廷将过去送辽的"岁币"转付于金朝。然而徽宗君臣只是想趁火打劫，不劳而获，并未认真备战。至宣和四年，金军已攻陷辽中京，而宋军进攻燕京却遭大败，燕京被金军攻下。几经交涉，北宋方收回燕京空城。不久金朝大举来攻，北宋遂继辽之后被金灭亡。

## 西夏建国及其与北宋的和战

西夏是以党项族为主体建立的民族政权。党项出自古羌人，原居于四川西北、青海东部，部落甚众，以拓跋氏为最强。这一拓跋氏有可能是居于羌中的鲜卑拓跋氏，但尚未有定论。唐时因吐蕃逼迫而内徙，拓跋氏居于陕北，力量渐强。其首领拓跋思恭助平黄巢有功，授夏州节度使（治今陕西横山，亦名定难军节度使），封夏国公，并赐姓李，成为唐末藩镇之一，直至宋初仍保持藩镇地位。宋太宗时，其首领李继迁率众反宋，称臣于辽，受辽册封为夏国王。北宋被迫妥协，仍授继迁为节度使，赐姓名赵保吉。继迁子德明嗣位，受宋封为西平王，又进封夏王。德明击败吐蕃及甘州回鹘，基本控制河西走廊。又修筑兴州城（今宁夏银川），作为统治中心。宋仁宗天圣九年（1031），德明死，子元昊袭位，放弃唐、宋王朝赐姓，改姓嵬名氏（史书仍多以李姓称之），并自立年号。下达秃发令，恢复本族旧俗，创制文字。升兴州为兴庆府，广建宫殿。宋宝元元年（1038），元昊称帝，国号大夏，是为夏景宗。此时西夏疆域，东临黄河，西尽玉门关（今甘肃敦煌西），南抵萧关（今甘肃环县北），北连大漠，有州十九。

元昊既称帝，与北宋关系恶化，展开为时七年的宋夏战争。北宋在陕西驻军甚众，但消极防御，兵分势弱。几次大战，宋军皆以惨败告终。而西夏

图 13-5
西夏王陵

国力有限,也难以承受长期战争的损耗。庆历四年(1044)达成和议,宋册封元昊为"夏国主",元昊对宋称臣,结束战争状态。宋每年予西夏"岁赐"绢 15 万匹、银 7 万两,茶 3 万斤。但此后和平并不稳定,边境常有冲突。宋神宗元丰四年(1081),宋趁西夏皇室内乱,兵出五路,攻入夏境,最终无功而返。次年宋朝在边境修筑永乐城(今陕西米脂西北),以为进攻西夏的军事基地。虽尽力完工,而西夏大军旋至,城被攻陷。这样宋神宗时的两次大战,又以宋败告终。哲宗、徽宗两朝,战事仍不绝,互有胜负,北宋劣势稍有挽回。西夏长期受辽册封,互相利用,讹诈北宋。其间双方矛盾也一度激化,辽两度伐夏,均被击败。

金朝入主中原,西夏仍称臣于金,事以藩属之礼,基本维持和平无战事。13 世纪初蒙古崛起,西夏在蒙古的军事压力下被迫附蒙攻金。后来西夏不堪蒙古诛求,与金讲和,联合抗蒙。1126 年,成吉思汗率蒙古军西征精锐征伐西夏,次年蒙古攻破兴庆府(时已更名中兴府),西夏末帝李睍出降被杀,国亡。

西夏立国近 200 年,形成了内涵丰富、颇具特色的本民族文化。其中最引人瞩目的是西夏文字。西夏文字在元昊时期创制完成,就目前所知,其字数约 6000 有余。它是模仿汉字创造的,与汉字有很多共同之处,形体方整,但

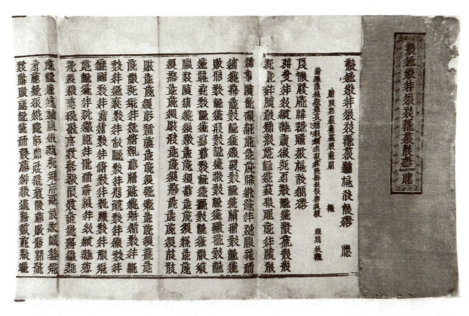

图 13-6 西夏文佛经

结构复杂,笔画繁冗,斜笔较多,且象形、指事字极少,表意文字特色比汉字更纯粹。创制后曾在西夏境内大力推行,所以今天尚存有数量相当丰富的西夏文文献,不下数百万字。西夏统治者崇信佛教,对儒学也比较重视。曾以西夏文翻译《大藏经》,也翻译儒家经书。

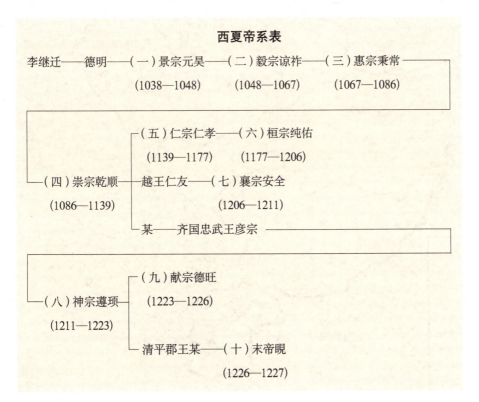

## 二 南宋与金朝、蒙古的对峙

1127年，金灭北宋，宋高宗赵构重建宋政权，后定都于临安（今浙江杭州），史称南宋。经过十余年的战斗，形成南、北对峙局面。以后虽几度发生战事，而战毕又归于和。南宋苟安半壁，连续出现权臣专权，政治每况愈下。虽勉强能够与金抗衡，最终仍被更强大的蒙古灭亡。

### 宋、金南北对峙局面的形成

宋徽宗宣和七年（1125），金灭辽，随即分两路大举伐宋，直逼东京。宋徽宗退位为太上皇，逃往东南避祸。太子桓嗣位，是为钦宗，与金讲和，答应割地赔款。金军于是北撤，徽宗亦返回东京。然未逾数月，金军即于靖康元年（1126）

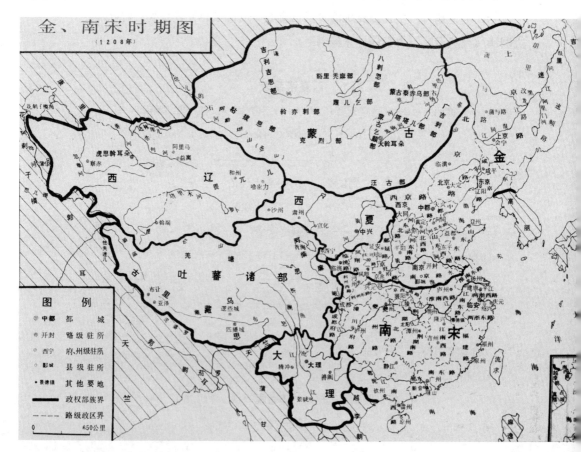

图 13-7 南宋时期的中国形势

八月再度南下。闰十一月，金军对东京发起进攻，城破，钦宗亲赴金营投降。次年四月，金军俘虏宋徽宗、钦宗及后妃宗室，满载大批财物而归，北宋亡。

靖康二年（1127）五月，徽宗第九子康王赵构被臣下拥戴即位于南京（今河南商丘），改元建炎，是为南宋高宗。高宗慑于金军兵威，即位不久即逃往扬州。建炎三年（1129）秋，金军对南宋朝廷发起大规模进攻。宋高宗狼狈逃窜，金将完颜宗弼渡江追击，一直追入东海，不及。金军北撤后，双方沿淮河流域形成对峙。在西线，两军于建炎四年会战于富平（今属陕西），宋军溃败，关中丧失。金军企图乘胜入蜀，但在宋军的顽强防御下受挫，亦形成相持局面。

金朝一时无力消灭南宋，遂于建炎四年建立傀儡政权，册封宋降臣刘豫为齐帝，统治河南、陕西地区。绍兴七年（1137），金廷废黜伪齐，直接对南宋进行诱降。宋高宗擢用秦桧为相，主持和议，君臣沆瀣一气，遂定和局。绍兴九年初，和议成，南宋向金称臣，纳贡，金朝将河南、陕西地归还南宋，并送回徽宗棺木。金使持册封诏书至临安，要求高宗北面拜受，后由秦桧代高宗拜接诏书，和议始毕。但不久局面发生变化，金廷中主持议和一派在内争中失势，主战派首领完颜宗弼掌权，于绍兴十年撕毁和约，大举南侵。宋军奋起抵抗，刘锜败金军于顺昌（今安徽阜阳），岳飞败金军于郾城（今属河南）、颖昌（今河南许昌），形势对南宋十分有利。高宗、秦桧却强令宋军班师，河南之地复为金朝所占。

绍兴十一年（1141），高宗、秦桧与金朝重定和议。南宋仍称臣于金，保证"世世子孙谨守臣节"，同时每年仍纳"岁贡"银绢各25万两、匹。两国以东起淮水中流、西至大散关（在今陕西宝鸡西南）一线划界。与上次和约相比，版图割让更多，称臣纳贡之屈辱条款则一成未变。史称"绍兴和议"。高宗、秦桧又以"莫须有"罪名杀害主战派代表将领岳飞，宋、金南北对峙的局面至此基本奠定。

## 南北对峙局面形成后的宋、金（蒙）关系

绍兴和议后20年，南北无战事。至绍兴三十一年（1161），金海陵王完颜亮大举南侵，自统主力渡淮，企图于采石（今安徽马鞍山）渡江，为宋水军击败。此时金朝后方发生政变，世宗即位于辽阳，海陵王也在瓜州（今江苏扬州南）被哗变军队杀死。金朝南侵失败，使南宋主战舆论重新高涨。次年高宗

宣布禅位于太子昚，是为孝宗。孝宗主张抗金，即位后追复岳飞官爵，并起用抗战派大臣张浚主持军务。隆兴元年（1163），宋军出师北伐，初战获胜，但随后因将领不和为金军所败，所得之地相继复失。隆兴二年，宋、金重订和议。金朝作出若干让步，宋帝对金不再称臣而称侄，岁币亦酌减为银、绢各20万两、匹，双方各守旧疆。史称"隆兴和议"。此后宋孝宗仍训练军队、整顿财政，希望伺机再度北伐。然时值金朝鼎盛时期，无衅可乘，故终未举事。

南宋第四代皇帝宋宁宗在位时，外戚韩侂胄秉政，欲立功名以自固，又一次发动北伐。当时出使金朝的南宋使节目睹金政渐衰，且因于北边诸部族骚扰，归报其事，侂胄以为恢复时机成熟，遂决意兴兵。先追封岳飞为鄂王，同时削夺秦桧追赠王爵，改谥之为"缪丑"，以激励士气。开禧二年（1206），在未正式宣战的情况下，出兵攻取淮北数处城池。初战告捷后，始于五月下诏正式伐金，史称"开禧北伐"。但北伐军事准备并不充分，对敌情估计亦未尽准确。八月，金军发起反击，前锋直抵江北。南宋四川驻军主将吴曦公开叛变，自立为蜀王，称臣于金。四川官员、将领不愿叛宋，击杀吴曦，而金朝在西线的压力已因此次事变大为减轻，得以并力于东方。宋廷内部主和派发动政变，刺杀韩侂胄，函其首送金讲和。嘉定元年（1208），订立"嘉定和议"。改两国叔侄关系为伯侄，宋帝称金帝为伯父。岁币数目增至银、绢各30万两、匹，此外南宋另付"犒军银"300万两。

嘉定和议订立之时，蒙古已建国于漠北，不久大举侵金，北方形势发生了巨大变化。宋廷不再支付金朝岁币，又与蒙古通好。理宗绍定四年（1231），蒙古军假道宋境，经汉中迁回河南攻金，宋边将不敢阻挡。金哀宗逃往蔡州（今河南汝南），南宋出兵夹击。端平元年（1234）春，蒙、宋联合攻破蔡州，金亡。六月，宋廷发兵北上，企图乘机收复中原。宋军虽进入开封、洛阳，但蒙古军突然来袭，粮饷不继，只得狼狈撤回，损失惨重。史称此事为"端平入洛"。

端平二年，蒙古对南宋发起进攻，突破蜀门，进入四川。宋廷被迫将四川军政治所迁往重庆，命余玠为安抚制置使，负责四川防务。余玠利用蜀地多山的特点，大规模因山筑垒，移各州治所于其中。山城防御体系的建立，使敌方骑兵纵横驰骋的长处无法发挥，有效地遏制了蒙古的进犯。宝祐六年（1258），蒙古蒙哥汗大举攻宋，自统主力入蜀，即在合州钓鱼城（今重庆合川东）受挫，本人亦卒于钓鱼城下。

忽必烈建立元朝后，再次整军南伐，改以长江中游为进攻重点，调集主力围困襄阳,并屯田为持久之计。襄阳宋军坚守数年,终于在咸淳九年(1273)失陷,中游门户大开,至此南宋覆亡已成定局。次年,元军沿汉、江东下,水陆并进,南宋沿江守御望风瓦解。恭帝德祐二年(1276),元军进占临安。南宋余部又坚持抵抗至1279年,最后为元军消灭。共传9帝,153年。

## 南宋的内政

宋朝重文轻武、以文制武的传统家法,在南宋建立之初一度受到破坏。高级将领各拥精兵,自擅兵权,跋扈不服朝廷调遣之事时有发生。南宋统治基本稳定后,武将势力膨胀已成为高宗的心腹之患。秦桧任相后,与高宗精心策划,

图13-8 南宋人绘《中兴四将图》,四人自左至右依次为岳飞、张俊、韩世忠、刘光世

将削兵权与对金议和两项工作结合进行。在与金朝往来谈判同时,罢去张俊、韩世忠、岳飞三大将所统宣抚司,改授三人为枢密使、副使,升以虚职而夺其实权。不久,又将岳飞杀害。南宋初年削兵权之举,固然对保障政权内部安定起到一定的积极作用,然稍有转机的军事形势也因而复衰。

秦桧佐成高宗削兵权、对金议和两件大事,深受重用,进太师,封国公,终身任相。其用事本有金人胁迫的因素,而在制度上实开南宋权相专政之渐,宋初削弱相权诸措施,至此已基本不起作用。桧控制言路,交结内侍,一时忠臣良将,诛锄略尽。党羽充于朝列,颂桧为"圣相""元圣",谄佞无所不至。经秦桧专权,南宋积弱不振的国势基本奠定。

南宋前三代皇帝皆行内禅。高宗在位36年,内禅于孝宗。孝宗本为宋太祖七世孙,高宗因无子加以收养。既即位,皇位复归太祖一系。高宗退位为太上皇,又过26年始卒,其间亦颇预政,孝宗时受掣肘。高宗死后,孝宗已年逾60,倦于政务,两年后即禅位于太子惇(光宗),被尊为寿皇圣帝。光宗受制于皇后李氏,与孝宗关系不和,长期不去朝见。绍熙五年(1194)孝宗病卒,

图 13-9 湖南长沙岳麓书院，朱熹曾于此讲学

光宗借口有病不肯主丧，致使葬礼无法举行，朝中骚动。大臣赵汝愚、韩侂胄奏请太皇太后吴氏（高宗皇后）下诏，强迫光宗退位，立太子扩，是为宁宗。

孝宗、光宗两朝，南宋士大夫集团中展开了关于"道学"的争论。所谓道学，即北宋新儒学程颐一派，到南宋由朱熹发扬光大，形成更加完整、系统的理论。因其核心概念"理"亦称"道"，其人又多"以道德名世"，故时称道学。朱熹多次上奏孝宗，要他按照《大学》修齐治平之序，讲求格物致知、正心诚意之学。孝宗以为迂腐，未予重视。但朱熹长期聚徒讲学，著书立说，严义利之辨，高自标置，影响不断扩大，也引起反对派的仇视。宁宗即位，赵汝愚以宗室为宰相，擢用道学之士。而韩侂胄与汝愚不和，在以阴谋手段驱逐汝愚后，为进一步排除异己，将道学争论扩大化。凡不附己者，一律指为道学，尽加贬斥，并宣布道学为"伪学"。庆元三年（1197），定赵汝愚、朱熹等"伪学逆党"名籍，皆受到程度不等的处罚，亲属及有荐举关系者亦受连累。史称"庆元党禁"。

韩侂胄是南宋第二位专权的宰相。他出身外戚，以恩荫入仕，专国政13年，累进太师，封平原郡王，官平章军国事，三日一朝，班丞相之上。所任多出自吏胥厮役，货贿盛行，政治愈加腐败。侂胄死后，礼部侍郎史弥远以诛韩主谋之功拜右丞相兼枢密使，此后历相宁宗、理宗两朝26年。弥远出身于官僚世家，精于权术，虽昭雪赵汝愚、朱熹诸人以收人望，而专擅朝政，顺者昌逆者亡，招权纳贿，朝野侧目。道学派诸臣在史弥远当政之初一度被起用，然日久不合，又纷纷被逐。弥远死后，一批道学"正人"重新登朝，号为"小元祐"。但这些人本以道德学术名世，政务非其长，所论多迂远不切时用。

宝祐六年（1258）蒙古攻宋，理宗拜贾似道（理宗贾妃之弟）为右丞相，率兵援鄂州。贾似道于军前私订和议，归后谎称大捷，自此长踞相位16年。度宗即位，以似道有定策拥立之功，每朝必答拜，呼以"师臣"而不名，朝臣称之为"周公"。似道当政，因财政匮乏，实施"公田法"，将浙西官民户逾

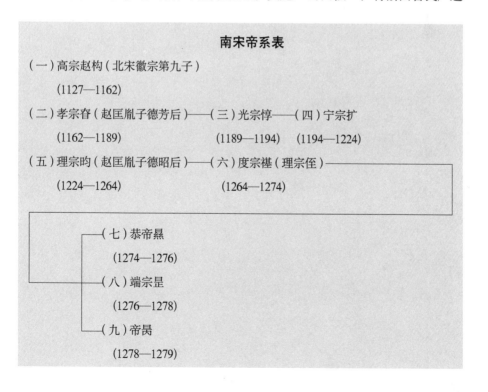

**南宋帝系表**

（一）高宗赵构（北宋徽宗第九子）
　　　（1127—1162）
（二）孝宗昚（赵匡胤子德芳后）——（三）光宗惇——（四）宁宗扩
　　　（1162—1189）　　　　　　　（1189—1194）　（1194—1224）
（五）理宗昀（赵匡胤子德昭后）——（六）度宗禥（理宗侄）
　　　（1224—1264）　　　　　　　（1264—1274）
　　　　　　　　（七）恭帝㬎
　　　　　　　　　　（1274—1276）
　　　　　　　　（八）端宗昰
　　　　　　　　　　（1276—1278）
　　　　　　　　（九）帝昺
　　　　　　　　　　（1278—1279）

限田产，抽三分之一回买以充公田。实际回卖时低压田价，将小户田地合并后强令出卖，又以无用的官诰度牒及日益贬值的纸币会子充值，民间怨声载道。权势既盛，穷奢极欲，边警秘而不报，朝士有言者辄予贬斥。恭帝德祐元年（1275），元军已陷襄阳，沿江直下，似道迎战大败，被落职流放，途中为仇人所杀。权臣虽亡，而南宋政权也继之灭亡。

# 第十四章 金朝与大蒙古国

12世纪初，东北的女真族崛起，建立了金朝。13世纪初，蒙古族又兴起于漠北，建立了大蒙古国。金朝与大蒙古国先后进占中原，与南宋形成对峙。大蒙古国又成为后来统一全国的元王朝的前身。

# 一 金朝历史概况

女真族首领完颜阿骨打于1115年在会宁府（今黑龙江阿城南）称帝，建立金朝。金朝相继攻灭辽和北宋，1153年迁都至中都（今北京），将统治重心移入中原。13世纪初蒙古崛起，金朝势衰，被迫又将首都南迁汴京（今河南开封），至1234年灭亡。前后共传10帝，历时120年。

## 金朝建立与疆域的奠定

女真是隋唐时靺鞨（黑水等部）之裔，亦称女直。10至11世纪主要活动于黑龙江、松花江流域，一部分人被辽迁至辽东，编入户籍，称为"熟女真"。未迁徙者称"生女真"。约在辽朝中期，居于按出虎水（今黑龙江阿什河、在哈尔滨东

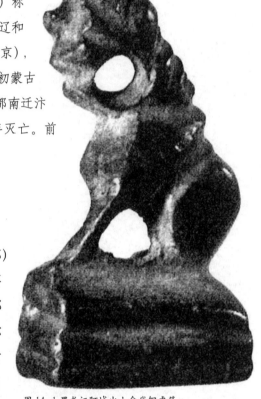

图14-1 黑龙江阿城出土金代铜虎符

南）的生女真完颜部建立起小范围的部落联盟，接受辽节度使官号，逐渐将生女真统一起来。12世纪初，完颜阿骨打（汉名完颜旻）为联盟长，率众反辽，1115年正月称帝，定国号金，是为金太祖。定都于会宁府，称上京。

金初国家制度比较简单，在中央主要是勃极烈辅政体制，在地方则为猛安谋克管理体制。勃极烈是女真社会中部落酋长"孛堇"（意为长官）的异译，但专用于中央辅政会议成员，皆以宗室贵族担任。猛安谋克也是女真族原有的社会组织，金朝建立后将其制度化，每300户编为一谋克，10谋克为一猛安。战则以之统军，平时则通过这套系统进行行政管理。另外，金太祖还命宗室贵族完颜希尹仿契丹、汉字创制了女真文字。

金朝势力发展迅速，至天会三年（1125）即已攻灭辽朝。此时太祖已卒，

其弟吴乞买（汉名完颜晟）在位，即金太宗。不久攻灭北宋，征服了黄河流域。灭宋之初，曾临时立宋降臣张邦昌为帝，国号楚。后于天会八年建立伪"齐"傀儡政权，册立另一宋降臣刘豫为帝，统治中原，为金藩属。金太宗死，熙宗完颜亶（太祖之孙）嗣位，改行汉族模式的中央官制。天会十五年，废黜伪齐。皇统元年（1141）与南宋签订"绍兴和议"，划定淮水、大散关一线为边界，南宋向金称臣纳币。

皇统九年（1149），宗室完颜亮（熙宗堂弟）发动政变杀死熙宗，夺取皇位，是即金海陵王。贞元元年（1153）迁都燕京，定名中都大兴府。同时拆毁上京宫殿，将宗室贵族及其所属猛安谋克尽行迁入内地。官制也进一步规范化，终金一代守而不变。正隆六年（1161），海陵王大举进伐南宋，企图荡平江南，完成统一。但他在位期间统治残暴，渐成众叛亲离之势。宗室完颜雍在东京（今辽宁辽阳）发动兵变，自即帝位，是为金世宗。海陵王渡江受挫，在前线为部下杀死。大定四年（1164），金宋签订"隆兴和议"，约为叔侄之国，各守疆界，互不相犯。南宋不再对金称臣，岁币亦酌减。金朝疆域至此完全稳定下来。

## 从宗室共治到皇权独尊

金朝建国之初，宗室贵族的势力十分强大。最高议政机构勃极烈会议虽来源于建国前的联盟议事会，但与后者相比有一重大区别，即全为完颜氏宗室贵族所把持，宗室尤其是宗室近属成为金初贵族政治的主角。在金初扩张版图的过程中，大批完颜家族成员受命出外统兵作战，独当一面。灭辽翦宋，奄有中原，几乎所有重要战役都是由完颜家族成员指挥完成的。女真人建国前从事粗放农耕，活动范围相对狭小，个体家庭尚未完全独立，父系大家族作为社会、经济实体仍普遍存在。表现在政治上，即完颜氏家族团结一致，共同创业，体现出极强的凝聚力。

女真社会原有军事民主制的传统。在金初宗室贵族崛兴的背景下，军事民主制传统实际上变成了宗室内部的"民主"。皇权虽依赖血缘宗族力量得以建立，但也因此淹没于完颜氏家族的集体权力当中，君主个人权威尚未得到充分发展。宗室贵族权力膨胀过度，逐渐与皇权形成了矛盾。第三代皇帝熙宗即位后，发扬汉族社会尊君卑臣的传统政治观念，废除勃极烈会议，建立起听命于皇帝的汉式政务机构三省六部，贵族专政色彩大为减弱。熙宗利用宗室贵族内部矛盾，数次兴起大狱，铲除宗室成员。海陵王篡位后，先后诛杀宗室近属和功臣子孙数百人。在对宗室贵族残酷屠杀的过程中，金朝的专制皇权得到了充分确立。

熙宗与海陵王打击宗室贵族时援用了中国古代传统的官僚制度。后者既有从属并服务于皇权的特征，同时也具备公共服务趋向和一定程度的自主性。但作为北方民族政权，金朝带有浓重的家天下色彩，皇权由父家长权力发展而来并大幅度外延，官僚制度自主性的一面难以发展，其作为专制皇权工具的作用则得到了充分发挥。故金朝皇权之独尊，更胜于前代。如君臣关系方面，皇帝滥施淫威，动辄对大臣施以刑罚，尤其是杖刑，这种做法一直影响到元、明。《金史·刑志》对此总结道："原其立法初意，欲以同疏戚、壹小大，使之咸就绳约于律令之中，莫不齐手并足以听公上之所为，盖秦人强主威之意也。是以待宗室少恩，待大夫士少礼。终金之代，忍耻以就功名，虽一时名士有所不免。至于避辱远引，罕闻其人。"

就中国古代皇权的发展线索而言，两宋金元是孕育明清极端专制主义皇权政治的关键阶段。在宋朝，惩戒于晚唐五代伦常纲纪废弛的混乱局面，统治者和士大夫集团致力于传统伦理道德的重建和加强，忠君逐渐成为臣民绝对、无条件必须履行的准则。但宋朝同时也是士大夫政治的黄金时期，发达的官僚制度尚能尽量约束皇权在合理的范围内运行。至金朝（还有后来的元朝）以北方民族入主中原，家天下色彩明显，传统官僚制度对皇权的约束、限制机能大为削弱。这种家天下的政治模式，辅以宋朝以来深入人心的绝对、无条件忠君观念，导致了皇权的显著强化，对后代历史产生了重大影响。

## 金朝的鼎盛与衰亡

金世宗完颜雍在位期间（1161～1189），是金朝的鼎盛时期。世宗为太祖之孙，与熙宗、海陵王皆为从兄弟。即位之初，革除海陵暴政，笼络人心，很快结束了混乱局面，使金朝转入和平发展轨道。世宗在位29年，勤于政事，作风俭朴，拔擢人才，整顿吏治，减轻赋役，尊崇儒学，政治清明，政局稳定，经济恢复并趋于繁荣，颇有"盛世"景象。因年号为大定，故称"大定之治"，世宗本人则有"小尧舜"之美誉，其名甚至播及南宋。不过世宗为治标榜"中

图14-2 山西新绛出土金代丰收砖雕

庸",稳健保守有余,开拓进取不足,对女真人土地、漠北游牧民族威胁等一些潜在的统治危机解决不甚得力,给后代留下了隐患。

世宗死后,皇太孙璟嗣位,是为章宗。章宗在位期间(1189～1208),袭世宗余荫,基本维持升平景象。但此时金朝已有盛极而衰之势。统治者养成奢靡之风,政治趋于腐败,财政入不敷出。漠北鞑靼诸部的威胁日益严重,金廷在边境上大修"界壕"以事备御,又几度北伐,但收效甚微。在外部环境恶化的同时,金朝统治所倚赖的基本力量女真猛安谋克户却出现了"积弱"现象。金灭北宋后,将猛安谋克编制下的女真人户大量南迁,他们入居中原既久,多习汉语,衣汉服,效仿汉族生活、享乐习惯,本民族原有的尚武精神逐渐沦丧。同时贫富分化日益明显,大多数人陷入贫困局面,被迫典卖土地。金廷为保护猛安谋克这一"国本",采取括地重授之策,所括名为官地,实则往往及于民田,严重损害了汉族百姓的利益,激化了民族矛盾,加速了金朝的衰亡。

章宗死后，其叔卫绍王永济即位。此时蒙古已经建国，于大安三年（1211）发兵来侵，进围中都。此后数年，蒙古兵锋遍及华北各地，金朝统治受到沉重打击。不久卫绍王在政变中被杀，金宣宗即位，于贞祐二年（1214）迁都南京（今河南开封）。蒙古逐渐控制华北，金廷只能聚保河南，屯兵自守。天兴元年（1232），蒙古占领南京，金哀宗逃往蔡州（今河南汝南）。天兴三年正月，蒙古与南宋合兵攻破蔡州，哀宗自缢而死，金亡。

图 14-3 金代纸币交钞铜钞版

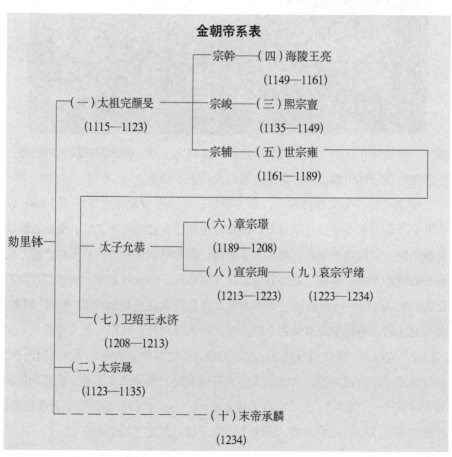

## 二　大蒙古国

13世纪初，成吉思汗建立大蒙古国，昔日分散游牧、争战不休的草原各部从此逐步凝聚为统一的蒙古民族共同体。蒙古铁骑横扫欧亚大陆，所向披靡，将大蒙古国发展成一个疆域空前庞大的世界性帝国。大蒙古国的草原本位统治持续了半个世纪。虽然尚未转变为汉族模式的元王朝，但在广义上，它通常也被看做元朝的一部分。

### 蒙古的崛起与建国

蒙古的名称最早可以追溯到唐朝。汉文史料将当时分布在大兴安岭北段，位于契丹以北、靺鞨以西、突厥回鹘以东的一些部落统称为室韦，他们与鲜卑、契丹同属于东胡之裔。其中有一部称"蒙兀室韦"，居于望建河（今额尔古纳河）以东，即为蒙古之前身。回鹘汗国瓦解以后，室韦诸部大批西迁，蒙古部迁徙到斡难河（今蒙古鄂嫩河）上游的不儿罕山（今蒙古肯特山）地区。辽金时期，漠北草原诸游牧部族被泛称为鞑靼，辽、金王朝对它们控制并不牢固，金朝更是一再受到鞑靼诸部侵扰。另一方面，各草原游牧部落集团，甚至同一部落集团当中的不同氏族、支系，又处于频繁的混战当中，分合不定。

成吉思汗的出现，结束了草原诸部争雄的混乱格局。成吉思汗名铁木真，出身于蒙古部乞颜氏贵族，因其父早卒，部众离散，年幼时处境十分困窘。后逐渐收复部众，被拥立为汗，又被金廷封授"札兀惕忽里"官号，相当于部族长。经过十几年战斗，兼

图14-4 成吉思汗像

并了克烈、乃蛮等强大部落，统一漠北草原。1206年春，铁木真在斡难河源召开贵族大会，被推戴为全草原的大汗，号成吉思汗（后元朝追尊为太祖），大蒙古国由此建立。在此前后，成吉思汗创建或完善了一系列国家制度，对大蒙古国的巩固、强盛和有效管理，发挥了重大作用。

建立千户、百户授封制度——将全体草原牧民都按千、百、十户的十进制方式编组起来，分别授予贵族功臣世袭统领。它们既是军事组织，也是大蒙古国统治草原社会的基本行政单位。大部分千户都是混合不同部落、氏族的成员重新组成的，取代了旧日的部落、氏族结构。千户、百户授封制度将漠北草原游牧国家的政治制度发展到了一个新阶段，使得草原上原有的氏族共同体逐渐分解，各被征服部族与统治部族蒙古趋于合一，形成了全新而有持久生命力的蒙古民族，结束了漠北统治民族更迭频繁、兴衰无常的混乱局面。

创建怯薛护卫军——成吉思汗建国前就开始组建护卫亲军。建国后，将其扩充到1万人，分为四班，轮番值宿，每番三昼夜，总称为四怯薛。怯薛，即蒙古语轮值之义。除保卫大汗外，还负责承担大汗宫帐内的各种服役，有火儿赤（佩弓矢环卫者）、云都赤（带刀环卫者）、必阇赤（充书记主文史者），博儿赤（厨师）之类不同名目。怯薛护卫军起到了巩固、强化汗权的作用，同时作为大汗的侍从近臣，参与军政事务的策划、管理，在很大程度上承担了蒙古早期国家行政中枢的职能。

创制蒙古文字——蒙古本无文字，成吉思汗命畏兀儿人塔塔统阿教授汗室子弟用畏兀儿字拼写蒙古语，最初的蒙古文由此产生。同时也制定了使用这种文字的印章、牌符制度，从而加强了国家管理。

颁行法律与设置司法长官——蒙古人原有自古相传的习惯法，成吉思汗在其基础上重新颁行了一系列法律条文，后来用蒙古文记录成卷，名为《大札撒》（札撒，蒙古语法令）。又任命了掌管司法的官员大断事官，蒙古语称也可札鲁忽赤。除审断刑狱、词讼外，同时负责主管贵族属民的分配。

分封子弟——成吉思汗将大蒙古国的全部民户、国土视为家族共同财产，按照草原牧民分割家产的习俗进行了分配。其诸弟、诸子各自分得一部分民户，并具体划分了地域。诸弟的封地都在蒙古高原东部，被称为"东道诸王"。长子至三子术赤、察合台、窝阔台被分封于阿尔泰山以西，称为"西道诸王"。大部分民户和蒙古高原中心地区，作为父家长权力的象征，仍由成吉思汗自己直接统领，并按照蒙古人"幼子守产"习俗，预定将来交付给幼子拖雷继承。

成吉思汗家族的姻亲和一些重要功臣也得到了世袭封地，但其地位低于子弟诸王，带有大汗恩典赏赐的性质。新征服的农耕地区被作为家族公产，由大汗统一派官治理。

上述国家制度的具体环节，都是以保障最高统治者大汗的个人权力为前提的。草原社会等级观念的发展，成吉思汗在艰苦创业过程中形成的个人崇高威望，加上蒙古国家最高权力与草原原始宗教萨满教神权的结合，使成吉思汗完全成为凌驾于众人之上的"超人"型统治者。与金朝相比，蒙古君主的个人权威一开始就非常突出，并未湮没于家族集体权力之中。而且其权威主要来自北方民族自身的政治观念，并非依赖汉族社会政治传统始得建立。

## 蒙古的对外征服战争

大蒙古国建立后，很快转入对农业定居社会的掠夺和扩张。首先是连续征伐西夏，迫使其称臣纳贡。1211 年，成吉思汗大举进攻金朝，击败金军主力，进抵中都，后来又一再深入华北腹地抄掠。金廷南迁后，黄河以北的地主豪强纷纷割据自保，并大都降附蒙古。蒙古授予他们元帅、行省之类职务，许其世袭，并可自辟僚属，称为"世侯"。在东北，契丹人耶律留哥和金朝官员蒲鲜万奴先后叛金自立，蒲鲜万奴一度建立"东真国"，但后来仍为蒙古所征服。

蒙古也很早开始向西拓展势力。首先是收服畏兀儿。畏兀儿在宋时称高昌回鹘，其地以哈剌火州（今新疆吐鲁番）和别失八里（今新疆吉木萨尔）为中心，首领称亦都护，臣属于西辽。1209 年，畏兀儿亦都护杀西辽官员降于蒙古，畏兀儿以西的哈剌鲁（唐西突厥支裔葛逻禄之后）也脱离西辽向蒙古归降。这一时期，西辽国势衰颓，被蒙古击败的乃蛮王子屈出律逃到西辽，篡夺了帝位。1218 年，成吉思汗遣将征讨屈出律，将他捕获杀死，西辽灭亡。

蒙古势力范围伸展到西域后，与中亚伊斯兰教古国花剌子模形成对峙。花剌子模的统治中心位于阿姆河下游，原为西辽藩属国，13 世纪初摆脱西辽统治，成为中亚地区最强大的势力。1218 年，蒙古所遣商队为花剌子模边将所杀，财物尽被劫掠。成吉思汗派使臣前去交涉，又被杀死。成吉思汗决意兴兵复仇，遂于 1219 年统蒙古军大举西征，很快攻占了花剌子模的大部分城市，其国王摩诃末逃入里海病死。1223 年，成吉思汗率军东返。1227 年，蒙古军攻灭西夏，成吉思汗也在军营中病卒。

图14-5 内蒙古伊金霍洛旗成吉思汗陵

到成吉思汗去世时,蒙古已在对金朝作战中取得压倒性优势,金朝只能固守黄河防线,苟延残喘。1231年,蒙古第二代大汗窝阔台决定分兵三路伐金,命拖雷统右翼军从宝鸡南下,绕道宋境,沿汉水自邓州(今河南邓州)迂回包抄金朝后方。1232年春,拖雷大破金军主力于钧州(今河南禹州)南边的三峰山,金朝灭亡的大局已定。1234年正月,蒙古与南宋合兵,将金朝最后一支势力消灭。

灭金以后,蒙古贵族发动了第二次西征。1235年,窝阔台下令征讨钦察、斡罗思方向的未服诸国,命宗室、贵族都派出长子参加西征,由成吉思汗之孙、术赤之子拔都任统帅。蒙古军由钦察草原北上,征服了俄罗斯、乌克兰诸公国,进而继续西征欧洲。北路进攻孛烈儿(今波兰),在里格尼茨(在今波兰西部)击溃孛烈儿和捏迷思(德意志)诸侯联军,转而南下同南路军会合。南路军进攻马札儿(今匈牙利),攻占其都城佩斯,前锋追击马札儿国王别剌四世直至亚得里亚海畔。1242年,窝阔台死讯传来,拔都始收兵东返,驻节于伏尔加河下游,统治钦察、斡罗思地区。此次西征给欧洲各国造成极大震动。教皇英诺森四世和法国国王路易九世先后派遣教士普兰诺·加宾尼和威廉·卢布鲁克出使蒙古，希望与蒙古达成和议并传教，但均不得要领而归。

与第二次西征基本同时，蒙古挫败了南宋的"端平入洛"，并由窝阔台之子阔出、阔端统帅大军对南宋发起进攻。阔出一度占领襄阳，阔端则长驱入蜀，攻占成都。1246年，吐蕃最有影响的宗教首领之一、喇嘛教萨斯迦派座主萨班到凉州谒见阔端，双方就藏地归附蒙古达成了协议。蒙古派人入藏清查户口，划定地界，任命当地上层人物为官。已分裂割据4个世纪之久的吐蕃地区，在蒙古的统治下重新趋于统一。

第四代大汗蒙哥即位后，命其次弟忽必烈总领汉地军务，进攻南宋，三弟旭烈兀西征波斯以西未服诸国。1253年，忽必烈取道吐蕃东部南征云南，攻灭大理国。1258年，蒙哥大举伐宋，自统主力入蜀，命忽必烈进攻荆襄、两淮。次年七月，蒙哥暴卒于合州（今重庆合川）钓鱼城下，忽必烈率军北归，攻宋战争流产。

旭烈兀西征的对象主要是祃拶答而（今伊朗马赞达兰省）地区的木剌夷国和都于报达（今伊拉克巴格达）的阿拉伯阿拔斯王朝（汉文史籍称为黑衣大食）。木剌夷国是伊斯兰教亦思马因派建立的宗教政权，广蓄敢死之士从事暗杀活动，又不尽守伊斯兰教戒律，被其他穆斯林视为异端。1256年，蒙古军灭木剌夷国，随后进围报达。1258年春，攻陷报达，杀阿拔斯王朝末代哈里发谟斯塔辛，并纵火屠城，据载居民死者达80万人之多。后旭烈兀得知蒙哥死讯，遂率主力部队返抵波斯，西征结束。

蒙古在建国后数十年内，横扫欧亚大陆，所向披靡，建立起一个疆域空

图14-6 蒙古军押送俘虏图

前庞大的世界性帝国，极大地改变了欧亚内陆的政治格局，也影响了世界历史发展的进程。蒙古军兵锋所及，杀戮人民，毁坏城镇，给被征服地区带来浩劫，中亚、西亚伊斯兰文明受到的破坏尤为严重。另一方面，蒙古的征服战争也为中国大一统的重建奠定了基础，同时打通了中西往来的道路，促进了中西文化交流。大批中西亚各族人陆续东来，使蒙元时期的民族状况更加复杂，对中国作为统一多民族国家的民族格局也产生了重大影响。

## 大蒙古国的内政及其对汉地的统治

大蒙古国先后更替了四任大汗，其间还曾出现宗王监国和皇后摄政的情况。按照草原传统，汗位继承必须经过诸王、贵族的"忽里台"（蒙古语聚会）会议的推选确认方才有效，这导致了接连不断的汗位纷争。成吉思汗正妻孛儿帖生有术赤、察合台、窝阔台、拖雷四子。根据蒙古人自古流行的"幼子守产"习俗，成吉思汗分封子弟时，只将小部分军队、资产分给术赤等三子，大部分自己留下，预备死后传给拖雷。然而在考虑汗位继承人时，他又从政治才能出发，选择了窝阔台（后追奉庙号太宗）。成吉思汗死后，因忽里台会议一时未能举行，窝阔台无法即位，拖雷以守产幼子的身份监国二年。1241年窝阔台死，忽里台会议仍未马上召开，皇后乃马真氏脱列哥那临朝称制五年之久。1246年，窝阔台长子贵由被推举为大汗（追奉庙号定宗）。贵由与术赤之子拔都一向不和，图谋对后者采取军事行动，但他在1248年即卒，内战终未爆发。此后贵由皇后斡兀立氏海迷失摄政，同时拔都以资深宗王的身份在其封地召集忽里台，推举拖雷长子蒙哥为新汗，窝阔台、察合台两系诸王拒不承认。拖延到1251年，在漠北汗廷重开忽里台，蒙哥经推戴正式即位（追奉庙号宪宗）。窝阔台、察合台两系诸王策划兵变，被蒙哥镇压。这样大蒙古国的汗位由窝阔台系转至拖雷系。在此过程中成吉思汗子孙的矛盾完全爆发，自相屠戮，为日后大蒙古国的分裂埋下了伏笔。

大蒙古国的疆域虽然辽阔，但却只是一个依靠军事力量来维系的政治联合体。境内被征服的民族繁多而庞杂，其语言、宗教、风俗习惯各不相同，社会发展水平也有很大的差异。尽管征服了大片农耕地区，但大蒙古国的统治中心一直处于漠北草原。窝阔台时，于斡耳寒河（今蒙古鄂尔浑河）东岸建造国都，定名为哈剌和林（今蒙古哈拉和林），简称和林。通过对被征服地区的掠夺和

图 14-7 哈剌和林城龟趺

剥削，漠北草原出现了前所未有的超常繁荣。相比之下，蒙古统治者对被征服地区的治理不很重视，主要是实施间接统治。在一些重要城市设置了受大汗控制、较强有力的统治机构，并驻扎军队，重点在于保证其对大蒙古国的臣服和缴纳财赋。在较低的管理层次，则大量保存当地传统制度并任用当地上层人物，同时委派蒙古人担任达鲁花赤（蒙古语镇守者），掌握最后裁定的权力。

大蒙古国统治下的中原汉地，长期处于动荡、混乱局面。蒙古初入中原，战争屠杀之残酷，于史少见。战乱引起的饥馑和疾疫，又使劫后余生的百姓大批死亡。人口掳掠也非常严重，贵族、军阀在战乱中大量役占私属奴婢，称为驱口（意即"被俘获驱使之人"）。金朝盛时有户 768 万，而蒙古灭金前后两次在中原括户，仅得户 110 余万。由于蒙古大汗一直以漠北草原作为国家本位，只将汉地看做大蒙古国的东南一隅，因此从未考虑过针对其特殊状况，采用历代中原王朝的典章制度进行正规管理。相反却置汉地混乱局面于不顾，竭泽而渔，百般敲榨，使中原百姓处于水深火热之中。

窝阔台时，汉化契丹人耶律楚材主掌汉文文书，参预机要，推行了一系列恢复中原正常统治秩序的措施。首先是按照中原传统定立赋税制度，使剥削有所节制。其次是保护儒士，于 1238 年（戊戌年）举行儒士考试，共有 4030 人中选，其中四分之一的人来自驱口，因此而重获自由。中选者可在本地担任"议事官"，免其家赋役，其中一些人后来成为元朝名臣。史称"戊戌选试"。这些措施使大蒙古国在汉化方面作出了试探性的迈进，但同时也受到了蒙古贵

图 14-8 耶律楚材像

族、西域官僚和商人的抵制、破坏。窝阔台死后,耶律楚材在汗廷受到排挤和冷遇,不久抑郁而终,改革措施大都中止。

  时间稍后,在蒙古汗室内部也出现了倾向于汉化的代表人物,即拖雷次子、蒙哥之弟忽必烈。忽必烈年轻时与汉族士大夫有较多接触,颇知前代王朝治乱兴衰之事。蒙哥即位后,忽必烈受命统领漠南汉地军务,采纳汉人幕僚的建议,在邢州(今河北邢台)、汴梁(今河南开封)、京兆(今陕西西安)等地进行推行"汉法"的改革试点,收效显著。到蒙哥死后,忽必烈终于依靠汉地人力物力的支持登上汗位,正式结束了大蒙古国的草原本位政策。

# 第十五章 元朝百年统治

元朝的前身是大蒙古国。1260年,成吉思汗之孙忽必烈在汉地即汗位,建立起汉族模式的中央集权官僚制统治。1271年,正式定国号为大元。1368年,蒙古统治者被明朝逐回漠北,元朝灭亡。从严格意义上说,元朝应当自1260年忽必烈建立汉族模式政权算起,至1368年为止,共传10帝,109年。

# 一 元朝的建立与统一

元世祖忽必烈登上汗位后,将大蒙古国的统治重心由漠北移到中原,形成了汉族模式的元王朝。大蒙古国自此趋于分裂,元朝则重建了以中原为中心的大一统。

## 从大蒙古国到元王朝

1259年蒙哥汗暴卒,新的汗位争夺在忽必烈及其同母幼弟阿里不哥之间展开。1260年三月,忽必烈在其王府所在地开平(今内蒙古正蓝旗东)即位称汗,是为元世祖。留守漠北的阿里不哥也于此前后即汗位。经过几年交战,忽必烈打败阿里不哥,大汗地位得到了确认。大蒙古国版图辽阔,民族成分庞杂,语言、宗教、生活方式、风俗习惯以及社会发展水平各异,早就孕育着分裂的因素。以忽必烈登上并巩固汗位为契机,分裂终于成为现实,在汗廷以外产生了相对独立的四大汗国。

钦察汗国——拔都在结束蒙古第二次西征后,将营帐迁至伏尔加河下游。以钦察草原为中心,形成了东起额尔齐斯河、西括俄罗斯平原的钦察汗国。至忽必烈在汉地即位,由于距离遥远,已不可能对钦察汗国进行实际的控制。双方关系日趋疏远。

伊利汗国——忽必烈和阿里不哥争位时,远在波斯的旭烈兀倒向忽必烈一方,忽必烈承认他对波斯、阿拉伯地区的统治权。旭烈兀的封国称为伊利汗国,东起阿姆河和印度河,西达小亚细亚,南抵波斯湾,北至高加索山。

察合台汗国——成吉思汗第二子察合台的封地在中亚。忽必烈即位后,察合台之孙阿鲁忽遣使归附,忽必烈委任他统治阿尔泰山以西、阿姆河以东地区,在此基础上形成了察合台汗国。

窝阔台汗国——窝阔台最初的封国中心在今新疆北部。忽必烈和阿里不哥争位时,窝阔台之孙海都的势力膨胀起来。他积极谋求自任大汗,与忽必烈及其子孙长期敌对,形成了位于察合台汗国以北,包括新疆北部、蒙古高原西部的窝阔台汗国。

在四大汗国各自走上独立发展道路的同时,大蒙古国的核心部分转变成为元王朝。转变的主要标志是"汉法"的推行，即有计划地吸收、采用前代中原王朝的一系列典章制度和统治经验。具体主要包括以下几方面内容：

建立年号、国号——忽必烈一即位，即仿汉族传统定年号为"中统"。至阿里不哥归降，复改年号为"至元"。至元八年（1271）十一月，取《易经》"大哉乾元"之义，定国号为"大元"。元朝之名至此正式确立。

建立汉式官僚机构——中央设中书省掌政事，为宰相机构，下辖六部。又设枢密院掌军事，御史台掌监察。在地方上，最初设立十道宣抚司监临路、府、州、县，后来统一设置行省作为地方大行政区。还采取措施限制诸王勋贵特权，停止汉人世侯世袭，以强化中央集权的官僚制统治。

定都汉地——忽必烈即位后，开始对金朝旧都燕京进行重建。至元九年（1272）新城建成，成为元朝的正式首都，定名大都。开平则作为陪都，加号

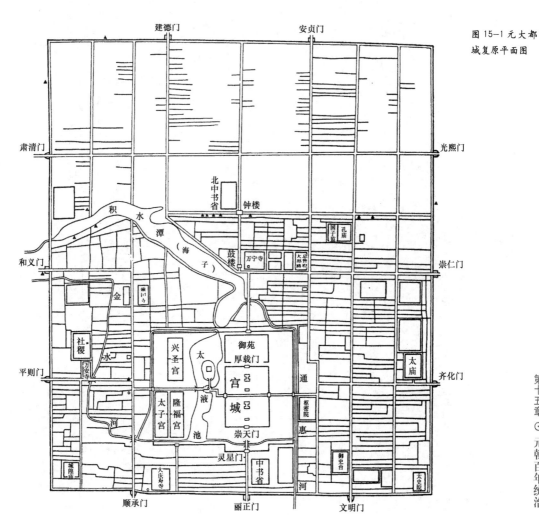

图 15-1 元大都城复原平面图

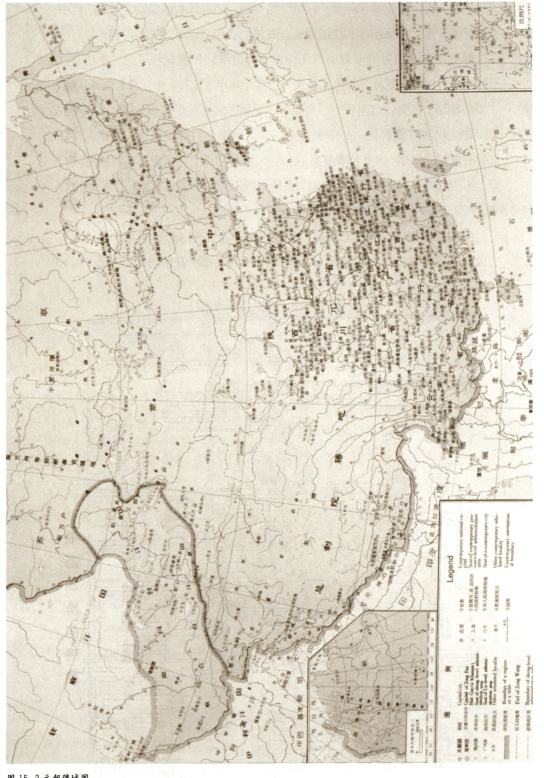

图 15-2 元朝疆域图

上都。元朝皇帝每年大部分时间居于大都，四月至八九月间赴上都避暑。大蒙古国旧都和林则已降为地方机构治所。

此外，忽必烈还推行了一系列发展农业生产、尊崇儒学的政策。这些"汉法"的推行，奠定了汉式王朝的基本框架。故而史书称颂忽必烈"以夏变夷，立经陈纪，所以为一代之治者，规模宏远矣"。

## 大一统的重建

在北方政局基本稳定后，忽必烈很快发动了灭亡南宋、统一全中国的战争。他改变了以前主攻四川的战略，改以长江中游的襄阳、樊城作为突破口。至元五年（1268）至十年，经长期围困，终于占领襄、樊。至元十一年（1274）忽必烈委任伯颜为统帅，大举伐宋。十三年正月，元军会集临安城下，南宋太皇太后谢氏和恭帝赵㬎出降。文天祥、陆秀夫等先后拥立赵㬎的两个幼弟益王赵昰和广王赵昺，转战于福建、广东一带。至元十六年（1279）二月，元军追击至崖山（今广东新会南），陆秀夫抱赵昺赴海自尽，文天祥被俘，后就义于大都。中国境内数百年来不同民族政权分立的局面至此结束。

为管理广袤的疆土，元朝逐渐形成一套行省制度。因中央宰相机构为中书省，派高级官员外出镇遏方面，称"行中书省事"，简称行省。起初行省带有比较明显的中央派出机构色彩，后来转变为地方常设的最高行政机构，全国形成辽阳、甘肃、陕西、河南、江浙、江西、湖广、四川、云南、岭北10个行省。在邻近首都大都的河北、山西、山东等地区，不设行省，由中书省直辖，称为"腹里"。

元朝对边疆地区的控制比前代更为强化，在漠北、东北、云南、吐蕃等边远地区，都因地制宜地实施了有效的行政管理。漠北设岭北行省，基层行政单位仍然是蒙古的千户、百户组织。东北设辽阳行省，辖境东到大海，包括库页岛在内，东南与高丽接壤。云南行省下辖37路、2府，多用世袭土官任职。吐蕃由中央宣政院直接统辖。元朝皇帝信奉喇嘛教，尊吐蕃喇嘛教萨斯迦派僧侣为帝师，因而由掌管全国佛教事务的宣政院兼领吐蕃之地，下设三道宣慰使司都元帅府，官员皆由宣政院或帝师荐举，皇帝任命，低级地方官可由当地僧俗首领按本地习惯自相传袭。

为加强大一统国家的内部联系，保证中央对地方的有效控制，迅速传递

图15-3 元代急递铺令牌

信息，元朝在全国范围内建立了驿站和急递铺系统。以大都为中心修筑驿道，东连高丽，东北至奴儿干（今黑龙江口一带），北达吉利吉思，西通伊利、钦察两汗国，西南抵乌思藏（今前、后藏地区），南接安南（今越南北部）、缅国，范围之广，前所未有。全国共设有水陆驿站共约1500处，为官府差遣人员服务，提供交通工具、住所、饮食、薪炭等，也用来运输官府物资，是当时最便利的交通体系。急递铺是元代的官方邮递系统。每10或15、25里设一铺，置铺兵五人，负责传递文书。

元朝前期，西北、东北的宗室诸王发动叛乱，对大一统局面一度构成威胁。至元六年（1269）春，以海都为首的窝阔台、察合台后王召开会议，申明反对"汉法"、与元廷为敌的政治立场。此后他们与元朝军队在漠北西部和天山南北长期交战，互有胜负。至元二十四年（1287），东北宗王乃颜发动叛乱，忽必烈御驾亲征，将其讨平。忽必烈死后，海都等叛王领袖也相继死去，西北宗王与元廷约和，仍承认元朝皇帝的大汗地位。除去前期宗王叛乱的因素外，元朝可以说是中国历史上极少见的没有外患的朝代。

## 二 汉化迟滞与元朝的早衰

作为几乎没有外患的大一统王朝，元朝享国百年，寿命并不长久。这在很大程度上与文化差异的背景有关。从统治集团的文化素质以及具体政策的制定、运行上看，元朝明显呈现出汉化迟滞的特点，统治者对国家"马上得之，马上治之"，长于镇压、聚敛而短于改革、治理,与被统治地区的文化差异一直没有很好地弥合。加上政治腐败、内讧、社会贫富分化、自然灾害等其他王朝常见的问题,决定了元王朝短命而亡的历史命运。

## 忽必烈时期治国方针的变化

忽必烈虽行汉法而建元朝,但他对"汉法"的推行并不彻底。随着政权设置的大体完备和仪文礼制的基本告成,推行汉法的政治革新工作渐趋停顿。若干事关政权进一步汉化的重大举措,如开科举、颁法典等,皆屡议屡置,悬而不决。而大量阻碍社会进步的蒙古旧制,因为牵涉到贵族特权利益,都在"祖述"的幌子下被保存下来。它们被配置、分布在国家机器的不同领域发挥作用,从而在总体上使元朝的国家体制呈现出二元性的特点。代表性的有下列内容:

投下制度——投下语出辽代,意为分地、采邑,又引申为拥有分地、采邑的诸王贵族。中原地区的投下形成于大蒙古国时期。忽必烈即位后采取了一些措施限制投下权力,但投下旧制并未受到根本触动。大批半独立的投下,在地方上构成一批以蒙古游牧习俗为主的民众集团;而众多的投下封主,则成为游牧贵族保守势力在元朝政治中的主要代表。

斡脱制度——斡脱原意为突厥语"同伴",指为蒙古统治者经营商业和高利贷的西域商人。他们经商、放债受到政府保护,享受种种特权,倚势横行,为非作歹,严重干扰了正常的经济和社会秩序。

怯薛制度——怯薛是蒙古大汗的宫廷护卫亲军,入元后继续掌管宫禁事务,并成为元朝高级官员的主要来源。怯薛成员本身未纳入官僚系统,但却能够凭借近侍身份干预朝政,扰乱政事,挟持朝廷大臣,成为一个最接近权力源头、超越于官僚机构之上的决策团体。

达鲁花赤制度——达鲁花赤为蒙古语"镇守者"的音译,最初指蒙古征服某地后设立的监治长官。元朝建立后,达鲁花赤在中下级行政、军事机构中得到广泛设置,位于正官之上,掌握最后裁定权力,原则上都要由蒙古人担任。达鲁花赤制度是蒙古统治者民族防范心理的体现,加剧了官员的冗滥,影响了行政效率。

在用人方面,起初汉族官僚在政权中掌握着主要权力,但随着忽必烈对汉人疑忌情绪的增加,色目官僚集团乘机崛起。"色目"是元朝对除蒙古之外

的西北诸族，包括西夏、中亚、西亚、乃至欧洲等地人的泛称。他们大都有较高文化水平，长于经商理财，或擅长一些特殊技艺，并且远来中土，在汉地无势力基础，因而与蒙古统治者结合紧密，颇受倚重。以色目人为主的一批"敛财之臣"在忽必烈一朝尤为活跃，他们的理财工作使元朝财政收入一度有较大提高，但所增收入基本上来自对社会的搜刮和巧取豪夺，使社会经济受到很大破坏。另外忽必烈平定南宋后未能偃兵息民，而是继续发动大规模的对外扩张，远征东亚、东南亚一些国家，超出了社会的承受能力。由于上述原因，大一统并未给元朝带来一个繁荣的"盛世"，相反统治危机很快出现，人民起义频繁爆发。可以说元朝早衰的征兆，在忽必烈时期就已经表现得比较明显了。

## 元朝中后期的政治

至元三十一年（1294），元世祖忽必烈卒，其孙成宗即位。自此直至元统元年（1333）元朝最后一个皇帝顺帝即位，通常被称为元朝的中期。这一时期的皇位争夺非常激烈，三十余年中更换了八个皇帝，大都不是按照正常传接次序即位的。造成皇位争夺的主要原因，是大蒙古国忽里台选汗传统在元朝的遗存。忽必烈虽力图确立嫡长子继承制，但在忽里台传统影响下，前任皇帝的遗命并不足以成为继承皇位的充分条件，必须通过忽里台会议的合辞拥戴，皇位继承才最后生效。这种由草原社会流传下来的贵族选君观念，缺乏对被推举者身份的具体限制，实际上为争夺皇位的行动提供了意识形态上的依据，也为有野心的大臣进行政治投机带来了方便。竞争、政变乃至弑君，在元朝中期的皇位继承中一再上演。特别是爆发于文宗天历元年（1328）的"天历之变"，演化为两都的内战，并且波及陕西、四川、云南等地，大大削弱了元朝统治集团的力量。

元朝中后期，权臣专权的现象逐渐突出。由于分封制的发达，元朝的贵族政治主要表现为家臣政治，执政大臣基本出自怯薛，君臣关系当中具有一种自草原时代继承而来的私人隶属色彩。而忽必烈以后的元朝诸帝绝大多数权力欲不强，对相当其"家臣"的朝廷高官放手使用、不加疑忌。大臣虽然权重，但一般情况下他们的权力只是皇权的外延。但有些时期，个别大臣权力过度膨胀，形成专权，也对国家政治体制的正常运作造成了危害。如仁宗、英宗时右丞相铁木迭儿长期专权，提拔亲党，打击异己，朝野侧目。天历之变后，政变主谋燕铁木儿独揽大权，其子甚至说"天下本我家天下也"。顺帝在位前期，

左页图：图15-4 元人绘《元世祖出猎图》

右丞相伯颜掌权，进号大丞相，兼职累计头衔竟达246字，天下人惟知有伯颜，不知有皇帝。权臣专权加重了政治腐败，上下贿赂，习已为常，官吏索贿各有公开名目。

　　财政危机也成为元朝中后期的一个严重问题。元朝财政支出混乱，皇室、贵族生活豪华奢靡，宴享频繁，又经常举行喇嘛教的宗教活动，称为做佛事，浪费极其严重。在皇位争夺中即位的皇帝为酬谢支持者、安抚反对者，都要进行巨额赏赐，平时小规模的赏赐更是随时不断。面对财政窘境，元朝统治者采取了一些"理财"措施，但都没有真正解决问题。顺帝至正十年（1350），元廷下令"更钞"，大量印行新纸币，公开宣布通货膨胀，结果钞币信用暴跌，百姓弃钞不用，至以物货相贸易，直接导致了财政的崩溃。

　　元朝中后期，社会上始终孕育着动荡不安的因素，下层人民起事愈演愈烈。顺帝在位中期，因黄河屡次决口，元廷征发民工大举治河，成为大动乱的导火线。至正十一年（1351），韩山童、刘福通等在治河工地组织起义，并且迅速蔓延到南方，元廷顾此失彼，难以应付。各地豪强组织"义军"与起义者对抗兼自保，也逐渐转化为地方割据势力。在一片大乱中，出身于贫民的起义将领朱元璋脱颖而出，奄有东南半壁。至正二十七年朱元璋遣军北伐，次年元顺帝放弃大都北逃。此后顺帝及其子孙在一段时间内仍以大元之名号令部众，史称"北元"，但作为中国历代统一王朝之一的元朝，事实上已经灭亡。

## 汉化迟滞的若干具体表现

　　元朝中后期，汉化改革工作只有一些局部的推进。仁宗皇庆二年（1313），正式下诏开设科举。英宗在位时，编成法令文书类编《大元通制》，部分地消除了元朝法无定制的弊端。不过，元朝的汉化进程仍然较为明显地呈现出迟滞的特点，显得比较艰难和迂回曲折。除制度层面的种种表现外，统治集团的文化取向和文化素质也明显反映出这一问题。

　　总体来看，元朝包括皇帝在内的蒙古贵族接受汉族文明比较缓慢，大多数人在相当长时间里都对中原地区的一套典章制度、思想文化十分隔膜。历朝皇帝均信奉喇嘛教，加封吐蕃萨斯迦派僧侣为帝师，后来还在地方广建帝师殿，祭祀第一任帝师八思巴，其规模制度超出孔庙。相比较而言，儒学在蒙古统治者心目中的地位就要逊色许多。社会、文化背景的差异，使他们对儒家学说的

图 15-5 元加封孔子诏书碑

概念、体系感到难以理解。就整个朝廷而言,可以说儒家思想在昔日作为治国主导方针的"独尊"地位,始终没有得到明确的承认。

语言文字的使用也反映出类似问题。忽必烈命八思巴仿吐蕃文字母创制"蒙古新字",颁行天下,定为"国书",并在地方上广设蒙古字学进行教授。大批汉人为获进身之阶进入蒙古字学读书,汉族官僚中许多人精熟蒙古语,取

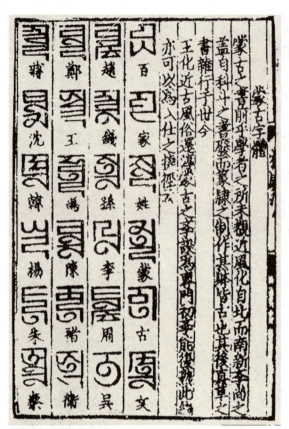

图 15-6 元八思巴字《百家姓》

蒙古名字，表现出蒙古化的倾向。蒙古语的语法、词法还渗入汉语当中，形成一种独特的蒙文直译白话文体。汉语文对蒙古贵族虽有一定影响，但并不突出。宫廷中主要使用蒙语。大多数皇帝虽有一定程度的汉语水平，但仍不能完全脱离翻译。不仅皇帝多不习汉文，蒙古大臣中习汉文者也很少。有的蒙古贵族到地方任官，执笔署事，写"七"字之钩不从右而从左转，成为笑柄。

在用人政策上，元朝统治者心目中的民族畛域根深蒂固，极力维护蒙古、色目贵族在上层统治集团中的垄断地位，排斥汉族官僚进入统治核心。汉族官员中，以吏进身者占绝大多数，儒士数量很少。这种重吏轻儒的用人方针，从根本上说是蒙古统治者特殊统治意识渗透的结果，是他们对汉族典章制度认识不深、汉化不彻底的产物。

造成元朝汉化迟滞的因素是多方面的。第一，蒙古族在进入中原以前从事比较单纯的游牧、狩猎经济，对汉族农业文明几乎全无接触和了解。认识农业经济的重要性、接受相关的一套上层建筑、意识形态，对他们来说相对比较困难。第二，蒙古建国后除汉文化外，还受到吐蕃喇嘛教文化、中亚伊斯兰文化乃至欧洲基督教文化的影响，对本土文化贫乏的蒙古统治者来说，汉文化并不是独一无二的药方。第三，尽管横跨欧亚的蒙古帝国在建立不久就陷于事实上的分裂，分化出元王朝和四大汗国，但在相当长的时间里，元朝在名义上一直还只是蒙古世界帝国的一部分。漠北草原在国家政治生活中占有重要地位，存在着一个强大而保守的草原游牧贵族集团。这就使得元朝统治集团仍不能摆脱草原本位政策的影响，长期难以做到完全从汉族地区的

图 15-7 元妙应寺（今北京白塔寺）白塔

角度出发来看问题。汉化迟滞在一定程度上导致了元朝的早衰，但蒙古民族却也因此而能够在元亡之后长期保持自身的传统，为中华民族大家庭历史的发展作出自己特有的贡献。

## 三　元朝的民族关系与对外关系

作为北方民族建立的大一统王朝，元朝的民族关系比前代王朝更为复杂。元朝与外国的战争和和平往来，也都在中外关系史上书写了新的内容。

## 元朝的民族关系

元朝的统治带有很强的民族歧视与压迫色彩,统治者按照被征服的先后,将全体百姓自上而下分为蒙古、色目、汉人、南人四个等级。蒙古人作为元朝的"国族",是统治者依赖的基本力量。蒙古以外的西北、西域各族人,包括唐兀(即西夏)、汪古、回回、畏兀儿、哈剌鲁、钦察、吐蕃等等,统称为色目人,系取"各色名目"之义。他们是蒙古统治者的主要助手。四等人中的"汉人"是一个狭义概念,主要指淮河以北原金朝统治区以及较早为蒙古征服的四川、云南地区的汉族人。长期以来居于北中国的契丹、女真人也包括在"汉人"之内,他们绝大多数在元朝已趋于汉化。南人则指最后被征服的原南宋统治区(元朝江浙、江西、湖广三行省)内的居民。

四等人地位、待遇的不平等体现在许多方面。从政治出路看,蒙古、色目人通过怯薛入官保证了他们对高级职位的垄断,汉人、南人进入高层的机会则受到种种限制。各机构长官在原则上都要由蒙古人担任。从法律地位看,蒙古人因争执殴打汉人,汉人只能向官府申诉,不得还手;若因争执或乘醉殴死汉人,无须偿命,只征收一笔烧埋银,并断罚出征。四等人犯相同罪名,往往汉、南人量刑重而蒙古、色目人量刑轻。从军事防制的角度看,元廷以蒙古军镇戍中原防范汉人,以汉军镇戍江南防范南人,禁止汉、南人持有弓箭等兵器,畜鹰犬打猎,习学枪棒,乃至祈神赛社、演唱戏文。其余有关百姓服色、婚娶聘礼等问题,都对汉、南人定有歧视性的规定。另一方面,实际上的民族地位又并不像制度规定那样简单。少数较早投附蒙古的汉族军阀、官僚家族受到蒙古统治者的特殊优待,视同"国人"。南人虽位居四等人之末,但南方大地主仍然可以凭借雄厚财力把持官府,武断乡曲,谋求特权。而广大的蒙古下层百姓要为国家承担沉重的军役、赋税,不少人破产流亡甚至卖身为奴婢,也没有从四等人制的规定中得到多少实际好处。

元朝的统治虽有民族歧视、压迫的一面,但也促进了各民族之间的融合与交流,加强了周边民族与内地的经济文化联系和认同感、凝聚力。这是元朝对中华民族历史发展所作出的重要贡献之一。

蒙古族是在元朝正式形成的。蒙古统治者在广泛接触、吸收各民族文化的基础上,大力推动本民族文化的建设,如新创文字、设学校、编史书等,在待遇上也将原漠北各部族共同列入"蒙古人"的范畴。元廷对作为"祖宗龙兴之地"的漠北始终牢牢控制，设宣慰司、行省等机构进行治理，屯驻军队，拨赐巨额经费，这都极大地促进、巩固了蒙古对漠北诸部族的消化。到元朝中后期，漠北诸部族已经习惯于使用"蒙古"作为它们的总名称，形成了更大范围的、全新的蒙古民族。回族也在元朝开始形成。大批信奉伊斯兰教的突厥、波斯、阿拉伯人移居中国，当时的文献称之为回回人，为

图 15-8 福建泉州元代穆斯林墓碑

色目人之一种。他们的种族、语言、原籍并不相同，但在伊斯兰教强大的整合作用下形成了一个新的文化共同体。以元朝回回人为主体，进一步融合其他民族居民中的伊斯兰教信徒，最终诞生了中国的回族。

元朝的民族杂居现象十分突出。蒙古、色目人通过从政、驻防、屯田、谪戍、流亡、经商等途径大量涌入内地与汉族混居，许多内地汉人又因被俘、罪徙等原因迁往边疆。各民族的杂居共处促进了民族融合，加强了彼此的文化交流。蒙古、色目人研习儒学或以诗文书画知名者不乏其例，而蒙古语文在汉族社会亦颇为流行。不同民族文化相互影响，交相辉映，成为元朝显著的时代特色。

## 元朝的对外关系

忽必烈继承了历代蒙古大汗的扩张传统，并不以统一中国为满足。至元十一年（1274）即遣军远征日本，登陆后因后援不继，仓促撤回。到至元十八年（1281），南宋已灭，忽必烈遂决定发动一场大规模的侵日战争。远征军14万人兵分两路，分别由高丽和庆元（今浙江宁波）出发，在日本沿海会师，

伺机登陆。因台风大作，战船多毁，日军乘势袭击，元军大部分被歼，远征以惨败告终。至元二十一年（1284）、二十四年（1287），元朝两次发兵征伐安南（今越南北部），二十九年（1292）又远征爪哇（今印度尼西亚爪哇岛），均被击败。直到忽必烈去世，对外征伐才基本中止。

与战争相比，和平往来仍然是元朝中外关系的主流。特别值得提出的是中国与欧洲发生了直接人员往来。大蒙古国时期，

图15-9 马可·波罗像

欧洲使节即曾到达漠北蒙古汗庭。忽必烈在位时，意大利旅行家马可·波罗来华，成为中外关系史上的大事。马可·波罗出生于意大利威尼斯的一个商人家庭，约于至元十二年（1275）随父到达中国，至元二十八年（1291）始由泉州乘船西返。根据他的记忆与口述写成的《马可·波罗行记》一书，在欧洲轰动一时，影响了以后几个世纪的欧洲航海家和探险家。

这一时期，中国旅行家在历史上第一次访问了欧洲。汉文史料没有提到这位旅行家的名字和事迹，其有关情况仅见于西文记载。他的名字为列班·扫马（扫马为本名，列班为叙利亚语"教师"之意，是尊称），是生活在大都的畏兀儿人，信奉景教，东胜州（今内蒙古托克托）人马忽思从其学。约至元十二年（1275），二人赴耶路撒冷朝圣，后来马忽思在报达（今伊拉克巴格达）被拥戴为景教新教长，称雅巴·阿罗诃三世，扫马也被任命为教会巡视总监。1287年，扫马受雅巴·阿罗诃三世及伊利汗阿鲁浑的委派出使欧洲，在法国会见了法王腓利普四世和英王爱德华一世，又到罗马觐见教皇尼古拉斯四世，都受到热情款待。后来扫马回到报达，辅佐雅巴·阿罗诃三世管理教务，直到去世。

列班·扫马访欧后不久，天主教教士孟特·戈维诺受教皇委派涉海来华，于至元三十一年（1294）到达大都进行传教。他在大都兴建教堂二所，收养幼童 150 人，为大约 6000 人进行了洗礼，1307 年被教皇正式任命为大都大主教，后来还在福建泉州设立了分教区。后至元二年（1336），元顺帝派出一个十六人使团出使罗马教廷，受到热情款待，游历了欧洲很多地方。随后教皇派教士马黎诺里等数十人随元朝使团回访中国，经陆路于至正二年（1342）到达上都，向顺帝进呈骏马一匹作为礼物，史书记为"拂郎国贡异马"，轰动一时。

元朝与非洲的交往主要是针对东非和北非。成宗大德五年（1301），曾遣使赴索马里、摩洛哥等地采办狮、豹等珍禽异兽。元中后期人汪大渊随商船出游南亚、东非数十国，著有《岛夷志略》一书记游历见闻。摩洛哥旅行家伊本·拔图塔于元顺帝时自印度至中国，曾到达广州、泉州、杭州诸地，著有《伊本·拔图塔游记》，描述了中国南方的经济和社会生活。

## 元朝帝系表（含大蒙古国）

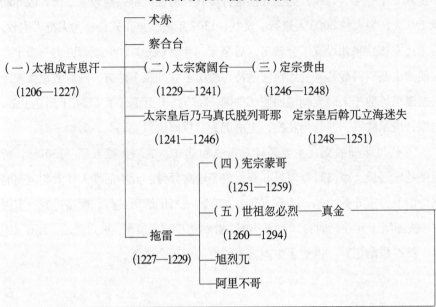

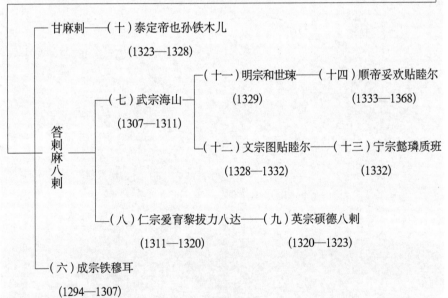

# 第十六章 隋唐宋元时期的经济、社会与文化

本章在此前六章的基础上,从纵向角度简要、概括地叙述隋唐五代宋辽金元时期近800年间有关经济、社会、文化诸方面一些重要问题的演变线索。

# 一　隋唐宋元时期的经济与社会

本节从六个方面介绍隋唐宋元时期经济与社会领域的一些重要问题。

## 农业与手工业

唐宋时期，尽管中间也曾遇到战乱破坏，但总的来看社会生产力进入了西汉以后的又一高峰，在当时世界上居于绝对领先地位。首先是户口的增长。隋朝鼎盛时期户数约900万，经隋末动乱降至不足300万。至唐玄宗天宝年间，统计户数近907万，口5288万，据估计实有户数当在1300万以上，人口总数应达7000至8000万。晚唐五代动乱中户口再度下降，至北宋又有了更大的增长。徽宗大观四年（1110），户部统计全国户数为2088余万，口4673余万。通常认为此处口数仅指男丁，实际人口当超出1亿。南宋户数最多时达1267万，实际口数应逾6000万，加上金朝的最高人口数字4581万，也基本与北宋相当。

唐宋农业的发展十分突出。学者估算唐朝的耕地面积最多时合今亩5亿至6.6亿，北宋则达今亩7亿至7.5亿。唐朝出现了轻巧灵便、宜于深耕和精耕的曲辕犁，以及用于灌溉高地的筒车。政府重视水利，因地制宜新建了大量中小型水利工程。五代至宋出现圩田（亦称围田），在水边低地垦田，筑堤围之，兼具排、灌功能。唐时北方开始实行麦粟复种制，两年三熟。南方则出现稻麦复种。至宋朝，江南稻麦复种已相当普及，在闽、广还出现了双季稻。宋朝还开始种植由海外引进的占城稻以及由西北引进的西瓜，茶树、甘蔗、果树等经济作物的种植都有进一步发展，棉花的栽培也始于宋朝。唐朝粮食的基本亩产量在一石左右（合今每亩51.5公斤），高者二石。宋朝多在一石以上，长江流域达到二至三石，甚至有高至六七石者。若除去高产杂粮种植的因素，明清粮食生产基本没有逾越这一水平。

唐宋手工业也有很大进步。纺织业以家庭手工业为主，高级丝绸、麻布仍由官私作坊生产，南宋时棉织业已开始出现。制瓷业在唐朝完全从制陶业中分离出来，宋朝瓷器已成为重要的外贸出口产品。矿冶业是当时规模最大的手工业，除官营外亦允许私人经营，征收课税。除铁、铜等金属外，宋朝还开始开采煤与石油。唐朝出现雕版印刷业，宋朝的杭州、成都、福建、汴梁成为四大印书中心，大大推动了文化的普及和传播。其他重要手工业还有制盐、造船、造纸、印染、金银器加工等等。

金、元入主中原，使北方社会经济迭遭打击，随后又逐渐恢复。南方经济的发展所受影响不大。元朝人口最高数字据估计在8000至9000万，略低于北宋。元朝边疆地区的农业发展显著，棉花种植也在元朝大幅度推广。手工业中官营手工业尤为兴盛，制毡、丝织、兵器、矿冶等行业比较发达。棉纺织在南宋基础上成为元朝新兴的民间手工业。

图16-1 唐代越窑青瓷八棱瓶

## 商业与城市

与魏晋南北朝时期相比，隋唐的商业开始复兴。统一带来国内交通的发展，为商业活动提供了便利。州县城中通常设有进行商品交易的"市"，与居民区"坊"相隔，每日定时开闭。市中出售同一类商品的店肆通常集中排列，称为行，另外还有经营车马出租或寄存的车坊，以及从事典当、高利贷的质库。唐朝后期，城市中坊、市分隔的制度开始打破，开市时间延长，大城市中出现夜市。城外的定期集市贸易也发展起来，有的集市长期开设，商人定居置店，日久升格为县。由于政府铸币数量不能满足流通需要，现钱交易不便，社会上出现了柜坊，为商人寄存钱物，根据商人所出凭据代为支付钱货。又有飞钱，可在长安将钱币折换成特定文券，赴地方验券提取现钱。隋及唐前期最大的都市为长安和洛阳。长安城面积达84平方公里，分108坊和东、西二市，人口多时近百万，也是

图16-2 北宋张择端《清明上河图》局部

当时国际第一都会。唐后期南方城市迅速发展，尤以扬州、益州为盛，有"扬一益二"之称。

宋朝商品经济非常繁荣。农业发展使剩余农产品大量增加，新兴经济作物茶叶、甘蔗之类绝大部分进入市场，一些"专业化农业区"主要依赖外地提供商品粮，均使商品流通规模继续扩大。市场形成城市、镇市、草市三级金字塔型结构。在地方贸易网的基础上，初步形成了江南、川峡、北方、西北几个较大的区域市场。海外贸易规模超出唐朝，输出商品以丝绸、瓷器为大宗，输入者有珠宝、药材、香料等等。北宋铸币量不能满足商业发展需要，民间开始出现中国古代最早的纸币，称为交子，后改由政府发行。城市中坊、市之分已完全打破，大城市中消费水平的涨高、文化娱乐活动的丰富、夜生活的发达，都达到空前水平。

元朝商业也很发达。大运河在宋金对峙时期已多处淤塞，元廷先后在山东开凿会通河，在大都近郊开凿通惠河，经重新疏凿，改变了运河过去迂回曲折的航线，航程大为缩短，在以后明、清两代一直发挥着重要作用。还开辟了海运航线，由长江口之刘家港入海，北行绕胶东半岛入渤海抵直沽。元朝基本不行铜钱，而是在全国范围内将纸币作为主币发行，称为钞。这些都推动了商业的发展。首都大都既是全国政治中心，也是北方最大的经济中心和商品集散地。南宋故都杭州基本保持了宋代旧貌，其繁华与大都比较有过之无不及。随着运河的恢复和海运的开通，在其沿线又出现了一批新兴的工商业城市、城镇，其中主要有淮安、临清、济宁、松江、太仓、直沽等。外贸港口泉州、广州的经济也非常活跃。

## 赋役与户籍

隋唐赋役制度的演变分为两阶段。前期正赋为租庸调，另有两种附加税户税和地税。役有正役、杂徭、色役之分。法定正役时间为每年20日，但通常都纳绢代役（即"庸"）。杂徭指正役以外地方政府征发的劳役，名目不定，每夫每年不得超出40日。色役指各种名目的职役，即衙门杂务，可纳钱代役。民户被划分为九级户等，每三年核定一次，载入户籍。唐朝后期颁行两税法，按户等征钱，田亩纳谷物，原有的租庸调、杂徭全部除去。实际执行中，三年一定户等、税额的制度难以充分贯彻，百姓负担尽不合理，日久愈甚。两税定额以外，临时征调摊派以及力役征发仍然随时有之，并呈现出逐渐加重的趋势。

宋朝户籍之制，以有无常产（在农村主要指土地）为标准，划分为主、客户两大类。主户根据资产多少分为五等，其中一至三等为上户，四、五等为下户，后者占主户的大多数。客户基本为佃农。赋税仍以两税为主，且已演变成比较单纯的土地税，基本定额是亩纳一斗，视肥瘠而作升降。两税正额本身不算高，但附加剥削名目繁多。在两税以外，又有许多名目不一的杂税。役分为职役和夫役。职役由唐朝色役发展而来，包括基层衙门吏职及乡村办事人员，按户等轮差乡村主户担任。上户役重，常设法逃避，转嫁其役于下户，弊端丛生，故王安石改差役为募役。至南宋差募兼行，既征收免役钱，又多通过保甲差使乡户充役。夫役是前代力役的残存，在宋已大量用厢军承担，但仍有差派民户者，征调时以丁为主。

元朝的赋税主要为税粮（主要征粮食）和科差（征丝、钞）两大类。北方税粮分丁税（每丁粟二石）、地税（每亩三升）两种缴纳方法，民户纳丁税，普通民户以外的一些专业性人户纳地税。南方基本沿袭两税法，按亩征收秋粮，夏税以秋粮数额为基数折征实物或钞币。科差的征收以北方为主，分征丝、钞，南方只征钞。役主要分两类，一类属于力役，称"杂泛"，另一类属于职役，亦称"差役"。户等划分为九等，科差征收和杂泛差役的摊派都与户等密切相关。统治者又按职业等因素将全体居民分为若干种类，称诸色户计，分别为国家承担不同义务，世代相袭不得脱籍，其正规赋役则可得到部分优免。"诸色户计"的名目，主要包括承担军役的军户，承担驿站服务工作的站户，从事官营手工业生产的匠户等等，甚至儒士也单列为儒户，以遣人入学读书为义务。

就财政角度而言，除针对农业人口的正额赋税收入之外，来自工商业的专卖、商税收入也是财政来源的大宗。安史乱后，唐廷对盐、茶、酒等物资实行专卖，到宋朝专卖制度更加发达。食盐生产或官制，或民制官收，由商贾向官府购买售盐凭证钞引，用钞引至指定盐场支盐，在指定区域销售，不得越境。茶叶专卖之制与盐相仿，酒则以官造官卖为主，或定立课额令人承包生产。元朝承袭宋制，盐利所得达到每年国家钞币收入一半以上，又有茶课、酒醋课等专卖税。商税之制定于中唐以后，分过税（流通税）、住税（交易税）两类，税率初为2%，后增至十分之一。宋朝商税仍降为2%至3%，但官吏往往额外多取。元朝规定商税三十分取一。市舶司所征外贸税收，在广义上亦属商税范围。

## 经济重心的南移

隋唐宋元时期，中国经济重心由北方完全移到南方。秦汉时北方为全国经济重心所在，永嘉之乱后大批中原人口南渡，推动了南方的开发。不过直到唐朝前期，南方开发尚较为有限，北方尽管屡经战乱破坏，而旧基未隳，潜力犹存，恢复亦较迅速，故经济重心仍然在北不在南。据唐玄宗天宝年间全国户口数字，秦岭、淮河以北地区户数仍占54.5%，其中仅河南、河北两道户数即占全国37.1%。然而宏观来看，北方经近千年开发，土地利用已比较充分，农业生产技术亦臻于极限，经济增长的余地已经不多。而南方自然条件优越，蕴藏着非常巨大的开发潜力，其取代北方的经济重心地位已是势所必至。

图 16-3 元《卢沟运筏图》

安史之乱成为影响南北经济地位消长的关键事件。乱后北方经济残破，人口大量南迁。唐宪宗时，东南地区的浙东、浙西、宣歙、淮南、江西、鄂岳、福建、湖南八道，户数已占到全国申报户数的 58.3%，成为中央主要财赋来源。唐朝后期南方经济发展取得了进一步的成果，大片丘陵山区得到开发，出现一批新的人口聚落，经济作物种植更加广泛，手工业技术逐渐赶上以至超过北方。

作为运河枢纽的扬州几乎已具有全国经济中心的地位，城市生活之丰富侈靡大为时人倾倒，至有"人生只合扬州死"，"天下三分明月夜，二分无赖是扬州"之咏。草市的大量涌现、海外贸易的活跃也都引人瞩目。

经唐末战乱，南北方经济均受到严重破坏，但南方恢复比北方顺利，南北差异继续扩大。北宋放弃汉唐旧都，定都于无险可守的汴京，主要出于接近漕运的考虑；其统一方略先南后北，很大程度上也旨在利用南方财赋。户口分布南多北寡的格局，到北宋已经形成。北宋后期东南户数占全国一半，加上西南则超出三分之二。至靖康之难，北方再遭战火蹂躏，又一次促使南北经济差异扩大，南方的经济重心地位完全奠定。

南方经济发展带动文化发展，提高了南方人在政治舞台上的地位。唐朝宰相十分之九为北人，而北宋宰相72人中，南人已占到31人。南人在科举考试中优势突出，北宋后期被迫采取南、北分卷制度，特许北方五路别考而单独录取，以维持取士人数之均衡。南宋立国南方，南人顺理成章地在政府中占压倒多数，已与东晋南朝"侨人"掌权之格局大异。

在蒙元统一全中国的过程中，江南所受战争破坏比北方轻得多，南、北经济差异继续扩大。元朝定都华北，供应仰给江南，江浙、江西、湖广三行省税粮总数占全国一半以上，仅江浙一省即超出全国的三分之一。元廷疏通漕运，开辟海运，都是为了征调南方财赋的需要。但元朝实行民族等级制度，南人位居四等人最底层，受到种种歧视，这就又与宋朝的情况不同了。

## 租佃制及其他人身依附关系

隋唐宋元时期，租佃制取代了魏晋南北朝的部曲佃客制，成为社会上最常见的土地剥削关系。唐朝前期自耕农比例较大，相对自由的契约租佃关系也已出现，吐鲁番出土文书中即有不少唐前期的租佃契约。唐朝中后期，大土地所有制日益发展，主要采取租佃制的经营方式。到宋朝"田制不立"，国家承认土地转移让渡，并针对其制定了详细的法律规范，租佃制也更为发达。佃农在户籍中被列为"客户"，据估计其比重至少占总户数的35%。租佃土地与买卖一样须订立正式契约，办理法律手续。地租以分成租（通常五成）为主，定额租相对少见。缴纳方式绝大部分为实物，但也有货币地租之例。随大土地所有制的发展，还出现了两层以上的租佃关系，即由名为管庄、干仆、管田人

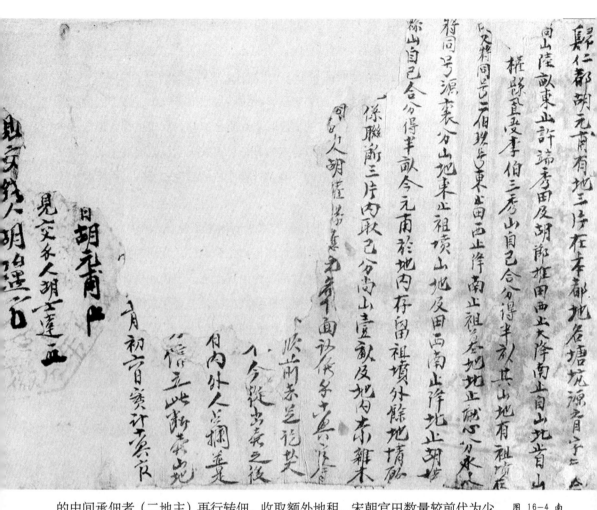

图16-4 南宋土地买卖契约残纸

的中间承佃者（二地主）再行转佃，收取额外地租。宋朝官田数量较前代为少，亦大多用于租佃。

在唐朝绝大部分时间里，佃农并不是一个合法存在的社会阶层，而属于国家与大土地所有者的争夺对象，因而其法律地位与凡人并无区别。而在事实上，佃农地位虽高于过去的部曲佃客，但也不可能完全逃脱地主的人身束缚。由五代及宋，国家不得不对越来越普遍的租佃关系予以承认并加以规范化，反映到法令上就是佃农专门注籍为"客户"，既在原则上保证其国家"编户齐民"的地位，又将这一庞大阶层与有"常产"的主户区别对待。总体来看，佃农对地主的依附关系在其"编户齐民"地位确立后有强化倾向，但比魏晋南北朝部曲仍属削弱，应当说是人身依附关系削弱大趋势中的小曲折。个别地区也有依附性较严重的事例，如地旷人稀、劳力缺乏的夔州路等地，地主对佃农控制甚严，往往随田典卖，夫死妻亦不得自由改嫁。

隋唐社会中还存在着若干人身依附色彩较强的贱民阶层。隶属于官府的贱民称为官户，另外还有一些供官府役使的各类特殊人户，如造作、屯田、畜牧、音乐等，称为杂户，皆同类为婚，不得脱籍。奴婢依然存在，唐律规定"奴婢比之资财"，"律比畜产"。到宋朝，贱民阶层已显著减少，官户、杂户等名目的依附人口基本消失（官户的概念转指品官之家）。奴婢虽存，但数量少于唐朝，地位也有所上升，除少数官奴婢外，私家奴婢明显地出现了向雇佣制演变的趋势。贱民阶层总体数量的下降和社会地位的提高，反映出由唐及宋人身依附关系的削弱。

金、元的统治将女真、蒙古社会的奴隶制因素重新注入中原，奴婢数量大增。不过总体来看，租佃制的剥削形态仍占主导地位。金朝的女真猛安谋克户起初多役使奴婢从事生产，后来大都改为出租土地，坐食地租。元朝奴婢比金朝更多，称"驱口"，意为"被俘获驱使之人"，主要存在于北方，多来源于战争俘虏，亦有因债务等原因被贩卖甚至强抑者，一些罪犯及其家属则被籍没为官府的驱口。驱口没有人身自由，子孙相袭，作为主人财产的一部分，可任意转卖。主人按法律不能任意杀害驱口，但杀害后最多只杖87。不过另一方面，驱口通常仍有自己的财产，有的驱口因生产致富，自己亦蓄有驱口，亦可在积蓄了一定的财产后向主人赎身。与此相联系，主人往往对驱口采取"岁纳丁粟以免作"的剥削方式，与租佃制有近似之处。

由于战乱破坏，元朝北方地主经济的规模明显小于南方，租佃制不如南方发达，甚至比金朝也有所倒退。而南方地主经济则在南宋的基础上继续发展，土地兼并严重，租佃制居支配地位。很多地方租佃制中的人身依附关系似比南宋又有所强化，地主巧立名目，强迫佃户承担更多的义务。主佃名分森严，不容干犯。法律规定，地主殴死佃户仅杖107，征烧埋银50两。元朝官田较多，官田佃户所受人身束缚和超经济强制也重于宋朝，往往不得随便退佃，还经常出现虚包子粒、违制多取、旱涝不免等现象。

**统治集团身份色彩的变动**

隋唐时期，统治集团中尚存在若干比较固定的身份群体，亦即士、庶之别以及士族内部的等级区分，士族门阀作为一种社会现象尚未退出历史舞台。具体而言：南方士族在南朝即已衰落，至此除个别家族外皆基本无闻于世。关

图16-5 唐代关中士族韦氏家族墓壁画宴饮图

中士族与代北鲜卑士族合流形成关陇贵族集团,把持朝政。山东士族政治地位虽失,但仍以礼法门风、文化传统高自标置,矜夸门第,互结婚姻,社会影响长久不衰。唐朝前期,搜求全国谱牒,评定姓族等级,先列皇族,次及外戚和当朝官僚,希望打击山东士族,建立以李唐皇室为首、关陇贵族为核心的新门阀体系。然而凭借武功崛起的关陇贵族社会基础较浅,在唐前期政治斗争中又屡遭重创,不久即逐渐衰落。而山东士族仰仗其久远根基,百足之虫,死而不僵,直到唐朝后期仍然保持着一定的封闭色彩。唐初皇室婚姻皆取勋贵,以后则渐求于山东旧族,而后者自矜礼法门第,每不乐与皇室联姻。

经唐末五代动乱,关陇、山东两大士族集团都受到毁灭性打击,到宋朝已"绝无闻人"。与唐朝相比,宋人已无所谓士、庶之别,不重视谱牒、乡贯。稍具身份性的统治集团主要是称为"官户"的品官之家,其比例占总户数的千分之一二,享有免役并减免部分赋税、荫补亲属等特权,但政治、社会地位并不稳定,很难世代为官,一旦失去官位即与普通百姓无异。大量普通士人

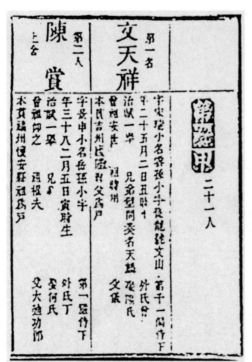

图16-6 南宋宝祐四年(1256)登科录

得以通过科举考试获得官户身份。而品官之家如非世代登科,两三代之后就会降为普通民户。社会成员政治地位的升降,与其经济地位的频繁变动一样,在宋朝都属常见现象。另外"婚姻不尚阀阅"也是宋朝社会的新特点。据统计,宋朝后妃半数以上选自平民之家,余者又有近半数出自中小官僚,与唐朝显著不同。一般社会成员的婚姻观念或贵进士,或求资财,族望门第已非世俗所重。

与唐宋不同,金、元王朝直接脱胎于"前官僚制"的边疆部族政权,因而又造成了贵族政治形态的回归。女真、蒙古贵族作为统治特权阶层,成为皇帝控制官僚机构的得力工具。他们分别在两朝政治领域中拥有身份性的世代垄断地位,可以仅凭出身就骤列高位,拔置要津。不过就汉族社会而言,除极少数勋贵家族外,社会成员的阶层流动、地位升降仍然是比较频繁的,与宋朝并无大异。

## 二 隋唐宋元时期的文化

本节分四方面简要介绍隋唐宋元时期文化的发展状况。

### 从经学到理学

唐朝初年,南北经学由分裂趋于汇总,颜师古考订五经文字,成"五经定本",孔颖达等又在汉晋传注的基础上作《五经正义》。然而经学长期以来局限于名物训诂，墨守僵化，已呈现衰颓趋势。佛教则因注重对心性义理、人生观、宇宙观、认识论的探求，更加具有哲学思辨色彩，在士大夫中影响日盛。在强有力的挑战下，儒学否极思变，新儒学的萌芽开始产生。唐朝中期啖助、赵匡、陆质师徒治《春秋》，以"舍传求经"著称，不仅不为三传旧说所拘束，且专攻三传之失。唐后期韩愈著《原道》等论文，排列出儒家的"道统"，自尧舜至孔子、孟子，谓孟子既没，"不得其传"，将汉以来儒学成果基本否定，而实以"道统"继承人自居。又力图扫除章句烦琐，穷理明心，直指人伦。愈门徒李翱作《复性书》，阐释性、情之别，提出"复性"、"至诚"的修养目标。韩、李二人一方面排斥佛、老，另一方面却从释、道两家汲取了大量思想资料以救传统儒学之弊，为宋朝新儒学奠定了思想基础。

宋朝是新儒学完全建立并蓬勃发展的时期，亦名"宋学"。宋学早期的代表人物胡瑗、孙复、石介聚徒讲学，摒弃汉、唐注疏，不重章句训诂，而是通过讲论形式探索经书义理，力求把握儒家学说的实质。还有一些学者倡导疑古之风，不仅轻视传注，甚至疑及经文本身。神宗前后，宋学进入昌盛阶段，出现以王安石为代表的王学（又称荆公新学）、以程颢、程颐兄弟为代表的洛学、以张载为代表的关学、以苏轼为代表的蜀学等分支，稍前还有周敦颐、邵雍等著名学者。各家各派具体论学虽有差异，但都侧重抽象思维，探讨宇宙社会生成之源，力图建立一套包括宇宙观、认识论、人生观在内的理论体系。其论学多围绕理、气、心、性等哲学范畴而展开，又以儒家纲常伦理为依归，将自然、道德合二为一，提出化小我为大我，与天地万物浑然合一的人生观，明理尽分，乐观通达，退则独善其身，进则兼济天下。

宋学发展至南宋，形成理学。其代表人物朱熹，是程颐四传弟子，于周敦颐、张载、邵雍学术亦多所吸收，形成一套完整而系统的思想体系。因其以"理"为哲学核心，

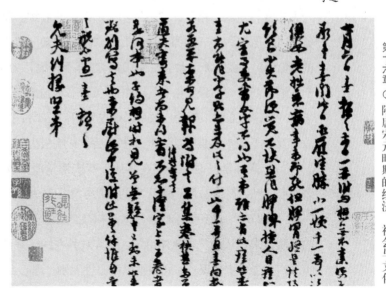

图16-7 朱熹手迹

图16-8 江西上饶鹅湖寺，朱熹、陆九渊曾在此进行学术辩论

故有理学之名，亦称程朱理学。朱熹论"理"，一则明其绝对、永恒，在气之先，二则明其运动不息而无处不存。针对佛教"空虚"之说，特别强调"理是实理"，"万理皆实"。在人性论方面，用伪《古文尚书》中"人心唯危，道心唯微，惟精惟一，允执厥中"一语加以概括，"道心"禀受于天地，为"理"之体现，至纯至善，"人心"则生于形体之私，善恶相混，驳杂不纯。道心、人心集于一人之身，须以"精"、"一"功夫加以扩充制约。精、一之道，一则在"内省"、"居敬"，二则为"践履"、"格物致知"。朱熹将此前已经颇受重视的《论语》《孟子》《大学》《中庸》四部著作编订为《四书》，表彰其为"初学入道之门""六经之阶梯"，并作《四书章句集注》。还针对儿童编有《小学》一书，以立教、明伦、敬身、稽古为纲，汇辑古书中有关纲常伦理之格言、故事及若干基本知识技能。此二书在后代影响极大。

与朱熹理学同时，还存在其他一些宋学学派，其中主要为以陆九渊为代表的心学和以陈亮、叶适为代表的事功学派。陆九渊对理的理解与朱熹不同，主张"心即理"，因而有心学之称。朱陆二人曾一再进行学术论辩。关于"理"的性质，朱熹认为"理兼体用"，是客观外在的，并体现于万物。心本身不等于理，心之性才是理。陆九渊则以为心性无别，理心合一，由内向外贯诸万物，至曰"宇宙便是吾心，吾心便是宇宙"。关于修养途径，朱熹强调格物致知，即物穷理，累积递进，以求贯通。陆九渊则主张由内入手，直接发明本心，通过自我反省、自我体验以求彻悟。陈亮、叶适论学重视事功，批评理学空疏，亦曾与朱熹展开激烈论争。到南宋后期，程朱理学终于被朝廷尊为官方学术，获得了在思想界的统治地位。

理学在金元之际北传。元初理学家许衡长期主持国子学教育，编写了多种浅近的理学著作用于教学，大大扩展了理学的影响，被后人尊奉为程、朱道统的继承者。后来国子学的教育体制推广到全国地方学校，科举考试内容也以理学著作为主，理学的统治地位完全奠定。元朝理学就学术本身而言创新不多，值得注意的是出现朱、陆调和的倾向，为明代学风的变化埋下了伏笔。

## 宗教

佛教的发展在隋唐进入鼎盛时期，形成若干大的宗派，包括天台宗、唯识宗、华严宗、净土宗、三论宗、律宗、密宗、禅宗等。中唐以下，诸派多因教义烦琐趋于衰微，唯禅宗因其传布、修行简便风靡于世。禅宗最初出现于南北朝，相传由菩提达摩创立，以坐禅之法参究佛性。唐前期分南、北二宗，后南宗压倒北宗，其创始人慧能被尊为禅宗六祖。慧能以下参禅主顿悟，主张不立文字，教外别传，直指人心，顿悟成佛，实则是将复杂的宗教理论简单化、世俗化。以念佛为基本修行方法的净土宗一度也很活跃，后来主要向下层社会发展，组织佛教结社，并汇杂若干民间信仰，衍生出白莲教等支派。

宋朝佛教以禅宗为主，起初分为临济、沩仰、曹洞、云门、法眼五派，后临济宗又分出杨岐、黄龙二派，故有"五家七宗"之说。禅宗的传习主要围绕前代著名禅师具有典型启发意义的"语录""机锋""公案"展开，经典不受重视。问答时不能正面应对，而须含蓄有玄言，追求言外之意。元朝吐蕃佛教（喇嘛教）受到蒙古统治者尊奉，汉地佛教的势力也因而有所发展，但佛学理论方面的创新不多。

道教在唐宋时期也很活跃。唐朝建立后，尊道教"创始人"老子（李耳）为始祖（后加号太上玄元皇帝），并确定了道先、儒次、佛后的三教次序。玄宗尝亲为《道德经》（即《老子》）作注，令全国各地为老子立庙，加封庄子、列子等"真人"称号。北宋虚构出一名赵姓祖先赵元朗,将其奉入道教诸神之列,尊为太上混元皇帝。徽宗亦亲注《道德经》,有"教主道君皇帝"的尊号。道教思想内容比较贫乏,巫术迷信色彩浓重,其兴盛主要依赖于统治者的崇奉,在基层的传播程度远比佛教逊色。南宋时道教声势已经衰微,但在金朝占领下的北方却出现了一些新兴的道教支派。新教派中以王喆(号重阳真人)创立的全真道势力最盛,提倡修炼"内丹",即除尽俗念、脱出凡躯束缚的精神。修炼的方式则是禁欲苦行,隔绝世事,以求返本还真、得道成仙。成吉思汗西征时,曾召王喆弟子丘处机(号长春真人)至军前问道,全真道因而贵显,不复能遵循禁欲苦行原则,生命力渐衰。另外的新道教支派还有萧抱真创立的太一道,刘德仁创立的真大道,理论与全真道颇多相通之处。

图16-9 唐德宗时立《大秦景教流行中国碑》

隋唐宋元还有另外一些外来宗教。唐朝有祆教、摩尼教、景教,合称"三夷教"。祆教又名拜火教,崇拜火及天神(胡天),出于波斯,唐朝于礼部属下置萨宝府专掌其事。摩尼教又称明教，亦出于波斯，糅合祆、佛、基督等教教义而成。景教是基督教中的聂斯脱里教派，出于东罗马，经波斯、中亚传至中国，寺名大秦寺。"三夷教"在唐武宗会昌灭佛时一并遭禁，弛禁后势力已衰，仅摩尼教在民间流行较久。伊斯兰教也在唐朝由大食商人传入中国。到元朝，随着大批中亚居民东来而传播更加广泛，其信徒在元代音译为木速蛮或答失蛮，汉文史籍常称之为回回人，由此形成回族。景教在辽金草原诸部中一直较有影响，到元朝继续传播，而罗马教廷遣教士来华，又导致了天主教的传入。元人称包括景教、天主教在内的基督教徒为也里可温。犹太教在元朝也比较活跃，其教徒被称为"术忽"。

## 史学与文学

唐宋时期的史学发展显著。官方修史制度日趋完善，设立史馆，自此历代纪传体正史基本上都出自官方修撰。唐有起居注记皇帝言行，时政记记皇帝与宰相所论政务，皇帝死后即由史官在起居注、时政记的基础上编修编年体的实录（唐后期又先修日历，以为实录长编），进而在实录基础上编修纪传体的国史。宋朝官修本朝史，除起居注、时政记、日历、实录、国史以外，又有专记典章制度的会要。私人修史也取得了多方面的成就，尤以宋朝为盛。

政书的编纂——唐朝后期杜佑著《通典》200卷，将以往正史中记载典章制度的"书""志"贯通发展为典制体通史，开创了古代史学中"政书"这一新体裁。南宋初年郑樵仿《史记》编纂纪传体通史《通志》，其中二十《略》叙述历代制度沿革，为全书精华所在。宋朝遗民马端临入元后撰成制度通史《文献通考》，分类更为细密合理，研讨宋制尤详。此二书与杜佑《通典》为古代"政书"类名著，并称"三通"。

编年体巨著《资治通鉴》及相关著作——北宋司马光主编《资治通鉴》294卷，是一部规模宏大的编年体通史，始于战国，止于五代，取材详赡，考订精确，体例严谨，叙事生动。南宋袁枢将《通鉴》所载重要事件分门别类，各述每事始终，撰成《通鉴纪事本末》，开创了纪事本末这一新的著史体裁。朱熹则将《通鉴》简编为《通鉴纲目》，简明扼要，并注重以理学观点进行历史阐述和评价。宋元之际人胡三省为《通鉴》作注，具有重要的学术价值。

史学理论的发展——唐前期刘知几著《史通》20卷，是中国古代第一部系统的史学评论著作。书中讨论了编年、纪传等史书体裁的得失以及编写史书的方法、技巧，提出史学家必须具有才、学、识"三长"的论点。南宋郑樵在其《通志》的总序中发挥了"会通"和"极古今之变"的思想，对史学理论也进行了探讨。

此外，宋朝学者在私修当代史方面成就突出，代表著作李焘《续资治通鉴长编》、徐梦莘《三朝北盟会编》、李心传《建炎以来系年要录》皆卷帙庞大，史料翔实。宋朝方志的著述、金石学的研究，也都取得了显著的成绩。

元朝统治者在编写汉文史书的同时，又以蒙古文修史，称为"脱卜赤颜"（蒙古语"历史"）。现存记载蒙古早期源流和大蒙古国前期历史的《元朝秘史》即是脱卜赤颜的残余，其组织结构、叙事方式都与汉文史籍有明显不同。

唐朝文学成就以诗歌最为突出。今存唐诗约50000首，作者达2200余人，内容丰富，体裁多样，风格各异。李白、杜甫、白居易三大诗人的作品代表了中国古代诗歌艺术的最高水平，李白被誉为"诗仙"，杜甫被尊为"诗圣"。其余重要作家还有陈子昂、王维、元稹、李贺、杜牧、李商隐等。唐朝后期，带有配乐并且句式长短不等的诗歌新体裁——词开始流行，至五代而愈盛。散文创作以唐朝后期的韩愈、柳宗元影响最大，他们发起了古文运动，反对魏晋以来骈体文的形式主义文风，提倡恢复先秦两汉的古代散文，崇尚文字顺畅简练，言之有物。唐朝后期的文言传奇小说创作出现了不少名著。由于佛教的流行，以佛经故事为主要内容的讲唱文学十分活跃，并且渐及于历史等世俗内容，其底本称为变文，对后世民间通俗文学的发展具有重要影响。

宋朝诗文创作在唐朝基础上又有新的发展。宋诗与唐诗相比具有崇尚"理趣"的特点，代表作家有苏轼、黄庭坚、陆游、杨万里等。北宋欧阳修等人继承唐朝后期的古文运动，使古文完全压倒骈文。欧阳修、曾巩、王安石、苏洵、苏轼、苏辙与韩愈、柳宗元并称为古文创作的"唐宋八大家"。词的繁荣是宋朝文学最突出的成就，主要有婉约派、豪放派之分。北宋前期婉约派占主导地位，柳永尤以创作慢曲长调见长。苏轼开创豪放词派，至南宋辛弃疾获得充分发展，其词作豪迈慷慨、气势磅礴。北宋中叶到南宋的婉约派词人周邦彦、李清照、姜夔等人的创作都达到很高的艺术水准。城市经济的繁荣刺激了曲艺、戏曲等通俗文学的成长。城市说书人的底本称为话本，主要以白话写成，语言生动，富有表现力，其中既有篇幅较长的"讲史"，也有短篇的"小说"。戏曲则出现了诸宫调、杂剧、南戏等体裁。

图16-10 山西洪洞元代壁画杂剧图

元朝的通俗文学取得了较大成就。其主要戏剧形式杂剧作为一种综合性的表演艺术,已发展得相当完备。代表性作家作品有关汉卿《窦娥冤》、《单刀会》、王实甫《西厢记》、马致远《汉宫秋》等。另一种有代表性的文学体裁是新兴韵文散曲,其长短句变化比词更为灵活,可使用衬字,并较多地采用俗语、口语。散曲与杂剧合称为元曲,杂剧作家往往兼擅散曲创作。元朝后期,江南的戏曲品种南戏兴盛,剧本结构比杂剧更自由,演唱形式也更为灵活,最著名的作品是高明《琵琶记》。话本在元朝继续发展,并与戏剧互相影响,在情节、内容上也彼此渗透。"讲史"和"小说"的创作都很繁荣,"讲史"的发展直接孕育了元明之际的两部长篇巨著《水浒传》和《三国演义》。

## 艺术与科技

隋及唐初,书法艺术在东晋南朝的基础上兼融北方风格,更趋繁荣,虞世南、欧阳询、褚遂良是当时书坛的代表人物。中唐时期的颜真卿在书写楷书时融汇了篆、隶等其他书体的笔法,形成了气势雄浑、形体敦厚、笔势遒劲的"颜体"。唐朝后期,柳公权的书法端庄谨严,而又有开阔疏朗的神致,其名与颜真卿并称。孙过庭、张旭、僧怀素则以草书知名。宋朝书法家以苏轼、黄庭坚、米芾、蔡襄最著名,宋徽宗亦工于正楷(号"瘦金体")和狂草。元朝大书法家赵孟𬱟的作品度越两宋,融会魏晋隋唐诸名家而自成风格,圆润遒丽,兼擅诸体,对明清两代书法有重大影响。

唐朝的绘画仍以人物画为主,后起的山水画发展也很迅速。人物画以阎立本、吴道子成就最突出,李思训、李昭道父子以及诗人王维则以山水画见长。另外曹霸、韩干画马,韩滉、戴嵩画牛,边鸾画花鸟等,亦皆名重一时。

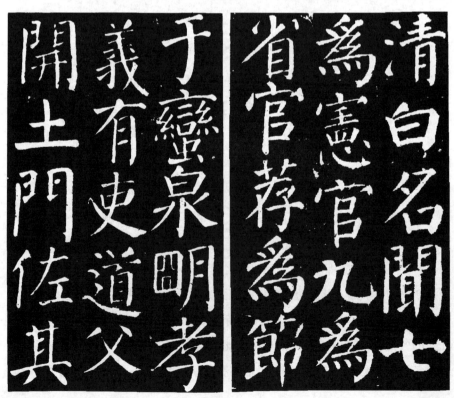

图16—11
颜真卿书法

融聚了绘画、雕塑两种形式的石窟艺术十分发达，敦煌莫高窟的唐朝石窟所塑佛像比魏晋南北朝更具世俗色彩，石窟壁画则以演示佛经故事的经变画为主，画面巨大，内容丰富，构图紧密。宋朝画家中，李成、范宽、李唐等工于山水，李公麟、刘松年善画人物，北宋张择端的长卷《清明上河图》描绘汴京街市的繁荣景象，是风俗画的杰作。宋徽宗在绘画上有很深的造诣，尤工花鸟。两宋一些画家绘画不求形似，崇尚意趣、神韵，称为文人画。元朝的绘画进一步向写意风格发展，文人画已成为画坛主流。赵孟頫是绘画史上承先启后的集大成者，人物、山水、花鸟、竹石无不精工。稍后有黄公望、王蒙、倪瓒、吴镇并称"四大家"，皆以水墨山水见长。元朝一些汉化色目人的书画作品达到了很高水准，如康里人巎巎的书法、回回人高克恭的绘画，皆与赵孟頫齐名。雕塑方面，元朝引进了尼波罗（今尼泊尔）的梵式造像术，所塑佛像与唐宋迥然有别。

隋唐科技成就十分显著。隋朝李春所造赵州（今河北赵县）安济桥，是现存世界上最早的单孔石拱桥，反映了当时建筑学的高超水平。隋唐之际的孙思邈精研医学和药物学，著有《千金方》《千金翼方》，被后世尊为"药王"。唐高宗时颁行《新修本草》，是世界上第一部官修的药典。唐玄宗时，僧人一

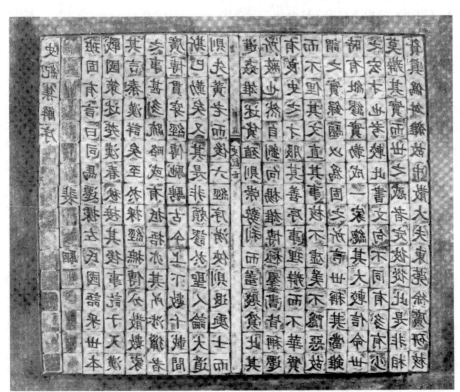

图 16-12 泥活字模型

行主持修订历法，首次实测地球子午线长度，还发现了恒星位置变动的现象。雕版印刷术也在隋唐时期发明，至迟在中、晚唐已付诸应用。

宋朝是中国古代科技发展的高峰时期。指南针已开始应用于航海，火药亦应用于火器制造。雕版印刷术使用更加普遍，对文化发展是一个明显推动。宋仁宗时，毕昇发明了活字印刷术，用胶泥刻制活字，排版印刷。指南针、火药、印刷术与汉代发明的造纸术并称为中国古代四大发明。天文学方面苏颂等人制造了世界上最早的天文钟"水运仪象台"，数学方面秦九韶著《数书九章》提出"大衍求一术""正负开方术"等新的算式，农艺学方面陈旉著《农书》总结两浙地区的先进农业技术，建筑学方面学方面李诫著《营造法式》阐述建筑理论，都在当时世界上居于领先地位。北宋后期沈括著《梦溪笔谈》，在数学、物理学、天文学、地质学、生物医学等方面都有重要贡献。

元朝科学家郭守敬在天文历法、数学、机械制造、水利工程方面均有突出成就。他致力于改制、创造天文仪器，并于至元十六年（1279）主持了一次空前规模的天文测量，全国共设立27处观测台，观测恒星近2500颗，其中1000余颗是第一次测出。根据大量实测资料，修成《授时历》，测定一回归年平均长度为365.2425日，与地球绕太阳公转周期仅差26秒，早于西方《格利高里历》的相同数据300余年。元朝统一后，农学家王祯著《农书》，是中国历史上第一部从全国范围内对农业进行系统研究的著作。

# 第十七章 朱元璋与明初政治

图 17-1 朱元璋像

代元而立的汉族统一王朝明朝（1368～1644），共传16帝，历时277年。明太祖朱元璋及其子明成祖朱棣在位期间，是明朝的创建和巩固阶段。经过这一时期的重典统治、皇位争夺等一系列动荡、波折，明朝政治才走上了正常发展的轨道。朱元璋尤其是明初政治的关键人物，对中国古代君主专制体制的发展具有重大影响。

## 一　明朝的建立及开国制度

明朝是在元末社会大动乱废墟上建立起来的。相对于游牧民族创建的元朝，明太祖更加重视制度建设。建立起一套比较规范的国家制度，在明朝具有"祖制"地位，并在很多方面影响到以后的清朝。

### 明朝的建立与统一

元末大起义的主要组织、发动者是白莲教徒。白莲教本为佛教净土宗的一个支派，教义浅显，修行简便，允许"在家出家"，在民间传播广泛，往往成为组织民众起事的工具。元顺帝至正十一年（1351），北方白莲教首领韩山童、刘福通借元廷治河之机策划起义，山童被地方官府捕杀。刘福通仓

图 17-2 安徽凤阳明皇陵

猝起兵，其众头裹红巾，故称红巾军（或红军）。稍后徐寿辉据蕲水（今湖北浠水），郭子兴据濠州（今安徽凤阳东北），皆以白莲教聚众号召。又有方国珍据浙东，张士诚据淮东，但他们不属白莲教系统。至正十五年，刘福通在亳州（今安徽亳县）拥立韩山童之子韩林儿为帝，又号"小明王"，国号宋，建元"龙凤"。在此前后，徐寿辉部将陈友谅杀寿辉自立为帝，国号大汉，占有长江中游大片地区。徐氏另一部将明玉珍进入四川建立"大夏"政权。张士诚南下占领平江（今江苏苏州），名虽降元，仍行割据之实。

在群雄逐鹿的混乱局面中，朱元璋后来居上，最终获胜。朱元璋，濠州钟离（今安徽凤阳东北）人，出身贫苦，早年出家为僧，游方乞讨。至正十二年（1352）投入濠州红巾军郭子兴部，郭子兴死后成为统帅。他接受龙凤政权官号，以应天府（今江苏南京）作为中心根据地，实行"高筑墙、广积粮、缓称王"的战略方针，在与元朝军队和张士诚、陈友谅等势力的作战中，逐渐强大起来。至正二十三年（1363），朱元璋与陈友谅大战于鄱阳湖，陈友谅中流矢死，余众溃降。二十四年，朱元璋称吴王。二十六年，暗害小明王韩林儿，停用龙凤年号。二十七年，击败并俘虏张士诚，又迫降浙东沿海的方国珍，南方大局已定。这一年十月，朱元璋提出"驱逐胡虏，恢复中华，立纲陈纪，救济斯民"的政治口号，正式对元朝发动北伐。至正二十八年（1368）正月，朱元璋在应天府称帝，国号大明，建元洪武，是为明太祖。元顺帝放

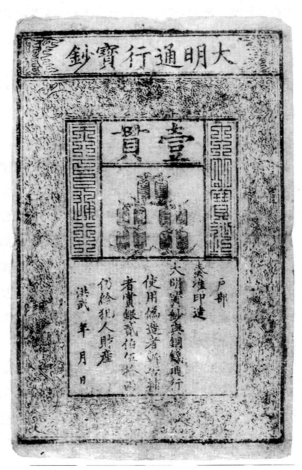

图 17-3 明初发行的"大明通行宝钞"

弃大都北逃。八月初二日明军攻入大都，元亡。明改大都之名为北平。

明朝建立之初，北奔的元顺帝及其子孙仍以元朝之名号令部下，史称北元。元朝的一些军阀、宗王尚占据东北和云南，明氏大夏政权割据四川。洪武四年（1371），明军平定四川，十四年平定云南。洪武二十年（1387），明军远征东北，迫降盘踞东北的蒙古贵族纳哈出，同年底又大败北元军队于捕鱼儿海（今贝尔湖），元主脱古思帖木儿（元顺帝之孙）为部下所杀。此后北元内乱不止，渐趋灭亡，蒙古分裂为鞑靼、瓦剌、兀良哈几部分。经长期征战，明朝控制了元朝的大部分疆土，成为中国历史上又一个强大的统一政权。

## 官制的变化

明朝建立之初，官制基本承袭元朝之旧。中书省掌行政，统领六部，御史台掌监察，皆同元制。大都督府为最高军事机构，相当于元朝的枢密院。地方最高行政机构仍为行省。统治基本稳定以后，明太祖即着手进行官制改革，奠定了有明一代职官制度的基础。

改革官制的工作先从地方开始。洪武九年（1376），改行省之名为承宣布政使司，强调其职能在于上承皇帝政令，布置地方执行。明太祖时，除京师（南京）外，全国共设有北平、山西、山东、河南、浙江、江西、福建、湖广、广东、广西、陕西、四川、云南十三布政使司。以后北平布政使司升为北京，与南京并为两京，又增设贵州布政使司，这样明朝地方一级行政区划即为两京十三布政使司。习惯上布政使司仍被称为"省"，但品秩下降，职权仅限于民政、财政，与此前已在地方设立的都指挥使司、提刑按察使司形成分工。都指挥使司简称都司，掌军政，提刑按察使司掌监察、司法，与布政使司合称都、布、按"三司"，级别相当，互不统属。布政使司以下的行政机构有府、州、县。以府统县，州则分为直隶州和属州，直隶州地位相当于府，属州地位相当于县。

中央官制的最大变化是宰相制度的废除。洪武十三年（1380），以谋反罪名杀丞相胡惟庸，因而宣布废除中书省，不设宰相，由皇帝直接统领六部。明太祖还特别将这一措施作为硬性制度规定下来，规定其子孙永远不许设立宰相，谁敢提出设立，即处极刑。中书省废除后，吏、户、礼、兵、

图 17-4 明监察御史腰牌

刑、工六部上承皇帝之命，分工督理庶务，地位提高。御史台更名为都察院，设都御史、副都御史、佥都御史、监察御史等官。都御史与六部尚书合称"七卿"。监察御史分十三道布政司设立，共110人，是监察工作的主要承担者。明太祖又设吏、户、礼、兵、刑、工六科，各设给事中之职，每科数人至十数人不等。其职能主要是对六部进行对应的行政监督，并负责侍从规谏，审核皇帝批复过的奏章和下发的诏旨。六科给事中与十三道监察御史合称"科道官"或"言官"，品秩较低而地位重要。监察御史还往往出外担任巡按、监军、提学等"外差"。

部、院、六科以外，还有其他一些重要的中央机构。大理寺主管复审、平反刑狱，与刑部、都察院合称"三法司"。通政使司掌传达诏旨，受理臣民章奏，通上下之情。大理寺长官大理寺卿、通政使司长官通政使，与六部、都察院长官并称"大九卿"，同为明朝中央机构中地位最显要的官员。洪武十三年废相之时，也撤销了最高军事机构大都督府，改设前、后、中、左、右五军都督府，分掌天下军籍，统领都指挥使司。五军都督府在军事方面与兵部分权，兵部掌武官选授、军队调发等事，五军都督府则负责军队日常管理，兵部有出兵之令而无统兵之权，五军有统兵之权而无出兵之令。又有翰林院，专司文字工作，兼备皇帝顾问咨询，亦时而参与机密，后来从中分化出了皇帝的秘书机构内阁。

## 卫所制度

明初创立了一套以卫所为骨干的军事制度。大体上每5600人设一卫,长官为指挥使,下辖五千户所。每千户所1120人,下辖十百户所。卫的上级机构为都指挥使司(都司),长官为都指挥使。全国共设十六都司,分统于五军都督府。其中十三都司与十三布政使司、按察使司并为一省中之"三司"。另有辽东、大宁、东胜三都司设于北部边境,兼治军、民。根据洪武二十六年(1393)的记载,全国共设立329卫,估算士兵总人数约为180余万。另外,边疆民族聚居地区还设有若干羁縻卫所乃至羁縻都司,长官由当地民族首领充任,世袭其职。

卫所军士皆另立户籍,称军户,父子、兄弟相袭世代为军,非奉皇帝特恩不得更换脱免。军籍由都督府掌管,以别于户部掌管的民籍。每户军户必须有一人在指定的卫所服役,称为正军,其子弟称余丁。正军应役时须携妻及一名余丁共同前去,正军死亡即以余丁替代,如家中已无余丁,亦须勾取其族人顶丁,称为"勾军"。

卫所制度以军屯为经济支柱。每名屯军都有官拨的一份屯地,基本标准为50亩。工具、种子、牲畜等由工部屯田司统一供给。屯地不准买卖、转移,如屯军因调迁、老疾、事故等原因不能耕种,必须交还官府。屯地的性质属于官田,故屯粮征收数额很高。军屯带有明显的超经济强制特征,剥削苛重,但推动了明初经济的恢复和发展,基本保证了当时的军储供应。在这个意义上,卫所制具有寓兵于农、兵农合一的色彩。而且卫所主要是一种驻防体系,并非战时编制。卫所军平时进行军事训练,遇战事则由朝廷命将充总兵官,抽调卫所精锐出征,战毕将领归还总兵印绶,军士各回卫所。因此卫所制度被评价为"得唐府兵遗意"。

卫所到明朝中期开始走向瓦解。军士逃亡现象不断发生,朝廷频频"勾军",引起地方社会的动荡不安。军屯制度也逐渐破坏,屯地、屯粮缺额的现象日益严重。在此背景下,明朝统治者被迫开始推行募兵制,招募职业兵,由国家颁发军饷。募兵制减少了社会不稳定因素,军队战斗力也有所提高,但军事开支也成为明廷日益沉重的财政负担。

## 学校与科举

明朝的全国最高学府称为国子监,其学生通称监生。其中品官勋戚子弟为官生,地方保举的民间俊秀及府州县学校生员为民生。洪武二十六年(1393)监生总人数达到8124名。国子监的教学内容以《四书》《五经》为主,学生经过一段时间的学习年限,通过考试积累到一定的学分,即可毕业任官。未毕业的也有机会分拨到朝廷各机构实习"吏事",实习期满无大过,亦得补官。洪武时期监生任官者甚多,有的出职即超擢布政、按察使,史称"其时布列中外者,太学生最盛"。地方学校包括府、州、县学。生员人数,起初规定为府学四十,州学三十,县学二十,以后数目又有增加。他们不能直接做官,必须参加科举考试,或被保送入国子监,才可能有做官的机会。

明朝的科举制度与学校密切结合。士子必须先在州县通过预备考试,获得府、州、县学的生员资格(亦称秀才)之后,才能参加科举考试。正式考试三年一次,分乡试、会试、殿试三级。考试内容包括多项科目,其中最重要的是四书义和经义,即从四书五经原文中择句命题,敷衍成文。作文时必须根据程朱理学的注疏,模仿古人语气进行发挥,而且要遵循固定的格式。乡试在各省举行,中式者为举人。举人可直接赴吏部授官,也可继续参加会试。会试于乡试次年在京师举行,由礼部主持,中式者随即参加由皇帝主持的殿试,重新排定名次,分三甲发榜,统称进士。第一甲称进士及第,只有三人,第一名称状元,第二名称榜眼,第三名称探花。二甲若干人,称进士出身。三甲若干人,称同进士出身。进士大部分直接授官,二、三甲中的一部分人经考选再入翰林院学习深造三年,然后授职,称为庶吉士。另外明朝也开设了武举,用以选拔军事人才。

明太祖在学校、科举之外,又通过荐举途径选官,时称"三途并用"。其方法为定立人才名目,由各级官吏推举,被荐者往往得到破格超擢。明初三途之中,学校、荐举为盛,相比之下科举地位不算重要。以后则科举独尊,荐举渐成虚文,学校在选官方面的地位也日益下降,主要成为为科举储才之所。由科举出身者,又以进士为重,举人为轻。由于科举发达,对考试标准化的要求不断提高,四书义、经义的写作格式日益严格,形成"八股文"。它由一些规定的段落组成,其主体为四段对偶排比文字、八个部分,故有八股之称。洪武三十年(1397)科举发生"南北榜案",因是年会试录取者皆为南方人，明太祖疑其间有弊，杀主考官，重试结果全取北方人。以后明朝科举会试遂分为南、北两榜，分别录取，以保证南北士人入仕机会的相对均等。

明朝开国制度还包括法律、基层管理、户籍赋役等其他一些重要内容，将于后文叙述。

## 二 洪武时期的重典统治

明太祖在位30余年，为政刚猛严厉，标榜治乱世用重典。其重典统治明显带有极端强化君主集权的色彩，由此形成的高压政治气氛和君主绝对独裁观念，对明朝中后期以及以后清朝的历史产生了重要影响。

### 四起大案

洪武重典统治最集中的表现，是大开杀戒、株连广泛的四起重要案件：胡惟庸案、蓝玉案、空印案和郭桓案。其中胡、蓝两案主要针对功臣集团，亦合称"胡蓝党狱"。另外两起案件涉及的则多为一般官吏。

胡惟庸案——胡惟庸早年为明太祖幕僚，洪武前期官至中书左丞相。明初勋贵多出身淮西，以胡惟庸为核心，排斥、打击非淮西势力，结党营私，引起了明太祖的疑惧。洪武十三年（1380），胡惟庸以谋反之罪被诛，御史大夫陈宁、御史中丞涂节等高官一同被处死，中书省和宰相职务也被废罢。此后明太祖又逐渐将胡案扩大化，新增加了"通倭""通房（指蒙古）"等罪名，对功臣牵连罗织，大肆诛戮。洪武二十三年，以知胡惟庸逆谋不举之罪，处死已经退休多年的太师韩国公李善长，并及其家口七十余人。总计前后因胡案被诛、或已死被追夺封爵的功臣有二十一侯，株连而死者共达三万余人。明太祖亲制《昭示奸党录》布告天下，述其罪状。

蓝玉案——蓝玉是明初的少壮派将领，洪武后期积功拜大将军，封凉国公。因居功自傲，骄横跋扈，渐为明太祖所不容。洪武二十六年（1393），

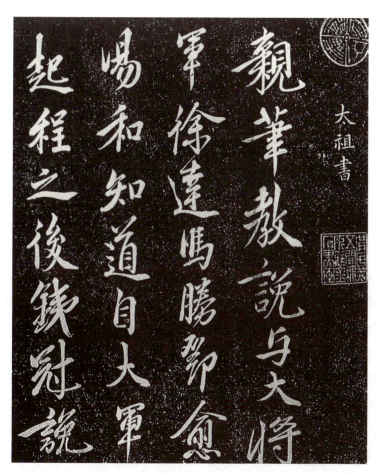

图 17-5 朱元璋手迹

蓝玉被告发谋反，下狱族诛，牵连景川侯曹震、鹤庆侯张翼等多名将领以及文官吏部尚书詹徽、户部侍郎傅友文等，皆被处死，死者约二万人。诏辑案犯口供为《逆臣录》颁行天下，列名其中的功臣除蓝玉外，尚有十三侯、二伯。蓝案牵连武将尤多，军中骁勇之士被大批屠戮。

空印案——发生于洪武八年（1375）至九年。"空印"指预先盖好官印的空白账册。按制度，每年各省（布政使司）下至府州县均须派计吏赴户部，呈报财政收支账目及钱谷等项数字，户部审覆稍有出入，即驳回令重造账册。计吏为免于往返奔走，皆带有空印账册，预备重新填报。此法作为"权宜之务"，由来已久，但明太祖认为是官员互相串通舞弊，予以严惩，地方衙门主印长吏及署字签名者皆处死，佐贰官杖责戍边。

郭桓案——郭桓是洪武中期的户部侍郎。洪武十八年（1385），被弹劾与北平布、按二司官吏勾结贪污，侵盗官粮。郭桓与案情牵涉到的大批官员均被处死，又因追缴赃粮波及民间富人，破产抄家者不计其数。空印、郭桓两案，被杀者又达数万人。

上述四起大案的性质不尽相同。胡、蓝党狱重点在于杀戮功臣，空印案和郭桓案则是重典整肃吏治的集中体现。功臣多骄纵不法，对他们的惩治有一定必要性，整肃吏治同样有积极意义。但重典之下，玉石俱焚，大量无辜者被滥杀冤杀，也充分暴露了专制统治的残暴和黑暗。

## 大明律与大诰

洪武时期制定了多种充分体现重典政治特征的法典、法令，《大明律》和《大诰》是主要代表。

《大明律》是有明一代遵用的正式刑法典，经反复修订，于洪武三十年（1397）颁定，共30卷，460条。其篇目由《唐律》十二篇改为七篇，首列《名例律》，然后按六部划分，依次为吏、户、礼、兵、刑、工律。这是传统法典结构的一大变化。刑名方面以笞、杖、徒、流、死五刑为主，增加了两种补充刑罚。一是凌迟，亦称磔刑，即分割犯人肢体，令其受尽痛苦而死，为死刑中重于绞、斩的残酷极刑。二是充军，指将罪犯发往远地卫所充军籍服役，轻者止役终身，重者子孙世代不免，其严厉程度仅次于死刑。

《大明律》在继承《唐律》内容的基础上，充分体现了明初的重典特色。对直接危害国家统治的谋反贼盗及重大经济犯罪，其量刑较唐律更重。例如位居"十恶"前列的谋反、谋大逆之罪，唐律规定犯者斩，其父及年十六以上之子绞，其余亲属不处死。明律则犯者凌迟处死，亲族男子如祖、父、伯叔父、兄弟、子、侄、孙，不限籍之异同，以及异姓同居之人（包括同居之外祖父、岳父、女婿等），年十六以上一律处斩。对官吏徇私犯罪行为的惩处，也比前代更加周备、严厉。《大明律》还新增了若干条旨在强化皇权、严格维护皇帝个人独裁权威的严惩"奸党"之罪。不过有关典礼、风俗、教化等危害性并不严重的犯罪行为，明律量刑则比唐律为轻。

《大诰》是洪武中后期明太祖亲自撰写、刊布的刑事法规，分大诰、大诰续编、大诰三编、大诰武臣四部分，共236条。其中汇总了一批重典惩治犯罪的具体案例，辅以明太祖本人的训导之辞，成为一部集重刑恫吓与宣传说教于一身的特种法典。其中案例，动辄处以凌迟、枭首、族诛等重刑，惩断极为严酷，绝大多数都超出了《大明律》的量刑标准。所诛杀以贪官污吏、害民豪强为主，但也有许多一般的犯罪行为。死刑之外，还大量使用上古的肉刑，包括阉割、刖足、膑膝、斩趾等等，又创设了断手、剁指、挑筋等新的刑罚，甚至集数刑于一身。《大诰》在整顿吏治方面采取了一些特殊的做法，如鼓励百姓绑拿害民官吏，亦为古所未见。按照明太祖的要求，全体百姓每户都必须收藏《大诰》，各级学校及民间私塾也都将《大诰》列为基本教材。但因为过于严酷和过多体现明太祖的个人特征，《大诰》在洪武以后并未继续行用。

## 强化社会控制

明太祖起自民间而得天下，对基层管理的重要性有深刻认识，因而大力加强国家对基层社会的控制，其中很多措施也带有重典色彩。

明初通过严密的户籍清查，国家个体农民的人身控制更为强化。军户、匠户等特种户籍一旦佥定，即世代相袭，不得脱籍。军民人等出行超过百里，皆须向官府申请通行证，州县关津要害之处遍设巡检司进行盘查。洪武十四年（1381），在全国范围内推行里甲制度，每110户为一里，推丁、粮多者10户为里长，其余100户分为10甲，每甲又以一户任甲首。里长、甲首皆轮流担任，10年轮换一遍。他们要负责管束所属人户，统计丁、产变化状况，督促生产，调解纠纷。一里一甲之内，百姓必须互相监督，如有盗贼、逃军、逃囚及生事恶人，即有擒拿送官之责。明太祖严格要求所有百姓为国家各尽职分，于洪武中期发起了严治"逸夫"即无业游民的行动。"逸夫"如仍旧拒绝从事士、农、工、商职业，捕获到官，即行处死。

在以严刑峻法控制社会的同时，明太祖还采取了一些辅弼刑治的"教化"措施。如令地方基层普遍设立申明亭、旌善亭，书写恶人恶事和善人善事。命民间仿古制举行乡饮酒礼，除行尊老仪式以外，新增了读律的内容，并且要求在席间"别奸顽，异罪人"，使违法犯罪之人单独就坐，相当于一种社会隔离刑罚。

明太祖对元朝以来"威福下移"的现象予以严厉打击，矛头不仅针对官吏，也指向民间的豪富地主。多次推行"徙富民"措施，将各地富民迁徙到京师或凤阳附近，被徙者因而财势俱失，被迫自食其力，或承担屯田工役等沉重劳动。在重典政治的大气候下，富民又往往首当其冲，成为诛戮对象，尤以经济发达的江南地区为甚。

## 特务政治与文化专制

洪武重典统治还表现在其他一些方面。例如特务的活跃。洪武初年，置有"检校"之职，负责稽查在京官员不公不法行为，检校倚势横行，百官畏惧。洪武十五年（1382），设锦衣卫专司侦察，名为"缇骑"。锦衣卫所属镇抚司中设有监狱，有权审判、处刑，亦称"诏狱"。洪武后期大狱，多使锦衣卫断治，诛杀甚众。明太祖还时常在殿廷上杖责大臣，称廷杖，重者立毙杖下。廷杖行刑任务后来也固定由锦衣卫校尉承担。

图 17—6 锦衣卫印

明太祖厉行文化专制，对士人思想、言论的钳制大为强化。明初相当一部分士人怀念元朝，对出身红巾军的洪武君臣持鄙视态度，又畏惧当时的重典治吏政策，因此甘愿隐居，不肯出仕。明太祖对这种态度十分痛恨，严厉惩处持不合作态度的士人。贵溪（今属江西）儒士夏伯启自断手指拒绝出仕，被拿至京师，明太祖亲自审问，斥为"非朕所化之民"，判处死刑，并进而规定"寰中士夫不为君用，是外其教者，诛其身而没其家，不为之过"。甚至对士人自取别号的行为，明太祖也十分反感。湖广参政陶凯致仕后自称"耐久道人"，明太祖认为他不署朝廷官爵而署别号，是"轻君爵而美山野"，后来终于找借口将其处死。

明太祖出身贫贱，早年尝出家为僧，游方乞讨，通过参加农民起义才起家创业。他自知这些早年经历不可能掩盖，但又对其十分忌讳，形成一种自尊与自卑混合的复杂心理。一方面自诩本是"淮右布衣"，"起自田亩"，毫无政治资本而能夺得天下，另一方面又不许别人触及此事，稍涉疑似者即认为是有意讥讽，予以严惩。特别在他年事渐高之后，疑心愈重，专门吹毛求疵，挑剔文字细节，制造了一大批文字狱。洪武末年颁布《庆贺谢恩表式》，将表笺制成固定套语，各官府自填机构职名即可，才使这类望文生义的文字冤案得以缓解。

明太祖以身兼君、师双重身份自命，力图充当文化、教育领域的最高主宰者。针对《孟子》中指斥君主的言论，下令编纂《孟子节文》，将书中具有民主色彩的八十五条删除，规定学校考试不以命题，科举不以取士。国子监制定了严厉的学规，严禁学生生事告讦，以防出现学生干预政治的现象。地方学校也定有禁例十二条，刻为"卧碑"，统一置立，规定"军民一切利病，并不许生员建言"。厉行专制教育，成为明初学校有别于前朝的显著特点。

## 三 从靖难之役到仁宣之治

明太祖广兴分封，造成部分藩王尾大不掉之局，以致在他死后爆发了藩王夺取皇位的"靖难之役"。通过靖难之役上台的明成祖朱棣继续巩固了明朝的统治。明朝政治逐渐走上正常发展的轨道，随后出现了"仁宣之治"的祥和局面。

### 诸王分封与靖难之役

明太祖希望利用家族力量维护朱姓政权，先后分封二十三子为亲王，出镇地方，各立王府，设置官属。诸王在原则上不得过问地方民政事务，但却可以统兵，除有直辖的护卫军外，对各地都司统领的军队也有监控之权，遇紧急情况可一并调遣。诸王之中，分封并开府于北方边塞的几位亲王习称"塞王"，负有捍御边防的任务，兵力尤其雄厚。大行分封之举事实上造成了诸王尾大不掉的隐患。明太祖晚年制《皇明祖训》，规定新天子即位后，"如朝无正臣，内有奸恶，则亲王训兵待命，天子密诏诸王统领镇兵讨平之"。

如亲王不幸为"奸臣"所害，王府官员和护卫军有权"移文五军都督府，索取奸臣"。这些规定更给以后诸王举兵对抗中央提供了根据。

明太祖起初立长子朱标为皇太子。后朱标病卒，其子朱允炆继立为皇太孙。洪武三十一年（1398），明太祖驾崩，皇太孙即位，是为明惠帝。因次年改元建文，亦称建文帝。惠帝针对诸王势大难制的问题，与亲信文臣齐泰、黄子澄、方孝孺等策划削藩。当时太祖诸子中，封藩北平的四子燕王朱棣年最长，且长期统兵作战，尤为建文君臣所惧。建文元年（1399）六月，惠帝密敕北平官员逮捕朱棣，朱棣先发制人，占据北平，随即援引《皇明祖训》，以"清君侧"、诛除"奸臣"为名起兵叛乱。因其自称"靖难"即平定朝廷祸难，史称此事为"靖难之役"。经过几年的拉锯战，朱棣于建文四年（1402）六月渡江进围京师，宫中火起，惠帝下落不明。朱棣入城后，大索"奸党"，实施残酷报复。方孝孺、齐泰、黄子澄等建文遗臣都死于酷刑，族人处死，妻女沦为官奴婢，姻党戍边。在对政敌的野蛮屠杀中，朱棣登上皇位，定次年为永乐元年，是为明成祖。

靖难之役的结局有一定偶然性。就实力、道义诸因素而论，这次叛乱取得成功的可能性本来十分微弱，但双方领导者的个人能力在斗争中起到了关键作用。这也成为中国古代大一统王朝中绝无仅有的一次地方藩王叛乱成功之例。

## 永乐政局与仁宣之治

明成祖在位二十三年（1402～1424），明朝统治得到进一步巩固。成祖继续推行削藩政策，将原来统兵较多的"塞王"内迁，取消其驭将出征之权。又制定许多"藩禁"约束藩王，减削其护卫。到永乐末年，诸王已不再拥有代表皇帝镇遏地方的军事权力，成为比较单纯的皇族地主。

明成祖御下严厉，鼓励告讦，永乐政治仍然带有比较明显的重典色彩。但另一方面，他为改变"篡逆"形象，也推行了一些标榜文治、尊崇儒学的措施，主要表现为一系列大规模的修书工作，包括编成古代最大的类书《永乐大典》，共22937卷，分装为11095册，以韵统字，以字系事，辑录了明初以前书籍8000余种。其卷帙之浩繁，搜罗之宏富，前所未有。另外明成祖还命人汇集宋、元理学家著述，编撰《四书大全》《五经大全》《性理大全》，成为以

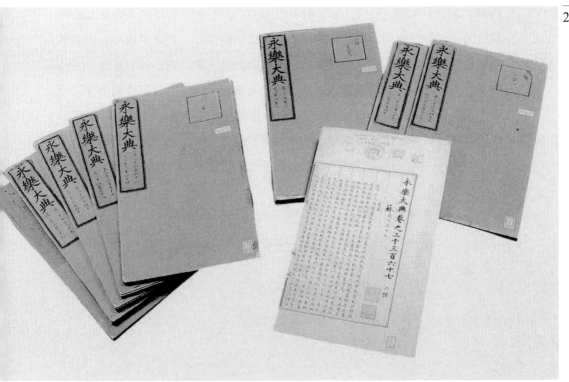

后士人应付科举考试的重要教科书。

图 17-7 永乐大典残本

永乐二十二年（1424），明成祖病死，太子朱高炽即位，是为明仁宗，次年改元洪熙。不久仁宗亦卒，太子朱瞻基即位，是为明宣宗，次年改元宣德。仁宗、宣宗在位期间（1424～1435），君臣关系较为融洽，文官政治的格局基本形成。这一时期政治比较清明，经济继续发展，社会保持稳定，被史书誉为"仁宣之治"。

从永乐到宣德，明朝统治者采取了一项重大举措，即将都城北迁。永乐元年（1403），诏升北平为陪都，更名北京。十九年（1421）正式宣布迁都于此，称"京师"，原都城改称南京，降为陪都。政治制度也出现了若干变化。成祖时在宫城内建立

图 17-8 明宣宗时制造的瓷器：宣德海水纹炉

内阁，辅佐处理政务。仁、宣时内阁的地位已有显著上升，成为皇帝不可缺少的秘书咨询机构。明初地方都、布、按三司并立，造成事权不一、效率迟缓之弊，至此遂有中央派遣官员"巡抚"地方之举。宣宗时，巡抚由临时派遣变为专门设置，其任务因时因地有不同侧重，总体上具有协调地方"三司"，监察官吏、安抚百姓的共同职责，加强了中央对地方的控制，提高了统治效率。以后，巡抚逐渐固定统一以都察院官系衔，与稍晚出现的总督合称"督抚"，共同成为位居三司以上的方面大员。

# 第十八章 明朝中后期政治述略

"仁宣之治"结束后,明朝的上升期也基本告终。本章将分别根据几条线索,简要地概述此后明朝政治的发展情况。

# 一 皇位继承与"家天下"的皇权

明朝共有十六位皇帝。除去上章述及的明太祖、惠帝、成祖、仁宗、宣宗外,中后期又更替了十一位皇帝。与前代相比,明朝皇权出现了显著的膨胀,"家天下"的政治色彩十分突出。

## 中后期的皇位继承

明宣宗去世后,年仅九岁的太子朱祁镇嗣位,是为英宗,年号正统。太皇太后张氏委任老臣杨士奇、杨荣、杨溥等辅佐政务,政局平稳。太皇太后卒后,英宗宠信的宦官王振开始用事,朝政逐渐混乱。正统十四年(1449)

图 18-1 明宪宗元宵行乐图卷

蒙古瓦剌部大举南侵，英宗在王振鼓动下御驾亲征，兵败被俘。朝臣拥立英宗异母弟郕王祁钰，是为景帝。景帝景泰元年（1450），英宗被瓦剌放还，景帝尊其为太上皇，加以软禁。景泰八年景帝病重，英宗复辟夺位，改元天顺。景帝被废，不久病卒。明朝皇帝均只行用一个年号，独英宗因曾两次即位，使用了两个年号。

天顺八年（1464）英宗卒，太子见深嗣位，是为宪宗，年号成化。宪宗怠于政务，长年不见大臣，朝政又被宦官窃取。成化二十三年（1487）宪宗病死，太子祐樘即位，是为孝宗，年号弘治。孝宗在位期间整顿朝政，任用贤能，一定程度上扭转了正统以来的衰颓趋势，被誉为"弘治中兴"。

弘治十八年（1505）孝宗病逝，太子厚照即位，是为武宗，年号正德。武宗自幼荒唐顽劣，即位后贬斥孝宗旧臣，委政于宦官刘瑾，自己唯以纵情嬉戏为事。他在紫禁城西侧另筑宫苑密室，称为"豹房"，日居其中淫乐。正德后期，武宗宠幸佞臣江彬，在后者鼓动下出外巡幸，所到之处骚扰百姓，搜掠妇女，又不用皇帝身份，自称"总督军务威武大将军总兵官朱寿"，自封"镇国公"，朝野惊骇。刘六、刘七等人起事于华北，宗室宁王朱宸濠则在南昌发动叛乱。武宗不顾朝臣反对，又以"威武大将军朱寿"的名义亲征朱宸濠。到南方时乱事已平，游乐后北还。途中得疾，回京后于正德十六年（1521）病卒。

武宗死后，因其无子又无兄弟，大臣定议拥立其从弟、宪宗之孙、兴献王朱祐杬之子厚熜，是为明世宗，年号嘉靖。世宗即位之初，革除武宗弊政，颇有振作气象。但不久即与大臣在定拟兴献王尊号、以及决定自己以何种身份"继统"的问题上产生分歧，引发绵延十余年的"大礼议"，开启了朝臣结党纷争的风气。嘉靖中叶，世宗沉溺于道教方术，移居西苑（今北海及中南海）潜心修炼，大臣严嵩以内阁首辅身份专权十余年，政治急剧腐败。蒙古在北方频繁骚扰，倭寇肆虐于东南沿海，内忧外患，交困并作。

嘉靖四十五年（1566）世宗卒，太子载垕即位，是为穆宗，年号隆庆。穆宗为人庸懦，大臣争权夺利，政局依然比较混乱。隆庆六年（1572）穆宗卒，太子翊钧即位，是为神宗，年号万历。万历前期因神宗年幼，内阁大学士张居正辅政，在政治、经济等方面推行了一系列改革措施，使明中叶的统治危机得到了一定的缓解。但张居正死后神宗亲政，局面又变。神宗热衷于聚敛财物，时人评他有"好疑、好逸、好货"的"三好"和酒、色、财、气"四病"。他派遣大批宦官出外，以开矿征商为名肆行掠夺，称为"矿监"、"税使"，流毒天下，多次激起民变。另一方面，又以身体欠安为由长期怠政，不上朝，不见大臣，不批阅奏疏，政府机构几至于瘫痪。朝臣党争与皇室宫闱之争却互相纠结，愈演愈烈。万历末年，神宗为抵御东北女真政权后金的进逼，加派赋税以充军饷，百姓怨声载道，社会矛盾严重激化。明朝覆亡的命运在神宗统治期间基本奠定。

万历四十八年（1620）神宗死，太子常洛即位，是为光宗，年号泰昌。不久光宗又暴卒，太子由校嗣位，是为熹宗，年号天启。宦官魏忠贤当权，残酷镇压了由正直朝臣组成的东林党势力，明朝政治进入最黑暗的时期。天启七年（1627）熹宗卒，无子，其弟由检即位，是为思宗，年号崇祯。至此外有后金步步侵逼，内有大规模的农民起义，尽管思宗力图振作，但明朝覆亡之局已经无法挽回。

## 皇权的行使与"家天下"特征

君主专制制度在明朝有了新的发展。由于宰相的废罢，皇帝以国家元首的身份兼任官僚机构首脑之责，在政治生活中的作用变得更加重要，"家天下"色彩更加突出。中国古代的宰相制度是"贤人政治"的体现，宰相选贤而任，统百官，平庶政，可以适度弥补君主世袭带来的一些弊病。宰相废除后，官僚机构对皇权的调节机能大为削弱，政治正常运作也因而受到严重影响。

明朝皇帝通过接见大臣、批阅章奏等渠道了解国家政务，然后形成决策，颁发诏旨，这是其行使最高统治权的基本方式。按制度，接见大臣的主要方式是上朝，上朝又有大朝、朔望朝、日朝之分。大朝只在春节、皇帝生日等主要节日举行，规模盛大，礼仪隆重，但基本不涉及政事。朔望朝每月初一、十五日举行，礼仪色彩亦较重，与大朝性质相近。日朝是每日举行的朝见，亦称常朝，一般在上午进行，皇帝至宫门接受百官谒拜，然后退入便殿，百官有事者依次入奏，无事者回本衙门理政。明初日朝之制执行较好，后来渐趋于形式化，实际作用因皇帝年龄和勤政程度而异。宪宗、世宗、神宗均长年不上朝，百官虽一再呼吁，仍是无济于事。

上朝之外，皇帝临时召见个别臣僚入内奏事，称为召对。召对仪节简单，形式灵活，在明朝中后期的作用更为重要。另外皇帝听讲也是与臣下沟通的一条渠道。按规定，皇帝要定期召见儒臣讲读经史，称为经筵日讲。虽以讲解经史知识为主要目的，但进讲官员也往往顺带言及时政，对皇帝进行讽谕规谏。在皇帝严重怠政时，召对和经筵日讲的进行也是无法保证的。

皇帝即使不与大臣见面，也可以通过批阅章奏了解下情。明初皇帝皆亲自批阅章奏，后来改为先送内阁草拟处理意见（称"票拟"），再由皇帝审定，称"批红"。批红后的章奏下发到六科，检查无误，即发送有关机构办理。明朝中后期宦官专权，皇帝往往将章奏批红工作交给宦官代行。万历中后期神宗怠政，对臣下章奏搁置不理，既不送内阁票拟，也不予批红下发，时称"留中"。如皇帝主动发布诏旨，按制度也应由内阁拟稿，发六科审核后付诸执行。但皇帝也经常不理这一程序，直接将旨意交宦官发送各衙门实施，称为"中旨"或"内批"。

明朝的君臣关系与前代汉族王朝相比出现了较大变化。"君使臣以礼，臣事君以忠"的传统观念受到明显破坏，皇帝单方面要求臣下绝对效忠，而对臣下的礼遇程度大大降低，动辄采取简单粗暴的惩罚方式，随意折辱。明初即有在殿廷杖责大臣的做法，正统以下对官员廷杖已经"习为故事"，史谓"公卿之辱，前此未有"。明初的特务政治后来更是恶性发展，得罪皇帝的官员常被投入锦衣卫"诏狱"，酷刑折磨，乃至虐待而死。大部分皇帝都继承了明太祖重典御下的传统，恩威莫测，大臣一旦失宠就可能遇到飞来横祸，君臣关系的冷酷性暴露无遗。

分封宗藩的做法同样鲜明地体现了明朝的家天下特征。皇帝之子除太子外皆封亲王，亲王嫡长子袭爵，余子封郡王。以下类推，郡王嫡长子孙世代袭爵，余子授镇国将军，孙授辅国将军，曾孙奉国将军，四世孙镇国中尉，五世孙辅国中尉，六世孙以下并奉国中尉。上述宗室子孙皆按爵位高低终身支取俸禄，成为腐朽的寄生阶层。因其人口繁衍不绝，日增一日，给国家财政造成了沉重负担。出于维护"家天下"目的的分封宗藩制度，最终成为加速明朝衰亡的一大弊政。

## 二 内阁与宦官

明初废除宰相之后，皇帝日理万机，疲于应付，不得不挑选一些官员承担秘书、顾问工作，辅佐理政，逐渐形成一个固定的秘书咨询机构，即内阁。与此同时，宦官集团也利用接近皇帝的特殊地位，乘机扩张其势力，渐掌国柄。内阁与宦官在国家政务当中发挥了重要作用，共同成为明朝上层权力结构的重要组成部分。

### 内阁政治

内阁在明太祖时即有萌芽。太祖废相之后，政务集于一身，不得不设立辅佐官员，先置春夏秋冬"四辅"官，后又改设殿阁大学士，轮值备顾问。成祖即位后，从翰林院官中特简解缙、胡广等七人入宫内文渊阁当直，参预机密。自此秘书官员常设，渐有"内阁"之称，且以某殿或某阁大学士系衔。

图18-2 明人绘《杏园雅集图卷》局部 描绘"三杨"等内阁官员假日聚会的情景

他们朝夕侍内，接近皇帝，对决策具有重要影响。

　　仁宗、宣宗到英宗正统前期，内阁的主要工作从过去比较空泛的"参预机务"转变为固定的"票拟"，即代替皇帝阅读臣僚章奏，草拟处理意见。自此票拟逐渐成为内阁最重要和制度化的职掌。虽然内阁的法定角色仍不过相当于皇帝的秘书处，并未获得昔日宰相领导和监督六部行政工作的权力，但在皇帝对阁臣倚赖甚殷的背景下，内阁已开始给人以"偃然汉、唐宰辅"的印象。

　　正统以下，内阁制度继续发展。内阁大学士（亦称辅臣）排名有先后，到英宗天顺时，位居第一者开始有了"首辅"的尊称，其次者称次辅，余人称群辅。首辅设置并非制度规定，而是在实际政务运作当中形成的，一般指大学士中入阁最早、资历最深、加官最高者，而此人通常又最受皇帝信任。后来票拟权力逐渐专归于首辅，更加大了首辅与其他辅臣的身份差距。就在朝廷中的地位而言，六部凭借其最高行政机构身份，时常与内阁相抗衡，但最晚到嘉靖时期，内阁朝会班次已列于六部之前，在阁、部之争中占得上风。

　　武宗死后，内阁大学士杨廷和等人与皇太后定议迎立世宗。世宗由湖北藩府远道入京，其间近四十日，朝政总于内阁。杨廷和以首辅身份起草武宗遗诏和世宗即位诏，革除正德时诸多弊政，民心大悦。在嘉靖初年的"大礼议"争论中，廷和坚持与世宗对抗，最终被迫辞职。嘉靖前期，张璁、夏言因议礼称旨先后被世宗擢为首辅，都独揽阁权，凌驾同僚之上。但他们勇于任事，引起了世宗的猜疑，张璁致仕而去，夏言则被同僚严嵩寻衅诬陷，下狱处死。严嵩继夏言之后任首辅十余年，利用世宗热衷"玄修"、不理政务的机会，专权固宠,把持朝政。官员沈炼、杨继盛皆因劾奏严嵩罪状,被严嵩罗织罪名,诬陷处死,不露形迹。直至严嵩晚年昏耄,才在另一名辅臣徐阶的离间下渐渐失宠于世宗,最后夺官家居而卒。

自嘉靖末年历隆庆一朝,首辅之争激烈,数次易人。神宗年幼即位,张居正在宦官冯保的协助下升任首辅,又得到皇太后信任。他充分利用了这一难得的机遇,在政治、经济等方面大规模推行改革,使明朝统治一度出现振兴迹象。在政治上,针对长期以来政坛中的因循苟且风气,创立"考成法",将公事登记造册,定立限期,层层监督,赏勤罚惰,提高了行政效率。在经济上,紧缩政府开支,通过丈量土地清查隐瞒和拖欠的赋税,并改革赋役制度,推行"一条鞭法",既增加了财政收入,又有利于缓和社会矛盾。张居正也成为有明一代权势最重的阁臣。万历十年(1582)居正卒,随即受到猛烈弹劾,官号被削,家产籍没,改革措施除"一条鞭法"外亦大多废止。自张居正之死直到明亡,内阁大臣基本上都是碌碌无为,浮沉守位,没有再出现此前一类"权臣",内阁政治的黄金时期已经结束。

尽管明朝中叶的内阁出现了若干"无宰相之名,行宰相之实"的权臣,而且阁臣也常常被俗称为"相",但从严格意义上说,内阁最多只具有"准宰相"的性质,并非真正的宰相。

## 宦官专权

明朝宦官专权的历史也可以追溯到明初。明太祖曾颁布禁止宦官干政的命令,但却不时派遣宦官出外办事。明成祖对宦官十分倚重,宦官机构的设置逐渐增多,达到十二监、四司、八局,合称"二十四衙门"。各机构主管宦官皆称太监,以后太监一名遂成为宦官的代称。英宗即位后,宦官王振用事,正式开启了明朝宦官专权的局面。宦官权力十分广泛,举凡政治、经济、军事各领域,只要国家官僚系统延伸所及,宦官的触角也随之而入,他们实际上成为皇帝监视官僚机构的代表。

宦官对朝政的控制主要体现在"二十四衙门"之首司礼监身上。内阁制度形成后,凡奏章皆由内阁票拟,皇帝批红,而协助批红正是司礼监的主要职掌。通常皇帝只是御笔亲批数本,其余皆由司礼监众太监分批。每天的奏章经司礼监呈皇帝阅后,始交内阁票拟。内阁票拟毕,仍经司礼监呈送皇帝。

遇皇帝怠政，内阁臣僚与皇帝长期不能见面，皇帝给内阁的命令皆由司礼监宦官传达，内阁有陈说也通过司礼监转呈。司礼监横隔在皇帝与外廷、内阁之间，实际上成为政务的枢纽。

宦官在明朝特务政治中扮演了主要角色。成祖永乐十八年（1420），设立东厂，掌侦伺缉捕之事，由宦官统领，后例用司礼监太监提督。东厂与洪武时期设置的锦衣卫工作性质相近，合称厂卫，后来锦衣卫即拨归东厂节制。宪宗、武宗时，还曾一度于东厂之外增设西厂、内行厂，后罢。东厂在京番役每月都分配侦察任务，侦察所得随时上报。厂卫的侦讯工作不受刑部、大理寺等正规司法机构约束，可直接奉诏行事，受理词状，逮捕吏民。皇帝廷杖官员时，由锦衣卫校尉执行，司礼监太监监杖。在宦官严重专权的时期，厂卫横行亦更甚，全国上下告密盛行，一片恐怖气氛。

在经济方面，宦官负有管理皇室产业和代皇帝监督财政税收之责。万历时期，广遣宦官出任"税使""矿监"，搜刮财富。"矿监"以开矿为名，勾结地痞恶棍，诬富户以"盗矿"，滥指民间田宅、坟墓下有"矿脉"，勒索重贿，

图 18-3 明代彩塑宦官俑

鸡犬不宁。矿监税使的粗暴掠夺引发了苏州、临清、武昌等地的多处民变，严重激化了社会矛盾。在军事方面，内外诸军皆派遣宦官监督。宫内的宦官还经常组织起来进行军事训练，称为内操。

有明一代，擅权的宦官头目以王振、汪直、刘瑾、魏忠贤四人最为著名。

王振——英宗朝权阉。英宗在东宫读书时，王振因通书史，得侍讲读，

图18-4 北京智化寺内王振像

由是得宠。英宗即位后,王振掌司礼监,渐专国政,对不附己的朝官残酷打击。百官畏祸,对王振争相逢迎,公侯勋戚尊称之为"翁父"。正统十四年,王振挟英宗亲征瓦剌,战败,被军官樊忠趁乱击死,家属皆为景帝所杀。后来英宗复辟,仍恢复王振名誉,建祠祭祀,赐额曰"旌忠"。

汪直——宪宗朝权阉。宪宗不理政事,又不信任朝官,于东厂之外又增设西厂负责特务侦察,即命汪直主其事。汪直趁机屡兴大狱,陷害朝臣。又奉命巡视边防,所至械系边将,棰挞守令,威势倾天下。后因宦官内部矛盾激化,失去宪宗信任,被调往南京任职,病死。

刘瑾——武宗朝权阉。侍武宗于东宫,武宗即位后主掌司礼监,在内阁、六部安插党羽,形成"阉党"。一时政事皆决于瑾,有"刘皇帝""站皇帝"之称。正德五年,被其他宦官揭发不法诸事,以谋反罪处死。

魏忠贤——熹宗朝权阉。任司礼监秉笔太监,并提督东厂。他利用朝中的党争,纠集起庞大的阉党势力,残酷打击迫害正直官僚东林党人,因而操纵了朝廷大权。天启后期,魏忠贤势焰极盛,献媚者呼为九千岁、九千九百岁。思宗即位,诏发配凤阳,忠贤畏罪自尽。

## 三 士大夫集团与党争

由于皇权的膨胀,明朝士大夫集团在与皇权的关系上呈现出复杂的政治品格。明朝中后期,士大夫集团内部的矛盾、斗争愈演愈烈,尤以明朝后期的党争为甚。

## 明朝士大夫集团的政治品格

中国古代士大夫集团在与皇权的关系上历来都呈现出两重性，一方面为皇权服务，另一方面又会在某些问题上与皇权及其依附势力展开斗争。这种两重性同样明显地体现在明朝士大夫身上。

在明朝，士大夫对君主的忠诚受到了更加严格甚至苛刻的要求。由于皇权空前膨胀，而又缺乏有效的限制、调节因素，士大夫与皇权及其依附势力的斗争大多会以失败告终，自己则要面临不测之险，甚至还会祸及家人亲友。但尽管如此，受儒家乃至理学思想影响，崇尚气节、舍生取义的人生态度仍然相当普遍地存在于士大夫阶层之中。明朝中后期，皇帝昏庸、宦官专权、权臣用事等现象频繁出现，而直言极谏、不畏强权、将个人安危生死置于度外，与黑暗势力勇敢斗争的士大夫，同样代不乏人，社会舆论也都给他们以崇高的评价。

明朝士大夫与皇权的抗争，出现过许多感人的事例。武宗时御史蒋钦疏劾刘瑾，疏入廷杖为民，再上疏，又遭杖责系狱，三上疏，竟被杖死。正德十四年（1519）武宗执意南巡，朝官舒芬、黄巩等上疏切谏，群臣相继上疏者146人，俱被披戴桎梏，罚跪于午门之外，至晚则出宫关进监狱，最后施以廷杖，杖死者10余人。嘉靖末年，户部主事海瑞上疏严厉抨击世宗沉溺道教、不理政事的行为，指斥他"法纪弛""名器滥""薄于父子""薄于君臣""薄于夫妇"等诸般过失，谓"陛下之误多矣"，"天下之人不直陛下久矣"。结果被逮下诏狱，昼夜拷掠，幸好世宗不久死去，方得脱祸。士大夫在与皇权抗争时表现出了不屈不挠、前仆后继的精神，这种现象在历史上也是罕见的。

另一方面，在皇权膨胀、朝政昏暗的大背景下，随着时间推移，士大夫中趋炎附势、阿谀奉承、献媚取容之徒也在不断增加。在宦官当政时期，甚至有相当一部分士大夫形成"阉党"，推波助澜，助纣为虐，为汉、唐宦官专权时所未见，《明史》因此专立《阉党传》。魏忠贤专权时，朝官投靠门下者，有五虎、五彪、十狗、十孩儿、四十孙等称。在阉党带动下，全国普遍掀起对魏忠贤的效忠之风，各地官员争相为其建立生祠，上疏歌颂忠贤功德，佞词累牍，甚至有人建议将忠贤生祠建于国子监侧，使与孔子并尊。士大夫道德廉耻的沦丧，至是达于极点。

士大夫阶层的内部矛盾也很激烈。明朝中后期，士大夫内部矛盾与对皇

图 18-5 海瑞墓

权的不同态度结合起来,演化为大规模的党争。明朝一些特殊的制度在特定条件之下成为党争的锐利武器,对党争的扩大和深化产生了重要影响。其中,主要为廷推和考察。

廷推——亦称会推,指由吏部主持,会集其他官员共同推举朝中重要职务和朝外方面大员人选的制度。参与廷推过程的人员,通常包括六部、都察院、大理寺、通政使司的三品以上官员(有时增加为五品以上),以及全体科道官。推出人选排列名次,分为正推、陪推,呈送皇帝点用。廷推过程中,吏部官员具有主导作用,同时科道官也很活跃。在党争激烈时期,各派为争夺重要职位,在台上、台下尽施所能,廷推即成为他们重要的角逐场所。

考察——明朝的官员考核制度分为考满、考察两大类。考满是对任职届满官员任期内政绩的检核,形式化倾向较为明显,通常是循资而进,满考即升。考察则是对全体官员(不管任满与否)定期统一进行的任职情况大检查,京官六年一次,外官三年一次,目的重在惩黜、淘汰不合格官员,其事由吏部、都察院共同主持,科道官再行"拾遗"纠劾。所察对象分为贪、酷、浮躁、才力不及、老、疾、疲软无为、素行不谨八类,分别处以革职为民、冠带闲住、勒令致仕、对品降调的惩罚。明朝后期，考察往往成为党争的工具，主其事者党同伐异，或徇私报复，加剧了政局的混乱。

## 党争概况：从大礼议到东林党议

明朝大规模的党争始于世宗时的"大礼议"。正德十六年（1521）武宗死，世宗以外藩入继皇位。在议定世宗之父兴献王朱祐杬尊号、决定世宗以何种身份"继统"的问题上，统治集团内部出现了不同意见。以首辅杨廷和为代表的大部分朝臣主张维持孝宗的"大宗"之统，认为世宗应以孝宗过继之子的身份尊孝宗为"皇考"，以兴献王为皇叔父。而张璁、桂萼等一部分下级官僚则迎合世宗之意，提出"继统不继嗣"，仍以兴献王为父，追尊帝号，而以孝宗为"皇伯考"。两派争论激烈，人数较少的张璁"议礼"派因得到世宗支持，渐占上风。嘉靖三年（1524）七月，"反议礼"派的杨慎、何孟春以"仗节死义"号召朝官，聚众跪哭于左顺门，声震殿廷。世宗大怒，逮众人下狱，廷杖180余人，17人被杖死。此后斗争大局已定。嘉靖七年，正式颁布《明伦大典》，备述议礼始末，并定反议礼诸臣罪名，这些人被目为"仇君无上"，终嘉靖朝不再起用。十七年（1538），追奉皇考献皇帝（即兴献王）庙号睿宗，祔于太庙，"大礼议"宣告结束。

万历中期，党争再起。其时内阁大臣循默避事，神宗又怠惰不理政务，朝中缺乏权威约束，以至朋党树立，纷争不已。以一部分科道官为代表的中下级官员频繁上疏进谏，批评朝政，斥责内阁尸位素餐，而阁臣则指使自己的党羽进行反击，以谏诤派为沽名钓誉。随着党争的延续，谏诤派官员形成了被称为"东林党"的集团。东林党因其领袖顾宪成曾在其家乡无锡的东林书院聚友讲学而得名，以一批江南士大夫为核心，同时包容了政见相近、以名节自励的其他籍贯官僚。他们以代表"天下是非"的"清流"自命，对中枢政务多所批评，逐渐发展为一支强大的政治力量。而内阁一派势力，加上其余被东林"清流"认为品行有缺的官僚，共同组成了反东林集团。

在具体问题上，万历时期持续时间较长的党争焦点为"争国本"。神宗皇后无子，恭妃王氏生长子常洛，贵妃郑氏生三子常洵。神宗宠爱郑贵妃，欲立常洵为太子，东林党人根据"无嫡立长"的传统宗法观念极力反对，阁臣则依违其间，以东林党为"多事"。最终神宗屈服，立常洛为太子，封常

图 18-6 顾宪成像

图 18-7 定陵出土万历皇后凤冠

洵为福王,就藩洛阳。但"国本"虽立,余波未止,党争随着此后发生的三起宫闱疑案进一步深化。万历四十三年(1615)五月,一名名为张差的男子持木梃闯入东宫,打伤守门太监。东林党人认为此事出于郑贵妃等福王一系势力唆使,意在谋害太子,反东林者则主张作为"疯癫"事件结案。神宗从后议,仅处死张差含糊了事。是为"梃击案"。万历四十八年(1620)八月神宗死,光宗(常洛)即位,数日后患病。内监崔文升进泻药,朝官李可灼又进红丸两粒医之,光宗卒致病重身死。东林党人怀疑其中有阴谋,要求严查,浙党首领、内阁首辅方从哲则予以压制。是为"红丸案"。光宗既卒,长子由校当嗣位,光宗宠妃李选侍以曾抚育由校为名,仍占据皇帝所居乾清宫不出,希望获得皇太后身份,操纵朝政。东林党人杨涟等发动舆论,逼迫李选侍移出乾清宫,熹宗(由校)顺利即位。反东林者则认为此举操之过急,事涉"犯上"。是为"移宫案"。以上三案均系宫闱之事,但党争双方就其展开激烈斗争,使其影响大为扩展,以后又随双方胜败一再翻案。

图 18-8 苏州颜佩韦等五人墓。颜佩韦等五人被明廷作为苏州民变的主谋处死

天启前期东林党得势，掌握了阁、部的许多重要职位。在推行一些改良措施的同时，将更主要的精力投入朋党门户之争，抓住梃击、红丸、移宫"三案"的处理问题猛烈攻击异己官僚，将其目为"邪党"，废逐殆尽。此时魏忠贤权势日盛，反东林的"邪党"相继投至忠贤门下，政局发生转折。天启四年（1624），杨涟疏劾忠贤二十四项大罪，魏忠贤趁势发起反击，将东林诸臣相继逐出朝廷，杨涟等主要人物被逮入诏狱，酷刑折磨致死。魏忠贤又命仿嘉靖朝《明伦大典》之例，编修《三朝要典》，收录关于"三案"的争论奏疏，推翻东林党人所做三案结论，给东林党罗织了更多的罪状。锦衣卫旗校赴江南逮捕东林党人，在苏州、常州先后激发了大规模的民变，反映出

东林党在民间享有崇高的威信。

思宗即位后，逐杀魏忠贤，毁《三朝要典》，东林党人得到平反昭雪。崇祯元年（1628），江南士人张溥等将当地一些研习科举时文的文社合并组织为"复社"，标榜"以文会友"，实则以东林党的继承者自居。终崇祯一朝，复社与阉党残余势力仍在或明或暗地展开斗争，余波一直延伸到到明亡以后。

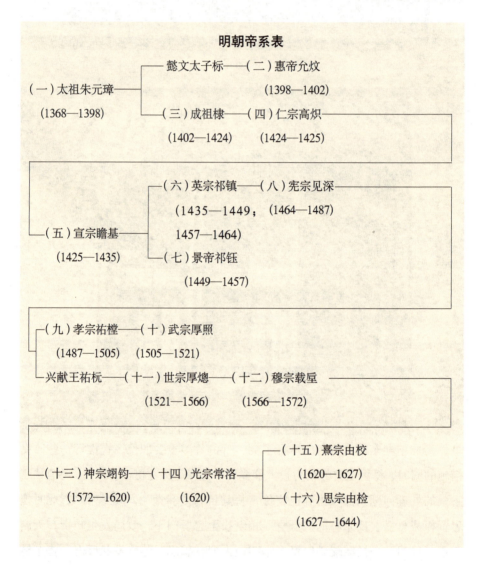

# 第十九章 明朝边疆局势与清朝的兴起

在大部分时间里,明朝的边疆威胁主要来自北方的蒙古和东南沿海的倭寇,合称"南倭北虏"。但后来取明朝而代之的,却是崛起于东北的满清政权。

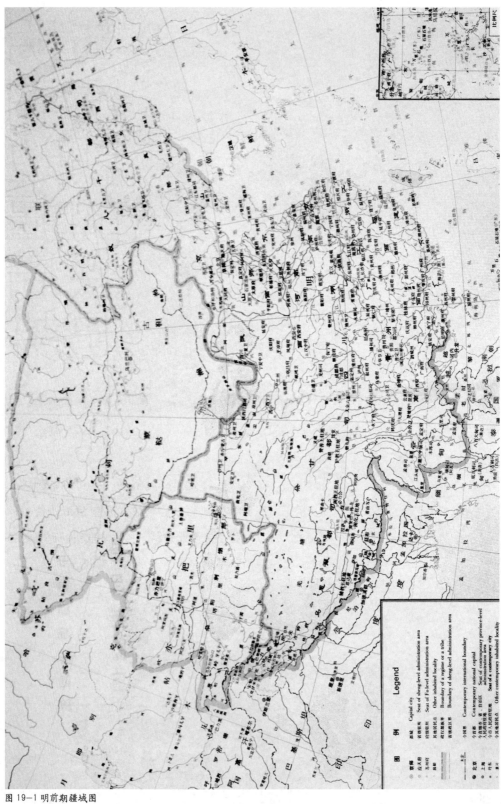

图 19-1 明前期疆域图

# 一　"南倭北虏"及其他问题

明朝前期，一度采取开拓性的边疆政策，但不久即转向收敛。在"南倭北虏"的频繁骚扰下，明朝的边疆形势很长时间内颇为被动。西北、西南边疆也曾遇到一些棘手问题，不过相对而言影响不大。

## 明初边疆形势及对外政策

"南倭北虏"的边防格局，在洪武时期已经形成。明朝在南北两条防线上严加备御的同时，针对倭寇特别实施了经济封锁，亦即"海禁"，禁止百姓私自出海贸易。对于其他海外国家，明太祖仍采取睦邻友好政策，在晚年所撰《皇明祖训》中，将边疆睦邻政策作为"祖制"规定下来，把当时所知道的海外国家、地区基本上都列为"不征之国"。

在海禁政策下，明朝与海外诸国的经济往来主要采取朝贡贸易的形式，通过发放称为"勘合"的执照来限制各国朝贡次数。由于倭寇的存在，明朝对日本朝贡次数的限制最为严格，而对海外其他国家、地区的限制就比较宽松。永乐时，多次派人招徕海外诸国来朝，接待礼遇优厚。东南亚一些小国君主也亲自前来朝贡，有的人长时间逗留，甚至卒于中国。

明成祖在对外政策上比其父更为积极，不仅大力发展传统的朝贡贸易，还将这一贸易形式主动推往海外进行，这就是著名的"郑和下西洋"之举。郑和是明成祖宠信的宦官，原姓马，云南回族人。自永乐三年（1405）至宣宗宣德八年

图 19-2 福建泉州郑和行香碑

（1433），先后七次奉命率船队出海远航，到达了东南亚、南亚、西亚直至东非地区的30多个小国。明人将海外诸国以婆罗洲（今文莱）为界分为两部分，以东称东洋，以西称西洋，郑和所到地区在当时都属于"西洋"范围。郑和的船队规模巨大，船只上百，其中长达44.4丈的大船60余艘，满载瓷器、丝绸、铁器等货物，被称为"宝船"，随行人员多达27000余人。所到之处宣扬明朝国威，邀请各小国前往朝贡，并就地进行交易。郑和下西洋在航海技术上居于当时世界的领先地位，已经熟练掌握潮汐、季风、洋流等自然规律，以航海天文学与指南针定位技术相结合，保证了较高的航行精确度，开辟了多条新的航海路线。不过下西洋主要是出于政治目的，贸易往往入不敷出，而航行成本巨大，颇有劳民伤财之弊。宣德八年郑和在航海归途中去世，以后下西洋之举即不再进行。

明成祖在位时，还对藩属国安南发动了战争。时安南权臣黎季犛篡夺王位，欺骗明廷称原国王陈氏嗣绝，又袭杀明朝保护的王孙陈天平。成祖大怒，于永乐四年（1406）发兵征讨，次年攻克安南都城河内，设立交趾布政使司进行统治。然而安南反抗不断，明廷多次出兵，财政压力日增。宣德二年（1427），宣宗诏罢交趾布政使司，撤军北还。

## 北部边防的压力

洪武后期，北元政权在明朝打击下逐渐分崩离析。建文四年（1402），"非元裔"的鬼力赤夺取汗位，去元国号，仅称蒙古，明朝史籍则称之为鞑靼。与此同时漠西的蒙古别部瓦剌（蒙元时斡亦剌部后裔）崛起，与鞑靼共同成为明朝边患。明成祖曾五次亲自统军深入漠北征讨，但收效不大。仁、宣两朝开始调整边疆政策，转向收敛防御。以今天见到的明长城为主要防线，沿线共设置九个边防重镇，自东向西分别是辽东（治广宁，今辽宁北镇）、蓟镇（治三屯营，今河北迁西）、宣府（治今河北宣化）、大同（治今山西大同）、太原（又称山西，治今山西偏关）、延绥（治今陕西榆林）、宁夏（治今宁夏银川）、固原（治今宁夏固原）、甘肃（治张掖，今属甘肃），统称"九边"。洪武时在长城防线之外，还设立过大宁（治今内蒙古宁城）、开平（治今内蒙古正蓝旗东）、东胜（治今内蒙古托克托）三个前沿防御据点，永乐以下逐渐放弃。

英宗即位后，瓦剌兼并鞑靼诸部，基本统一漠北。正统十四年（1449），瓦剌首领也先大举南侵，英宗在王振蛊惑下，率京军主力号称50万御驾亲征。军至大同折而返回，于八月十三日行至土木堡（在今河北怀来附近），被瓦剌骑兵追上包围。十五日，明军拔营欲移师取水，瓦剌趁机猛攻，明军大溃，英宗被俘。史称"土木之变"。明景帝即位，委兵部侍郎于谦主持防御，击败了瓦剌对北京的进攻。也先欲以英宗要挟明廷，未能得逞，遂将英宗送回，恢复与明朝的朝贡贸易。

景泰末年，也先死于内乱，瓦剌退回漠北西部，鞑靼再度崛起。弘治年间，成吉思汗后裔把秃猛可重振汗权，统一鞑靼诸部，号达延汗。他将蒙古划分为六个万户，分授诸子，自领左翼三万户中的察哈尔万户。达延汗死后，六万户虽各主一方，但成吉思汗后裔的统治权力均得到长期保持。嘉靖时，右翼土默特万户的统治者、达延汗之孙俺答汗控制了右翼三万户，成为蒙古最强盛的势

图19-3 万历时绘明长城图

力。其势力范围的中心位于漠南，控有河套，对明朝形成直接威胁。嘉靖二十九年（1550），俺答汗大举南侵，直抵北京城下。明军不敢出战，听任对方大掠数日，从容退走。因是年为庚戌年，史称"庚戌之变"。俺答汗南侵并无灭亡明朝的企图，主要是出于经济目的，希望通过战争掠夺财物，并逼迫明朝扩大贸易往来。此后俺答继续发动小的进犯，北京多次戒严，边防形势一直比较紧张。

穆宗隆庆五年（1571），明朝与蒙古终于达成和议。和议的直接起因出自俺答汗的家庭纠纷。当时俺答汗强娶其孙把汉那吉已聘之妻三娘子，把汉那吉愤而降明。围绕把汉那吉回归蒙古一事，明朝开始与俺答汗进行和谈，协议结束敌对状态。明封俺答为顺义王，恢复通贡关系，每年一贡，并在大同、宣府等边镇开设互市场所，听边民自相贸易。此即"隆庆和议"，亦称"俺答封贡"。和议使蒙古各部的物质需求得到了很大满足，明朝北部边防的压力也终于缓解。直至明亡，蒙古基本上不再构成边疆的威胁。

## 倭患与明后期沿海形势

从洪武至正德，倭寇对明朝沿海的骚扰时断时续。到嘉靖年间，倭寇活动进入了空前猖獗的时期。中日朝贡贸易规模有限，不能满足日本诸侯的物资

图19-4 明军抗倭图卷

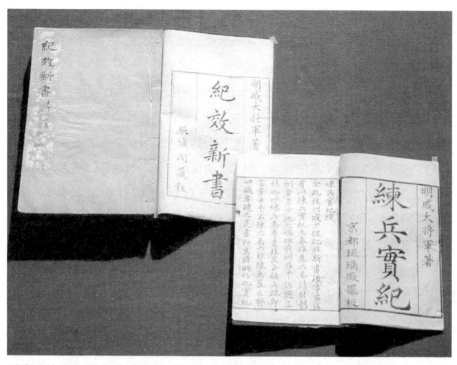

图 19-5 戚继光的军事著作

需求,这本来就是倭患持续不断的一个重要原因,嘉靖时朝贡完全中止,遂使倭患更为严重。另外当时南方商品经济已有很大发展,沿海地主、富民往往从海外贸易中获利。明廷厉行海禁同样损害了这些人的利益,中国的海上走私集团因而发展起来。他们亦商亦盗,多以日本为根据地,袭用日本的服饰旗号从事劫掠,大大加剧了倭患的声势。见于史载的嘉靖倭寇重要首领亦多为华人。

嘉靖中叶,明廷先后派出多名高级官员前往东南沿海主持平倭。总督胡宗宪用离间、诱降等计谋杀死倭寇首领徐海、王直,倭寇势焰稍挫。著名将领戚继光在浙江招募农民、矿夫组成一支新军,严加训练,时称"戚家军"。又针对倭寇的作战特点,在阵法、兵器等方面进行创设和改进。结果"戚家军"屡战皆捷,名闻天下。另一位名将俞大猷也招募组建了"俞家军"。到嘉靖末年,长期骚扰东南沿海的倭寇基本被戚、俞等人荡平。

嘉靖以后,日本由割据逐步统一,军阀丰臣秀吉被天皇任命为关白(相当于宰相),他将昔日分散的武士、海盗集团组织起来进行有计划的对外扩张,扩张的重点则放在朝鲜。因此明朝东南沿海没有再产生新的倭寇。万历二十年(1592)四月,日本军队在朝鲜南部登陆,朝鲜大部分国土迅速沦陷。明廷闻讯震动,出兵救援,将日军逐回朝鲜半岛南部。此后中朝联军与日军长期处于相持状态,中间还进行了和谈,但未获成果。万历二十五年,日本重新发起进攻,联军尽力抵御，又形成拉锯战局面。适逢次年丰臣秀吉病死，日军乘船撤回，中朝联军追击于海上，击沉、焚毁大批敌舰，战争遂以日本失败告终。这次战争使得明朝的国力大为损耗，衰颓趋势进一步加剧。

明朝后期，东南沿海形势也出现了新的变化。在平倭过程中，明廷逐渐认识到"海禁愈严，贼伙愈盛"，因此在隆庆时期开始解除海禁，有条件地允许私人从事海外贸易。此后福建、广东等地的私人海外贸易有了很大的发展。他们大多还带有亦商亦盗的性质，但已不再使用"倭"的旗号。明末，泉州人郑芝龙成为东南海商中最强大的势力。他于天启七年（1627）主动接受明朝招抚，借助官府庇护，先后消灭了多名其他私人海商首领，官升总兵。到明朝灭亡前夕，郑芝龙基本控制了东南沿海的对外贸易，已成独霸一方之势。

沿海形势的另一大变化是西方殖民者的东来。随着新航路的开辟，欧洲诸国开始向东发展，较早来到东方的是葡萄牙、西班牙和荷兰。葡萄牙于嘉靖三十二年（1553）以晾晒货物为名，贿赂明朝官员，租借了澳门。17世纪初，荷兰窃据澎湖列岛和台湾南部，台湾北部则由西班牙控制。至崇祯十五年（1642），荷兰击败西班牙，独占台湾。

## 西北与西南边疆

明初，在中亚崛起了一支新的势力，即由突厥化的蒙古巴鲁剌思部贵族帖木儿建立的帖木儿帝国。帖木儿晚年企图东侵明朝，仿效成吉思汗建立庞大的征服国家，但因其去世而计划中辍。明廷则以哈密为经营西域的主要据点，封当地蒙古贵族为忠顺王，并设立哈密卫。到明朝中期，哈密受瓦剌侵扰，日渐衰落。另一个地方政权土鲁番（吐鲁番）的势力发展起来，从明朝手中夺去了哈密的控制权。土鲁番的首领本是元朝察合台汗国后裔，但已改信伊斯兰教。后来土鲁番的王族赛伊德建立叶尔羌汗国，基本统一了天山以南地区。天山以北则主要是瓦剌的势力范围。

西藏地区在明朝称为乌斯藏。明初派人入藏招抚，承认元朝对当地僧俗首领所加封的称号。直到宣德时，共封授了大宝、大乘、大慈三大法王和阐化、护教、赞善、辅教、阐教五大地方之王，各有封地，互不统属。另外又加封过西天佛子、灌顶大国师、灌顶国师等多种名目的僧官。明朝还与藏族诸部建立起了茶马贸易关系。

明朝前期，西藏喇嘛教中出现了新兴的格鲁派，因其僧侣戴黄色僧帽，俗名黄教，创立者为宗喀巴。他要求僧人严守戒律，禁止娶妻生子和从事世俗活动，同时加强对经典的研究，以知识服众。以后格鲁派逐渐成长为西藏地区占统治地位的教派。明朝中期，格鲁派宗教领袖的产生开始采用"灵童转世"制度。万历初年，蒙古俺答汗在青海会见格鲁派领袖索南嘉错，宣布皈依黄教，并为索南嘉错奉上"达赖喇嘛"的尊号。后来黄教内部又出现另一位宗教领袖，尊号班禅额尔德尼，亦用"灵童转世"之法递相传袭。

在云南、贵州两省，四川南部，以及湖广、广西西部，居住着苗、瑶、彝、僮（壮）、黎、傣、白、布依等许多民族，明朝政府对这些地区的统治也带有与内地不同的特点。省级机构与内地一样设都、布、按三司，民族聚居区的基层管理则主要依靠土官，亦称土司。土司绝大多数世袭其职，不受朝廷迁调，但要负责谨守疆界，缴纳赋税，进贡土产，修护驿道，有事时还要出兵供调遣。土司的承袭在形式上必须经过中央批准，一部分土司衙门中的佐贰职务由朝廷任命流官担任，以对土司形成牵制。尽管如此，土司的割据性仍然很明显，时常互相仇杀，甚至起兵反抗朝廷。在明朝，西南土司较大规模的叛乱一共发生过三次，分别是英宗时的麓川（治今云南瑞丽）之乱，神宗时的播州（治今贵州遵义）之乱和熹宗时的永宁（治今四川叙永）、水西（治今贵州大方）之乱，都给明朝统治造成了一定的打击。

## 二　满族的崛起

16 世纪晚期，建州女真兴起于东北。1616 年，其首领努尔哈赤建立后金政权。1636 年，改国号为大清，族名亦由女真改称满洲。经过与明朝 20 余年的交战，满清势力日盛，为入主中原奠定了基础。

**明朝东北局势与后金的建国**

明朝在东北的管理机构，南部设有辽东都指挥使司，治辽阳；北部则于永乐时设立奴尔干都指挥使司，治所位于距黑龙江入海口约200公里的特林地方，辖区北抵外兴安岭，东越海直达今萨哈林岛（库页岛）。后来随着边疆政策的收缩，奴尔干都司罢废，对黑龙江、松花江流域的女真等民族实施羁縻统治，任命其酋长担任都督、指挥等官职，定期入京朝贡。

明朝的女真分为建州、海西和野人女真三大部分。到明朝中期，建州女真主要活动于图们江、鸭绿江流域，海西女真分布于建州女真以北、松花江流域的广大地区。野人女真位于建州、海西以北和以东，距汉族地区较远，社会发展相对落后。对濒临辽东的建州、海西女真诸部，明朝采取分而治之政策，尽量不使一部坐大。但到万历中期，辽东军备废弛，建州女真酋长努尔哈赤的势力开始膨胀起来。

图19-6
努尔哈赤像

努尔哈赤出身于建州爱新觉罗氏的贵族世家，祖先均被明廷封授官职。万历十一年（1583）明将李成梁平定女真部落叛乱时，误杀努尔哈赤的祖父和父亲，明廷遂命努尔哈赤袭职为建州左卫指挥使。努尔哈赤对明朝佯装恭顺，逐步兼并建州女真各部，官升左都督，加号龙虎将军。此后又经过20余年战斗，征服了海西女真和一部分野人女真，基本完成了女真社会的统一。当时明朝正值神宗怠政，又为其他内外问题所困扰，未能采取有力措施来限制努尔哈赤势力的膨胀。

在统一女真的进程中，努尔哈赤开始进行政权建设，其中最主要的是创立八旗制度。万历二十九年（1601）将部众编为黄、白、红、蓝四旗。每300丁为一牛录，五牛录为一甲喇，五甲喇为一固山，亦即一旗。后因部众增加，又新编镶黄、镶白、镶红、镶蓝四旗，原来的四旗则称正黄、正白、正红、正蓝，是为八旗。这套制度是在女真社会原有狩猎组织基础上加以整齐、扩充而成的，兵民合一，兼有行政、军事、生产多方面职能。努尔哈赤身为八旗共主，又自统两黄旗，以子、侄、孙统领其余六旗。到努尔哈赤死后，随着大批蒙古、汉人的降附，又按同样的形式编制了蒙古八旗和汉军八旗。

万历二十七年（1599），努尔哈赤命下属以蒙古文字母拼写女真语言，创立了新的女真文字。后来这套文字经过改进，形成满文。万历四十四年（1616），努尔哈赤在赫图阿拉城（今辽宁新宾老城）正式称汗，号"英明汗"，建元天命，改赫图阿拉为兴京。其国号仍沿用昔日金朝之名，称"大金"，史家一般称之为后金。

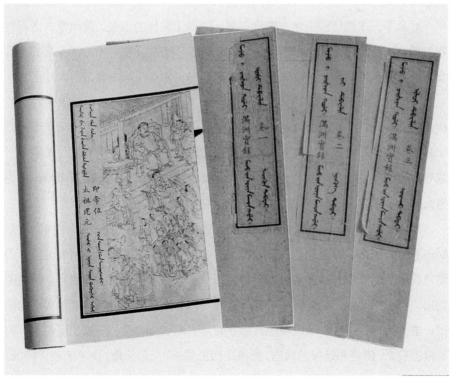

图 19-7 记载清初历史的《满洲实录》

## 后金（清）对明战争及其势力的发展

努尔哈赤称汗后，于万历四十六年（1618）向明朝发起进攻，很快攻占辽东重镇抚顺。明朝以杨镐为辽东经略，调集军队十万人，号称四十七万，分兵四路进剿，期望把后金政权一举扑灭。努尔哈赤集中八旗兵六万，采取各个击破方针，于万历四十七年三月初二至初四日，接连击溃三路明军，明朝精心策划的进剿遭到惨败。双方交战的主战场在萨尔浒（今抚顺东浑河南岸），史称萨尔浒之战。自此后金在辽东转入进攻。天启元年（1621），后金军攻占沈阳、辽阳，努尔哈赤迁都于沈阳，称盛京。天启二年，又攻陷辽河以西四十余城。明朝退守辽西走廊，重点建设宁远（今辽宁兴城）、锦州为山海关外屏障。天启五年，阉党高第出任辽东经略，尽撤山海关外防御，驻守宁远的兵备道袁崇焕抗令不从，执意坚守。天启六年（后金天命十一年，1626）正月，努尔哈赤猛攻宁远，明军顽强抵抗，后金军伤亡惨重而退。宁远之战是后金对明作战以来首次重大失败，努尔哈赤愤恚得疾，于当年八月死去，后被追尊为清太祖。

努尔哈赤死后，第八子皇太极被拥戴嗣位，改元天聪。皇太极暂时对明朝打出"议和"牌，将主要精力转向其他方面。天启七年和崇祯九年，两次发兵进攻朝鲜，最终迫使朝鲜称臣纳贡。崇祯元年（后金天聪二年，1628）到八年，后金军三次西征漠南蒙古察哈尔部，夺得元朝传国玉玺，漠南蒙古诸部皆归附后金，漠北蒙古随后也遣使进贡。在北方，完全征服了黑龙江流域的野人女真和其他土著民族，控制了东起鄂霍次克海、西到贝加尔湖的广大地区。

皇太极对后金政权内部也进行了整顿，设立六部、都察院等汉式官僚机构，推动了政权的汉化，并且巩固和加强了汗权。崇祯九年（后金天聪十年，1636）四月，皇太极在盛京举行盛大典礼，接受臣僚奉上的"宽温仁圣皇帝"尊号，改元崇德，新定国号大清，并改女真族名为满洲。皇太极后来被追尊为清太宗。

从崇祯二年到十一年，皇太极先后四次发兵，取道蒙古入塞侵扰，最远时一直打到山东，给明朝造成重大打击。此后又将主攻方向放在山海关外，力图先拔除明朝在关外的防御据点，然后相机进取。崇祯十四年，清军开始围困锦州，明思宗命蓟辽总督洪承畴统八总兵十三万军队赴援，打到锦州南侧的松山。皇太极抓住战机，亲统精锐自后方绕到明军主力背后，形成了反包围。明军粮道被断，诸将相继拔营西逃，被清军伏击截杀，一败涂地。洪承畴被俘降清，锦州明军亦绝望缴械。史称"松山之战"。此战使明朝丧失了最后一支能与清朝抗衡的军事主力，关外防御基本被摧毁，覆亡大局已定。

## 三　清朝的统一

崇祯十七年（清顺治元年，1644），历史出现了重大的波动和转折。李自成农民军攻入北京，推翻明朝，清军又入关逐走李自成，占领北京，坐收渔人之利。此后经过近20年的征战，清朝相继消灭明朝和农民军的余部，完成统一。

### 农民起义与明朝的灭亡

天启七年（1627）明思宗即位时，明朝已陷入严重的统治危机，政治腐败，军备废弛，财政濒于崩溃。自万历四十六年（1618）起，为解决对后金作战的军费，明廷在全国普遍加派赋税，平均每亩加征银九厘，称为"辽饷"。实际上文官武将大肆贪污，加派所得多入私囊，不足而复行加派，形成恶性循环。思宗提高"辽饷"至每亩一分二厘，后来又因镇压农民起义而加征"剿饷""练饷"，合称"三饷"。残酷的剥削致使民不聊生，无异于剜肉补疮。另一方面，社会上的贫富分化极端严重，财富急剧地集中到皇亲国戚、官僚、宦官、乡绅等特权地主手里，大多数农民赤贫如洗，朝不保夕。在这种情况下，农民起义愈演愈烈，使大半个中国陷入动乱之中。

明末农民起义在天启七年最初爆发于土地贫瘠、天灾严重的陕西，随后波及山西，形成多支部队，推举盟主，协同作战。崇祯六年（1633）冬，农民军在盟主"闯王"高迎祥率领下冲破明军包围圈，进入河南，发展到十三家七十二营。八年，高迎祥攻克明"中都"凤阳，焚毁明朝皇帝的祖陵，明廷大震。九年，高迎祥被俘杀，其部众推李自成为"闯王"，流徙于川、陕边界，暂时处于消沉。明朝调集兵力对付另一支农民军主力张献忠部，迫其投降。但到崇祯十二年（1639），中原大旱，张献忠趁势复反，李自成也从陕南商洛山中进军河南，以"均田免粮"号召百姓，饥民群起从之。十四年春，李自成克洛阳，杀福王朱常洵（神宗第三子），张献忠克襄阳，杀襄王朱翊铭，自此农民军进入极盛。李自成先后三次围攻开封，屡战皆捷，被部下推举为"奉天倡义大元帅"，其众号称百万。十六年，在襄阳称新顺王。张献忠则转向长江中游活动，攻陷武昌，称大西王。

崇祯十七年（1644）正月，李自成在西安建立政权，定国号为大顺，建元永昌。随即分兵两路，势如破竹，直抵北京城下。明思宗于三月十九日自缢于煤山（今北京景山），李自成进入北京，明朝灭亡。此时大顺政权版图，东自山东，西抵甘、宁，北沿长城，南达江淮，基本奄有明朝北方之地。同年张献忠进占四川，在成都建立政权，国号大西。

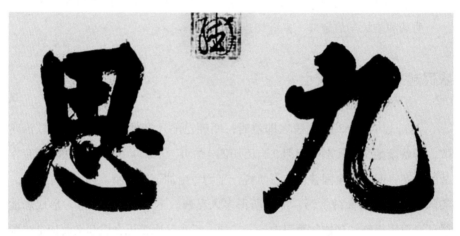

图 19-8 崇祯帝书法

## 清兵入关

明朝灭亡时，清太宗皇太极已于前一年去世，幼子福临嗣位，年号顺治，是为清世祖，由其叔父睿亲王多尔衮摄政。得知李自成包围并占领北京的消息后，清廷迅速作出反应，大举出兵，南下抢夺胜利果实。并决定以为明朝复仇、"吊民伐罪"自命，注意整肃军纪，安抚地方。四月初九日，多尔衮率军由盛京出发，适逢明朝山海关守将吴三桂遣使来降，清军迅速在战略上获得了主动。

吴三桂出身于明朝武将世家。明朝灭亡后，他一度决定降附李自成。但李自成的争取工作未尽全力，相反却在北京大行拷掠明朝降官，令其缴纳财物，三桂之父吴襄亦未幸免。大顺将领刘宗敏还夺去了吴三桂的爱妾陈圆圆。吴三

图 19-9 吴三桂像

桂得知上述情况后,怒而改变初衷,致信向多尔衮乞援。四月二十二日,清军到达山海关,吴三桂出关谒见,称臣剃发,正式降清,清朝封之为平西王。

李自成占领北京后,一度沉浸在盲目乐观的情绪之中,忙于筹划登基典礼。同时将在地方上使用过的"追赃助饷"政策用来对付明朝降官,责令缴纳巨额金银,不足额即严刑拷掠,各地官绅人人自危。农民军官兵基本上都处于懈怠状态,热衷享乐,士气消磨殆尽,奸淫掳掠之事亦时有发生。得知吴三桂拒降消息后,李自成仓促东征,没有进行细致的情报侦察工作,对清军的迅速到来和参战毫无准备。四月二十一日,大顺军在山海关前与吴三桂激战整日,疲惫不堪,次日清军突然加入战场,大顺军全线崩溃。李自成败回北京,在二十九日草草举行了预定的登基典礼后,当天即撤往陕西。五月二日,清军进入北京,为明思宗发丧,宣布明朝官员皆照旧录用。九月,清廷宣布自盛京迁都北京。

李自成退出北京后，局面一泄不可收拾。顺治二年（1645）正月，清军攻破潼关，李自成放弃西安南走，在湖广、河南、江西一带迂回转战，连连失利。五月，自成率残部行至通山（今属湖北）九宫山，遭乡民袭击，被杀身亡（一说系假死，后转投湖南石门夹山隐居为僧）。稍后在顺治三年十一月，张献忠在川北的一次战斗中被清军射死，大西政权亦告瓦解。

## 清朝统治的确立

清朝入关之后，随着对李自成作战的频频告捷，开始将重点打击目标转向江南的明朝残余势力。当时南方的明朝官僚先后拥立一些朱明宗室，史称南明。南明的第一个君主福王朱由崧于顺治元年（明崇祯十七年，1644）五月即位于南京，年号弘光。弘光政权建立未久即陷入党争，阉党用事，斥逐东林、复社，政局混乱。顺治二年（1645）四月，清豫王多铎攻占扬州，南明督师大学士史可法不屈遇害。清军在扬州城内大肆屠戮，十日后始宣布"封刀"，史称"扬州十日"。五月，清军渡江进入南京，弘光帝被解送北京处死。

鉴于入关以来军事进展极为顺利，清朝统治者过分乐观地估计了形势，开始推行强制性的民族同化措施，勒令全体汉族居民照依满族习俗剃发蓄辫，改易服饰，违抗者杀无赦，时称"留头不留发，留发不留头"。剃发令激起了汉族百姓的反抗，江南的斗争尤为激烈。江阴人民在阎应元、陈明遇领导下顽强抗击清军围攻80日，城破尽被屠杀。嘉定人民由黄淳耀、侯峒曾领导反清，嘉定城几度易手，被清军先后屠城三次，史称"嘉定三屠"。各地反剃发斗争虽然最终失败，但声援了南明政权的武装抵抗活动，使清朝的统一大为延迟。

弘光政权覆灭后，东南地区出现了两个南明小朝廷。顺治二年闰六月，唐王朱聿键被久踞福建的郑芝龙拥戴，即位于福州，年号隆武。同月鲁王朱以海在绍兴自称"监国"。顺治三年六月，清军攻占绍兴，鲁王逃往舟山。七月，清军入闽，诱降郑芝龙，俘斩隆武帝。十一月，明朝官员又在广州拥立隆武帝之弟聿𨮁，年号绍武，也很快被清军消灭。

顺治三年（1646）十月，一批大臣在肇庆拥戴桂王朱由榔监国，旋即称帝，年号永历。此后华南和西南成为抗清主战场，大顺军余部李锦、郝摇旗等首先接受南明招抚,后来大西军余部孙可望、李定国亦投入永历政权旗下共同抗清。农民军的加入使得抗清局势暂时出现转机。顺治九年(南明永历六年,1652)七月,李定国率军收复桂林,清朝的汉军高级将领、定南王孔有德自杀。随后又在湖南阵斩清朝敬谨亲王尼堪,取得了南明抗清的最大胜绩。

但永历政权与农民军存在隔阂,各自内部矛盾也很复杂,未能取得更大战果,在清军反击下,收复的地区相继丧失。永历帝由广东、广西一步步退入贵州、云南,最后逃到缅甸。顺治十八年(南明永历十五年,1661),吴三桂率清军入缅甸,永历帝被俘遇害,永历政权覆灭。

当时在永历政权直接控制范围以外的抗清力量,还有郑成功和夔东十三家军。郑成功是郑芝龙之子,曾被隆武帝赐姓朱,时称"国姓爷"。隆武政权崩溃后,郑成功聚集郑氏家族的武装力量,以厦门为根据地坚持抗清,一度率水师北伐,入长江包围南京,但被清军击败退回。顺治十八年(南明永历十五年,1661),郑成功

图 19-10 郑成功像

渡海远征台湾,将盘踞台湾多年的荷兰殖民者逐走。此后郑氏集团退至台湾,厦门被清朝占领。夔东十三家军是李锦养子李来亨所统大顺军余部,占据川、鄂边境山区,直到清康熙三年(1664)才最后失败。

在持续镇压各地反清势力的同时,清廷中枢的政局也发生了一些变化。多尔衮摄政期间,推行了一系列民族压迫政策。顺治元年,下令圈占北京附近的无主荒地和明朝皇亲、勋贵、宦官庄田分给八旗官兵,实际上圈占了很多民间私有土地,致使原田主流离失所。大批沦为满族贵族奴仆的汉人不堪虐待,往往伺机逃亡。清廷就此颁布逃人法,规定对隐藏逃人的"窝主"处以绞刑,妻子财产籍没,邻居流放边远,株连广泛,引起了北方社会普遍的骚动。多尔衮死后顺治帝亲政,减小圈地规模,放宽逃人法,又采取措施整顿吏治,发展

农业生产，使清朝统治逐渐稳定。顺治十八年（1661），顺治帝去世，其子年仅8岁的玄烨即位，是为清圣祖，年号康熙，异姓满族贵族索尼、苏克萨哈、遏必隆、鳌拜四大臣辅政。至康熙八年（1669），四大臣辅政结束，康熙帝亲政，清朝由此进入了长达百余年的鼎盛时期。

## 第二十章 康乾盛世及其余波

自努尔哈赤建立后金政权到1911年清帝退位，清朝共历十二帝，296年。第四至六代皇帝清圣祖、世宗、高宗（年号分别为康熙、雍正、乾隆）在位百余年间，是清朝的鼎盛阶段，习称"康乾盛世"。随后的仁宗、宣宗二朝（年号分别为嘉庆、道光），仍然维持着大一统局面和表面的繁荣，而萌发于康乾盛世的统治危机也日益严重。漫长的中国古代历史，至此已濒临结束。

# 一　君主集权的巅峰

中国古代君主专制集权的政治体制，至"康乾盛世"达到巅峰。康乾盛世取得的辉煌成就，大都与君主高度集权有关，但君权的极端强化，也预示着君主专制体制即将走到历史的尽头。

## 大权独揽、勤于政事的清朝皇帝

与明朝皇帝往往怠政不同，清朝皇帝基本上一直保持着大权独揽、勤于政事的传统，并且大都具有较高的政治才能。康熙、雍正、乾隆三帝均是这方面的典范。

康熙八年（1669），康熙帝逮捕拘禁专权跋扈的辅政大臣鳌拜，开始掌握实权，自此即长年始终如一地坚持勤政传统，每日在故宫乾清门听取各部、院官员面奏政事，并与内阁臣僚讨论处理重要章奏。即使出巡外地，也要求将各衙门章奏驰送驻地处理。康熙帝自己曾总结说："今天下大小事务，皆朕一身亲理"，"无论巨细，朕必躬自断制"。雍正帝进一步完善了康熙时创立的奏折制度，朝廷内外之事大都通过奏折的渠道呈报于皇帝，皇帝批示后发回，或交军机处办理。在位13年，批阅满、汉文奏折数万件，自称"朕自朝至夕，凝坐殿室，披览各处章奏，目不停视，手不停批，训谕诸臣日不下数千百言"。乾隆帝继承了祖、父的勤政作风，不仅朝廷政务皆由己出，对地方具体事务也是不厌其烦地予以过问。又多次出巡，了解地方统治情况。至86岁传位于嘉庆帝、自任太上皇之后，仍保持"训政"名义，不肯放权。康、雍、乾三帝继承、发展了明朝以来的种种君主集权措施，而本人事必躬亲，未使权柄旁落，则为明朝所不及。这种乾纲独断的政治传统，在嘉庆、道光两朝也都得到了继续保持。

康、雍、乾三帝虽非汉族，但自幼都接受过良好的汉族传统文化教育，文化素质超过历史上绝大多数汉族皇帝。康熙帝一生以好学著称，凡古代经史名著多曾用功钻研，亲自撰写了多种解经著作，诸子百家、名贤诗文，亦皆广泛涉猎。又爱好自然科学，对农学、医学、气象都有浓厚兴趣，还专门向欧洲

图 20-1 康熙读书图

传教士学习过几何学等西方科学知识。雍正帝于经史之外，通晓佛、道之学，又尝自撰论著阐述治国思想，对华夷之别、君臣职分等重大政治问题都进行过深入透彻的论述。乾隆帝擅长诗文字画，在历史、地理、考古等方面都有一定的造诣。他们对文化的爱好并未妨碍政务，并且还都擅长骑射，文武兼备。良好的文化修养，对其成为合格的最高统治者、充分发挥君主集权的积极作用具有很大帮助。随后的嘉庆、道光二帝，虽然个人才能有所逊色，但综合素质仍属中材以上。前代王朝不时出现的昏庸、暴虐君主，在清朝并未产生。

## 储位争夺与秘密立储制

清朝建立之初,并未形成严格的嫡长子继承制。康熙帝则很早就立自己唯一的嫡子胤礽(康熙共有 35 子,胤礽行次居二)为太子,希望通过确立嫡长继承之制来消除皇位争夺。胤礽久居储位,恃势骄纵,隐结党羽,与康熙的父子感情逐渐破裂,在康熙四十七年(1708)被废黜。但康熙对其余年长皇子频繁活动争夺储位不满,不久又宣布复立胤礽为储。胤礽复立之后,父子隔阂、兄弟矛盾、臣下投附结党等问题并未解决,至五十一年再度被废。剧烈的储位纷争使得康熙愤懑抑郁,心力交瘁。到康熙晚年,立储成为一大忌讳,严禁旁人提及。有迹象表明他已经决定采用秘密立储的方案,但并未向臣下交待。

康熙六十一年(1722)十一月,康熙帝在北京西郊的行宫畅春园突然病逝,遗诏传位于皇四子胤禛,是为清世宗,年号雍正。这份遗诏的真实性以及雍正帝的即位过程,扑朔迷离,疑点甚多。由于康熙暴卒,其预定储君人选为谁,已成为历史上永远的谜团。史实表明,康熙晚年最宠爱和重用的儿子是雍正帝的同母弟、皇十四子胤禵(雍正时更名允禵)。但当康熙驾崩时,胤禵出征青海,远隔万里,雍正的党羽、负责戍卫任务的步军统领隆科多一时成了左右大局的关键人物。雍正的即位,很可能是隆科多抢先通报消息、协谋假造遗诏,并利用手中兵力威慑其余皇子和朝臣的结果。不过康熙临终选择雍正继位的可能性也不能排除。

鉴于康熙后期诸子争储的教训,雍正帝即位不久就正式宣布了秘密立储的决定。他写下储君之名,密封藏于匣内,放置在乾清宫"正大光明"匾额之后。又另书密封一匣,随身携带,以备不虞。雍正十三年(1735)八月,雍正帝患急症猝死。由于他事先的稳妥安排,皇位

图 20-2 道光帝立储密匣与诏书

继承十分顺利，皇四子弘历的储君身份很快得到确认，是为清高宗，年号乾隆。

乾隆帝即位之初，密旨立嫡子永琏（皇次子）为储，但永琏不久病殁。到乾隆三十八年（1773），他决定再行秘密立储，并将这一做法完全制度化，作为清朝“家法”确立下来。乾隆六十年（1795），年已 85 岁的乾隆帝决定退位，公布立储密旨，以皇十五子永琰为继承人，更名颙琰。次年正月初一，颙琰即位，是为清仁宗，年号嘉庆。嘉庆帝在位时，亦将皇次子绵宁（即位后更名旻宁）秘密立为储君，也就是后来的清宣宗，年号道光。

秘密立储是清朝一项独具特色的制度。它的特点在于皇帝全权决定储君人选，不受“嫡长”传统观念约束，并且彻底排除了统治集团中任何其他势力、个人对建储一事的干扰，是皇权强化的重要表现。另一方面，秘密立储之法于传子之中寓传贤之意，起到了杜绝储位纷争、保持政局稳定的作用，也的确比前代的嫡长继承制度更具合理因素。

## 奏折制度与军机处

奏折是清朝官员向皇帝上呈的机密文书，亦称密折。此前官员向皇帝所上奏章是公开的，要经通政使司阅览、登录，内阁票拟，通常在皇帝审阅之前其内容已为外界知晓，致使上奏人不便畅所欲言，而且往来周转，耽误时间。自康熙时起，开始出现奏折这一新的文书形式，由上奏人密封直达御前，皇帝阅后在原折上朱批发回，顺便交待新的任务。这种联系方式既快速又保密，

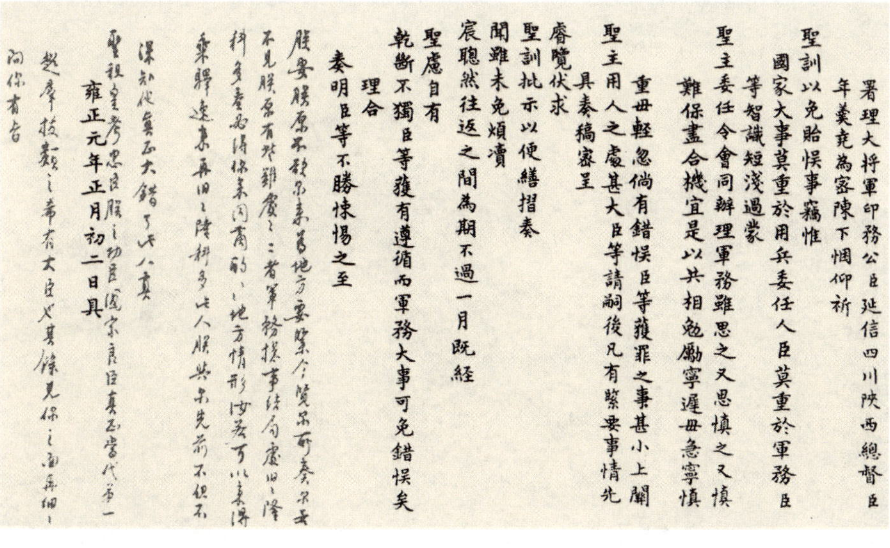
署理大將軍印務公臣延信四川陝西總督臣
年羹堯為密陳下悃仰祈
聖訓以免貽悮事竊惟
國家大事莫重於用兵委任人臣莫重於軍務臣
等智識短淺過蒙
聖主委任令會同辦理軍務雖思之又思慎之又慎
難保盡合機宜是以共相勉勵寧遲毋急寧慎
重毋輕忽倘有錯悮臣等獲罪之事甚小上關
聖主用人之處甚大臣等請嗣後凡有緊要事情先
具奏稿密呈
睿覽伏求
聖訓批示以便繕摺奏
聞雖未免煩瀆
宸聰然往返之間為期不過一月既經
聖慮自有
乾斷不獨臣等獲有遵循而軍務大事可免錯悮矣
理合
奏明臣等不勝悚惕之至
雍正元年正月初二日具

图 20-3 雍正朱批奏折

使皇帝能够更多、更直接地获取信息，执行决策也少了许多中间环节，更加有利于君主集权。雍正时，内外大臣对机密、紧急事务均可先以奏折上闻，其缮写、呈递均有严格的保密规定。通过奏折制度，清朝皇帝能够做到多渠道地了解下情，使不同等级、不同部门的官员进行复杂而秘密的互相监督，皇帝则从中充分施展权术，或进行"私人"感情笼络，或挑拨离间令臣下互相猜疑，对官僚机构的控制因而大为强化。

清朝辅佐皇帝决策的中枢组织，最初主要是由满洲亲贵组成的议政王大臣会议。到康熙后期，议政王大臣会议改称"议政大臣会议"，议政范围逐渐缩小到八旗事务及边疆、征伐等内容。内阁也在清朝继续设立，仍掌草拟制诏、票拟奏章等事。由于清初议政王大臣会议权力较重，后来又遇上皇帝勤政，事必躬亲，内阁的实权较之明朝有很大下降。康熙十六年（1677）起，专门挑选一批翰林院儒臣到乾清宫西南的南书房当值，备皇帝读书时顾问咨询，也附带承担了一部分拟写诏旨、参与谋议的工作，具有一定的辅助决策功能。

雍正时，出现了一个新的内廷秘书机构军机处。当时因对西北蒙古准噶尔部用兵，在雍正帝寝宫养心殿附近的隆宗门内设立了军需房，协助其处理军

图20-4 军机处值房内景

务文书，不久更名军机处，逐渐包揽了协助皇帝决策的重要秘书工作。军机处是一个非正式机构，以人员简练，办事迅速机密为主要特点。其官员包括军机大臣和军机章京，皆为临时兼职，由皇帝指定朝官充任。其最重要的职掌，是将皇帝口谕拟写为文字"上谕"下发。有必要公开以及关于日常政务的上谕通过内阁对外公布，称为"明发"。事关重大的机密性上谕则在加盖军机处印章后，不经过任何其他机构、官员，直接驰驿发送到受谕人手中，称为"寄信谕旨"或"廷寄"。在拟旨过程中，军机处完全秉承皇帝旨意，处于皇帝的严密监督之下，成为清朝君主集权的得力工具。当然某些得宠的军机大臣也有借机弄权的机会，但这仅是偶尔窃取一部分君权而已。

## 督抚制度的固定

总督、巡抚的设置始于明朝，目的在于节制承宣布政使、提刑按察使、都指挥使"三司"，协调地方权力，消除牵制、扯皮、效率迟缓之弊。但设置尚未稳定，辖区大小不均，并且是作为中央都察院的"外差"设立的，还算不上真正的地方官。清朝的总督、巡抚制度则已大体固定下来，正式具备了"封疆大吏"的地位。

清朝的内地政区划分，在明朝两京十三布政使司（省）的基础上稍作调整，形成十八省。其中明朝的京师（北京）直辖区改称直隶省，南京直辖区分设江苏、安徽两省，湖广分为湖北、湖南两省，陕西分为陕西、甘肃两省。其余山东、山西、河南、浙江、江西、福建、广东、广西、四川、贵州、云南十一省皆沿明之旧。十八省均设巡抚，为一省之长。每两到三省（个别地方仅一省）又设总督一名，相当于大军区长官。乾隆时，全国总督共置八处，两江总督辖江苏、安徽、江西三省，闽浙总督辖浙江、福建二省，湖广总督辖湖北、湖南二省，两广总督辖广东、广西二省，云贵总督辖云南、贵州二省，陕甘总督辖陕西、甘肃二省，直隶总督、四川总督各管一省事，通常即兼署该省巡抚。山东、山西、河南三省则无总督管辖。总督例兼兵部尚书、右都御史头衔，从一品，巡抚例兼兵部侍郎、右副都御史头衔，正二品。尽管仍带京官头衔，但设置固定，实际上已经地方化。督、抚所掌各有侧重，总督偏于军事，巡抚偏于民政，后者原则上要受前者节制。但在不设总督的省份，军务亦由巡抚兼理。"三司"之中，都指挥使司废罢，布政使司掌一省财赋，按察使司掌一省司法，居于督、抚下属的地位。明朝曾广泛派遣巡按御史监察地方，大事奏裁，小事立断。清朝则除清初短期外，不再设立巡按御史，地方监察与行政趋于合一，概由督抚负责。

总体而言，清朝督、抚权力相对集中，且辖区较为广阔，起到了承上启下、代表皇帝控制地方的作用，使得统治责任更加明确，有利于中央政令的迅速贯彻执行和地方行政效率的提高。而在全国政局相对稳定的大背景下，督抚权力强化并未造成地方尾大不掉的状况，没有对中央集权体制形成冲击。

清朝的总督、巡抚仍然残留了一些中央差遣的特征。除带京官头衔外，其手下并无固定属员，文牍事务主要依靠私人聘请职业性幕僚"幕宾"协助处理。幕宾亦称幕友、师爷，其工作不受学历高低、有无功名、曾否任官等身份限制，长官待以宾友，合则留，不合则去。除督抚外，布、按二司下至州县长官聘请幕宾的现象也很普遍。浙江绍兴府多出幕宾人材，往往家传其学，故"绍兴师爷"在幕宾中最为有名。

## 文字狱与文化专制

清朝君主专制集权的高度强化，在文化领域也有明显的表现。统治者对思想文化界的控制非常严密，多次大兴文字狱屠戮士人。

清室的祖先曾经长期臣属明朝，清廷入关之后对此讳莫如深，私人著述凡有涉及必获重罪。同时，清朝统治者对士人眷念明朝、尊奉南明、否定清廷正统地位的民族意识也十分疑忌，将其视为"反清复明"的思想苗头，予以严厉镇压。康熙朝有两大文字狱，都是在上述背景下出现的。第一次是康熙二年（1663）的庄廷鑨《明史》案。浙江富户庄廷鑨购得明末朱国祯《明史》残本，请人加以补写，以为己作。书中多有清廷忌讳的"违碍"词句，以"逆书"罪名被告发。时庄氏已死，剖棺戮尸，株连致死者七十余人。康熙五十年（1711），又发生戴名世《南山集》案。戴氏为翰林院编修，所著《南山集》引用方孝标《滇黔纪闻》一书，议论南明史事，并用南明诸帝年号，予以正统。结果遭到劾奏，戴名世处死，方孝标戮尸。牵连两家家属及刊印、作序之人共及数百，皆议处死，后从宽戍边。

雍正六年（1728），发生曾静、张熙谋反案。湖南人曾静及其学生张熙策动川陕总督岳钟琪反清，指斥雍正弑父篡立、杀兄屠弟，被岳告发逮捕。经审讯，查明曾静"华夷之辨"等思想来自已故学者吕留良，遂将吕氏剖棺戮尸，其后人及弟子诛杀或充军，又将经过歪曲的雍正与曾静的辩论文字颁行天下，名为《大义觉迷录》。雍正一朝还发生过其他几起文字狱，均系士人著书语涉"讥讪""诽议时政"而被杀。

乾隆一朝的文字狱更为频繁，大大多于康、雍两朝，而且绝大部分都是吹毛求疵、望文生义、穿凿曲解，加以莫须有之罪。如诗文中"明""清"二字的使用，往往遭到深文周纳。"问谁壮志足澄清""翘首待重明""明朝期振翮，一举去清都"之类，都被视为反诗，作者生则处死，死则戮尸。在清朝皇帝生杀予夺的专制淫威之下，士人畏首畏尾，动辄得咎，形成了"万马齐喑"的可悲局面。至嘉庆、道光两朝，文网始逐渐疏解。

文字狱以外，文化专制的另一重要表现为禁毁书籍，亦以乾隆朝最盛。乾隆后期借编修丛书《四库全书》之机，要求各地广泛搜求、进献书籍，然后予以全面检查，凡"悖逆""违碍"著述概予销毁或抽毁。通过这种寓禁于征的做法，销毁书籍三四千种，许多重要文献自此湮没无闻或残缺不全，在整理、保存文化的同时也严重地破坏了文化。

## 二 文治与武功

"康乾盛世"在文治和武功两方面都取得了辉煌业绩。经济恢复并继续发展，政局稳定，国力强盛，版图在前代王朝的基础上进一步开拓、巩固，对边疆民族地区的统治管理也获得了突出成就，在中国作为统一多民族国家的发展史上具有极其重要的历史地位。

### 发展生产的措施

康熙、雍正、乾隆三代皇帝都十分注意发展生产。康熙八年（1669），为推动垦荒，宣布将被民间占种的原明朝藩王贵族庄田无偿给予现种之人，史称"更名田"。康熙帝还一再延长新垦荒地的科税年限。乾隆时期，面对日益

图 20-5 清代皇帝亲耕仪式铜版画

增长的人口压力,继续大力劝垦,规定凡开垦零星土地永免起科,自然环境较差、开垦不易的土地,按低标准起科。同时,还陆续有条件地开放一些原来作为禁地的海岛、滩涂、山区,允许百姓垦种。蒙古、东北等地的荒地,按法令严禁开垦,但实际上私垦者也得到官府的默认。在新疆等地,则大力开展屯田。康、雍、乾三朝,全国垦田数字持续上升,大片荒地得到开垦,但在一些地方也造成了生态环境的破坏。

清廷还一再采取蠲免赋税的政策。康熙时期,除遇水旱灾害例行蠲免赋税外,还多次下诏蠲免各地积欠赋税,逢皇帝出巡或重要庆典又实行"加恩"蠲免。康熙中后期,又开始实行"轮蠲",将全国诸省分为三批,每三年轮流蠲免一次。在国家蠲免赋税的同时,也要求地主减免佃户的地租。康熙四十九年(1710)规定,以后凡遇蠲免钱粮,按比例在地主、佃户间分摊,地主蠲免七分,佃户蠲免三分,永著为例。乾隆时期,亦曾数次普遍蠲免全国钱粮。与蠲免政策相联系,清廷在赋税征收制度方面还进行了一系列改革,主要包括康熙时实行的"滋生人丁永不加赋"和雍正时实行的"摊丁入亩",都在不同程度上减轻了百姓负担,刺激了经济的发展。

康乾盛世在兴修水利方面作出了很大成绩。黄河自北宋以来夺淮入海,下游泥沙淤积,时常泛滥成灾,不仅威胁黄河下游的农业生产和人民生活,而且往往倒灌入运河，阻断漕运，影响京师地区的物资供应。康熙时靳辅主持治河，以疏通河道、筑堤束水、建闸引水诸法并行，使黄河水流渐趋稳定，苏北地区新增出大片肥沃土地，同时也保证了漕运的畅通。海河的支流芦沟河泥沙淤积泛滥，康熙中期在其沿岸建堤挑河，浚深河床，并开挖部分新的河道，大大缓解了灾情，因而赐名永定河。江浙沿海为抵御海潮冲刷而修建的石筑海塘年久失修，潮灾不断。清廷自内地调运大量石料、木材予以重新修筑，有效地保护了江浙沿海的民居和农田。

## 笼络士人与开局修书

清廷入关之初，面对此起彼伏的抗清浪潮，对汉族士人采取镇压与笼络并用的两手政策。康熙亲政后，反清武装斗争已经平息，"崇儒重道"的笼络政策开始成为重点。康熙十七年（1678），诏于常规科举之外临时增开特科取士，名为"博学鸿儒科"，重点拉拢各地名士，尤其是著名的遗民。由中央、地方官吏推荐一百数十人，到京师参加象征性的考试，录取一等20人，二等30人，俱入翰林院供职，参与纂修《明史》。乾隆元年（1736），为点缀升平，又曾举行一次"博学鸿儒"特科考试。康熙、乾隆均多次到文化发达的江南进行巡视，召见名流学者，赐以官位，或临时对当地士子考试授官。"崇儒重道"政策的又一表现是尊崇程朱理学。康熙后期，以"御纂"的名义，令臣下汇编朱熹论学精义为《朱子全书》，又编写了大批体现理学思想的解经、注经著作。康熙精研理学，以朱熹"道统"的继承人自居，下令将朱熹的牌位由从祀孔庙的历代"先贤"中抬出，列入正殿的孔门弟子"十哲"之后，成为第十一哲。

康雍乾时期，为装点"文治"局面，频繁组织儒臣进行大规模的修书工作，内容广泛，卷帙浩繁，成为古代文化史上的一段奇观。其中篇幅最巨、尤其集中体现康乾盛世文化成就的，则是大类书《古今图书集成》和大丛书《四库全书》。

古今图书集成——编纂于康熙后期至雍正初，共一万卷，是现存篇幅最大的古代类书。将所录"古今图书"内容剖解，分门别类，归入历象、方舆、明伦、博物、理学、经济六编之内，下分32典、6109部，每部又包括汇考、总论、图表、列传、艺文、纪事、杂录等不同单元。读者欲检索一事，都可以根据其分类很快查阅到不同古籍中的相关记载。

图 20-6 《四库全书》书影

四库全书——编纂于乾隆后期。起初是出于增加宫廷藏书的目的，广泛征求天下古籍，后进而决定对传世的古籍作一次总清理，择重要者重新缮写，汇集为一部空前规模的丛书。从征集到的图书中精择约 3500 种，近 80000 卷，按照传统的经史子集四部分类法排列次序，逐书缮写，共抄写七部，分别贮藏于北京、承德、杭州等地。同时编成《四库全书总目》200 卷，为所收诸书逐一撰写提要，未收诸书亦同样写出提要，列为"存目"，从目录学角度对中国古代文献进行了一次系统的整理。

## 巩固国家疆域的斗争

康雍乾时期，清朝统治者为稳定和巩固国家疆域进行了不懈的努力，现代中国的版图在这一阶段完全奠定。

首先是平定三藩与统一台湾。三藩是清朝统一过程中封为藩王、镇守南方的三名汉族降将，平西王吴三桂镇云南，平南王尚可喜镇广东，靖南王耿精忠（袭祖父耿仲明爵）镇福建，渐成割据之势。康熙十二年（1673）下诏撤藩，吴三桂遂起兵反，耿精忠及尚可喜之子尚之信亦先后响应，南方半壁陷入动乱，经数年相持，耿、尚两藩穷蹙而降，清军于康熙二十年进占云南，时吴三桂已死，其孙吴世璠自杀，三藩彻底失败。随后康熙又命大将施琅进取台湾，于康熙二十二年攻占澎湖，郑氏集团首领、郑成功之孙郑克塽请降，台湾平。清朝在台湾设府统治，隶于福建省，并驻军镇守。

17 世纪前期，沙皇俄国的势力已伸展到黑龙江流域，修筑雅克萨城（在今黑龙江漠河以东、江北岸）为主要据点。康熙二十四（1685）、二十五年，清朝两次发兵围攻雅克萨，俄军死伤惨重，被迫求和。二十八年（1689），中俄在尼布楚（今俄罗斯涅尔琴斯克）签订条约，划定了两国东段边界线，以格尔必齐河、额尔古纳河和外兴安岭为界，同时确立了和平贸易关系。雍正六年（1728），中俄又签订《恰克图条约》，划定两国中段边界线。

清朝在边疆上最大的威胁来自西北的蒙古准噶尔部。准噶尔为漠西厄鲁特蒙古（瓦剌之裔）四部之一，原活动于伊犁河流域，明清之际势力壮大，奄有天山南北。康熙二十七年（1688），准噶尔汗噶尔丹大举进攻外蒙古（即漠北蒙古、时称喀尔喀蒙古），追击直至漠南草原，与清朝形成军事冲突。康熙帝于二十九年统军亲征，大战于乌兰布通（今内蒙古克什克腾旗境），噶尔丹兵败逃走。三十五年（1696），清军又大败噶尔丹于昭莫多（今蒙古乌兰巴托南），噶尔丹不久暴病而卒。其侄策妄阿拉布坦掌握了准噶尔统治权，将扩张重点转向西藏，于康熙五十六年（1717）发兵攻占拉萨。康熙帝以皇十四子胤祯为抚远大将军，至西宁指挥"驱准保藏"的军事行动。五十九年，清军从准噶尔军手中夺回拉萨，控制了西藏局势。至乾隆二十年（1755），清军趁准部内讧之机将准噶尔平定，俘其汗达瓦齐，但降清的准部贵族阿睦尔撒纳随即又举兵叛乱。二十二年，清军再次平定准噶尔，阿睦尔撒纳逃入俄国病死。经过康、雍、乾三代皇帝的长期经营，清朝终于彻底击败了准噶尔这一强劲对手。

平准稍后，又有"平回"之役。当时天山南路的维吾尔聚居区被称为"回疆"，受准噶尔役属。清朝平准后，维吾尔首领波罗尼都、霍集占兄弟（尊称大、小和卓）于乾隆二十二年起兵反清，二十四年被清军平定，大、小和卓出逃被杀。此后在道光六年（1826），大和卓之孙张格尔复以中亚浩罕国为根据地，在英国支持下发动叛乱，攻占喀什。这次叛乱持续一年即告失败，张格尔被俘处死。

## 因地制宜的民族统治政策

在边疆民族管理方面，清朝注意保持各民族自己的社会习俗和宗教信仰，大事集权，小事放权，因地制宜进行统治。中央设有专门负责边疆民族事务管理的机构理藩院，地位同于六部。清朝皇帝频繁出巡承德避暑山庄和木兰围场，召见边疆各族上层人物，赏赐财物，共同宴享射猎，笼络感情。又在各民族聚居区开通驿路,加强其与内地的联系。边境上则广泛设立卡伦(满语台、站之意,即哨所),把守山川隘口和交通要道。

蒙古族在边疆诸民族中分布范围最广,力量最强,也最受清朝统治者的重视。漠南蒙古诸部最先归附,清廷将其编为若干旗进行统治,划定地界,任命蒙古王公担任旗长(称札萨克)。康熙三十年(1691),康熙帝与漠北、漠南蒙古各部王公贵族在多伦(今属内蒙古)举行会盟,确立了清朝对漠北蒙古的正式管辖,保留土谢图、车臣、札萨克图三大部首领汗的称号,以下贵族改用清朝亲王、郡王、贝勒、贝子等爵位,在行政管理上则依照漠南蒙古之例编旗。后来相继平定青海、漠西蒙古,均予编旗。若干相近的旗组成盟,由皇帝在诸旗札萨克中指定一人担任盟长。总计全蒙古共19盟,200余旗。清朝统治者宣扬"满蒙一体",大力发展满、蒙贵族的联姻关系,又广建喇嘛庙,尊崇漠北、漠南蒙古的两大活佛哲布尊丹巴呼图克图和章嘉呼图克图,以适应蒙古百姓崇尚黄教的心理。乾隆三十六年(1771),一度远徙伏尔加河下游的原厄鲁特蒙古土尔扈特部不堪沙俄压迫,万里东行,回奔中国,充分体现出了清朝治蒙政策的成功效果。

图20-7 金瓶掣签所用金瓶,拉萨大昭寺藏

在西藏,将准噶尔军逐出藏地后,清廷改组了西藏地方政府"噶厦",任用藏地上层人物协助达赖、班禅治藏。雍正五年(1727)起设置驻藏大臣二员,代表朝廷监督西藏政务。乾隆五十七年(1792)颁布《钦定西藏章程》,宣布驻藏大臣地位与达赖、班禅平等,还规定达赖、班禅及其他黄教活佛"灵童转世"之时,俱采用"金

瓶掣签"之法，将灵童候选人姓名放入清廷所颁"金瓶"，在驻藏大臣监督下公开抽签产生。

在新疆地区，于伊犁设伊犁将军一职，总领天山南北军民事务。其他重要城市则置参赞大臣、办事大臣、领队大臣等职镇守。东北设黑龙江、吉林、盛京三将军，兼统军、民之政。

在云、贵、川、广西、湘鄂西等西南民族土司统治区，清朝逐步推行"改土归流"政策，在条件成熟的地区取消土司世袭之制，任命流官管理，清查户口，丈量土地。一部分地区的改土归流是通过战争进行的，其中尤以乾隆时的大、小金川之役为剧。大、小金川位于四川西北部大渡河上游，是藏族聚居区。乾隆十二年（1747）与清廷磨擦激化，清朝派大兵前往征讨，土司莎罗奔力屈投降。三十六年（1771）莎罗奔之孙索诺木又反，至四十一年始被镇压，金川改为流官。改土归流大大强化了中央政府在西南的统治。

## 三　盛世的危机

康乾盛世虽然取得了文治武功的辉煌成就，但鼎盛中逐渐孕育着危机，其中有些是以前朝代反复出现过的旧问题，有些则是新形势下的新问题。至嘉、道两朝，危机愈益严重，中国历史在这样的背景下迈向了近代。

### 人口压力

康乾盛世是中国人口发展史上的一个高峰时期。明朝见于记载的人口数字最多时仅有 7000 余万，实际上应超过 1 亿，有学者认为可能达到 1.5 亿。明清之际，人口大幅度下降。清初因征丁赋之需，统计"丁数"，顺治八年（1651）约 1400 万，康熙五十年（1711）增至 2460 万。实际上所谓丁数主要是虚拟的纳税单位，远不能反映实际的人丁（成年男子）数额。康熙五十一年，宣布以后征收丁赋，数额只以五十年丁数为准，新滋生人丁一律"永不加赋"。

随后雍正又实行"摊丁入亩",丁数统计不再进行。据估计,康、雍之际全国人口应已过亿。乾隆六年(1741),经过正式的人口调查,得数1.4亿有余。此后人口数字直线上升,乾隆二十七年(1762)超过2亿,五十五年(1790)突破3亿,道光二十年(1840)鸦片战争爆发时,已达4.1亿。人口压力成为一个新出现但却非常严重的社会问题。

人口增长的直接结果是耕地不足。乾隆中期,官方记载的全国耕地面积为7.8亿亩,通常认为实有耕地面积当在10亿亩左右。尽管这一数字比过去有很大提高,但远远赶不上人口增长的速度,而且也已接近发展极限。根据时人估计,人均占有耕地应达到4亩方能维持温饱,如此则到乾隆末年人均耕地已经不足,此后更加下降。作为耕地不足的表现,自康熙后期起,粮价、地价成倍上涨,并带动了其他商品物价的普遍上扬。人口过剩现象也逐步出现,无业流民数量日增,加剧了社会的不稳定因素。到乾隆前期,朝廷上下对人口压力已经有了明显感受。乾隆十三年(1748)各省督、抚奉命就粮价上涨原因陈述己见,结果大多数人都将原因归结于"生齿日繁"。

乾隆末年,大臣洪亮吉著《意言》一书,其中比较全面地讨论了人口压力问题。他指出,在长期的"治平"环境下,人口的增长必定会超出生产和生活资料的增长,加上贫富分化造成的财产兼并,会使更多的人处于贫困、饥饿之中,终将造成社会动乱。至于缓解办法,除自然灾害导致的人口下降外,只能靠统治者尽力发展生产,倡导节俭,抑制兼并。嘉庆末年,龚自珍作《西域置行省议》,主张组织内地过剩人口开发西北,稍后魏源也鼓吹类似的观点。士大夫对人口问题进行了前所未有的关注和探讨,从另一角度反映出人口压力带来的社会危机。

## 吏治腐败

与人口压力相比,吏治腐败则是一个无代无之的老问题。清初尽管注意整饬吏治,但因官俸低微,地方监察又不设专官,腐败现象难以遏制。康熙十三年(1674)由于平定三藩军费不足,实行"捐纳"卖官以辟财源,以后逐渐列为国家正项财政收入,加剧了官场风气的败坏。康熙后期,标榜"安静""宽舒",对官员趋于放纵,腐败之风益盛,其表现一是挪用、亏欠国家钱粮,二是从民间获取非法收入"陋规"。陋规中最常见的一项称为"火耗"或"耗羡",原指征收赋税时因补贴合理损耗(如熔铸银锭所损)而多收的附加税,实则大大超出"损耗"范围。地方官直接获得这类非法收入,再用其中一部分向中央官吏行贿办事,内外沆瀣一气,政风每况愈下。

雍正即位后,在清查亏空、严惩贪官的同时,针对官俸低微的现实问题,推行"耗羡归公"改革。承认耗羡合法,但将其数量控制在较小额度,由政府统一征收,所得大部分都作为"养廉银"发放给

图 20-8 清代捐纳收据

官员,为正俸数倍乃至数十倍。这一高薪养廉政策取得一定效果,吏治在短时期内有明显改善。但它仍然是治标而不治本的措施,无法满足官吏无尽的贪欲。随着时间推移和物价上涨,官场贪风复炽,新的非法"陋规"再度抬头。乾隆时继续采取措施严厉惩贪,重点清查大案、要案,二品以上大员因腐败行为被处死刑者达 30 余人之多。然而腐败之风积重难返,愈演愈烈,腐败往往成为一种集体行为,形成盘根错节的网络。发生于乾隆四十六年(1781)的"甘肃捐监冒赈案",就是一个集体腐败的典型案例。此前在乾隆三十九年,陕甘总督勒尔锦以储粮备荒为名,奏请在甘肃省开行"捐监",富人缴纳粮食,国家酬以国子监"监生"学历。实行时则与甘肃高级官员通同作弊,改收白银将其私分,然后连年捏造灾情申报赈灾,将并不存在的"捐粮"渐次开销。这种明目张胆的贪污行径,虽然缺漏甚多,但却历时七年方才败露,充分反映了当时官场的黑暗程度。

乾隆"反贪"失败还有一个重要原因,就是他惩贪带有很强的随意性和不彻底性。特别到统治后期,乾隆为"盛世"表象所陶醉,铺张浪费,为解决挥霍之需暗示官吏进行"贡献""报效",又对很多贪污官员实行罚款赎罪之法,

被罚者得以减轻或逃避罪责，严重助长了腐败之风。乾隆晚年最宠信的军机大臣和珅即是一个超级贪官，当权20余年，内外大僚多重贿倚结以为奥援，各地进贡珍宝往往入其私门。嘉庆四年（1799）和珅倒台抄家，家产共编109号，其中已估价者26号，即值银二亿二千多万两，相当于当时五年的国库收入。这样触目惊心的贪污腐败现象，表明清朝统治机器已经严重腐朽。

## 秘密宗教会社与反清起义

在人口压力、吏治腐败、贫富分化、自然灾害等因素交相作用下，到"康乾盛世"后期，内地社会开始出现不稳定的迹象，多次发生秘密宗教会社组织的反清起义。

清朝的秘密宗教会社主要有两大系统，一为白莲教，二为天地会。白莲教是由佛教净土宗衍生出来的民间宗教，一直被朝廷作为"邪教"禁止，在社会上时隐时现，不断产生新的支派名目。清代白莲教的主要崇拜对象是虚拟的世界创造者"无生老母"，以回归天界"真空家乡"作为宣传，并在佛教"劫变"观念基础上提出青阳（过去）、红阳（现在）、白阳（未来）的三世说，声称"红阳劫尽，白阳当兴"。天地会又称"洪门""洪帮"，是一种以歃血盟誓异姓结拜方式组织起来的秘密团体，创始时间不明，最初似主要是南方诸省游民、商贩、手工业者的互助组织，至乾隆中期与官府冲突日益激烈，遂打出"反清复明"口号。

康、雍两朝到乾隆前期，地方上已出现过不少民众骚乱，但或是规模较小，或是地处偏远，没有对清朝统治造成很大震动。乾隆三十九年（1774），山东清水教（白莲教支派）教主王伦聚众起事，围攻运河重要枢纽临清，一度中断漕运。虽很快失败，但在华北腹地公开与官军对垒，攻城略地，产生了空前的影响。五十一年，天地会首领林爽文在台湾发动起义，围困台湾府城（今台湾台南），自称顺天大盟主，至五十三年被镇压。

嘉庆元年（1796），在川、楚（湖北）、陕三省爆发了规模巨大的白莲教起义。起义发源于三省交界的山区，亦波及河南、甘肃，声势甚盛。但彼此不相统属，各自为斗，在长期作战消耗和清朝"坚壁清野"围困下渐处劣势，至嘉庆九年最终失败。清朝在镇压过程中耗费饷银多达2亿两，元气大伤，"盛世"局面基本宣告结束。

图 20-9 乾隆帝大阅图

嘉庆十八年（1813），白莲教支派天理教发动起义。天理教首领李文成举事于河南滑县，另一名教首林清在北京策划事变，聚众攻入紫禁城。时嘉庆帝正巡幸热河，宫中猝然遇变，一片恐慌，皇子绵宁（即道光帝）持鸟枪指挥抵御，驻京火器营入宫增援，终将事变镇压，李文成等亦相继失败。此前在嘉庆八年，还曾发生平民陈德在嘉庆帝出巡时持刀企图行刺的事件，也是震惊一时，内外骚动。

### 外部环境的潜在威胁

与前代大一统王朝相比，清朝的内陆边疆形势相对稳定，但在沿海却遇到了西方殖民者的潜在威胁。随着葡萄牙、西班牙、荷兰等国在东方势力的衰落，英国逐步掌握了海上霸权，成为清朝与欧洲交涉的主要对手。

清初为对付郑成功集团，严禁民间船只私自出海，又颁布"迁海令"，强迫海岛及沿海居民内迁数十里，对外贸易和沿海经济均大受影响。康熙平台湾后解除海禁，指定广州、漳州、宁波、云台山四地为对外通商口岸。但到乾隆二十二年（1757），又将通商口岸缩减至广州一处，对外贸易皆由官府指定的广州"十三行"行商代理。外商在广州活动以及与"行商"以外的其他商民进行交往，都受到严格限制，目的主要在于"防民"，担心外国人与内地的"不法之徒"进行勾结。关税方面，由于清廷以"天朝大

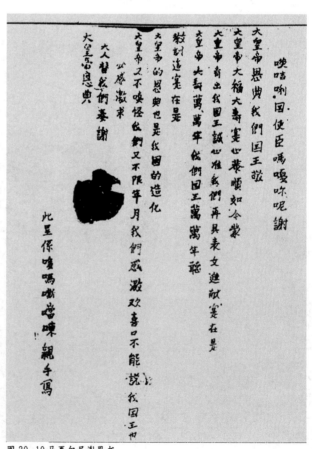

图20-10 马戛尔尼谢恩书

国"自居，所定税额很低，但税制紊乱，税则不明，附加税名目繁多，官员、吏役、行商借机牟利，弊端百出。

康雍乾时期，清朝的对外贸易一直居于出超地位。作为欧洲对华贸易额最高的国家，英国不甘心长期入超，力图进一步开拓中国市场，平衡贸易逆差。乾隆五十七年（1792），英国派出了以孟加拉总督马戛尔尼（G.Macartney）为首的庞大使团，借为乾隆帝祝寿之名出使清廷。次年，马戛尔尼一行到达热河行宫，受到隆重款待，然而在觐见乾隆帝礼仪的问题上与清方产生分歧，拒绝按中国传统行跪拜礼，最终折中改行免冠屈一膝之礼。乾隆帝对此十分不悦，当觐见完毕英方提出改善贸易条件、增开通商口岸的诸项要求时，概予严辞拒绝，马戛尔尼的出使遂以失败告终。嘉庆二十一年（1816），英国又派阿美士德（W.Amherst）率团使华，仍因礼仪之争，最终未能觐见。

十八九世纪之交，鸦片大量输入中国，逐渐改变了中欧贸易的顺逆差关系。鸦片最初作为药品少量输入，随着越来越多的人吸食上瘾，需求量日增，英国殖民者也开始有意识地对华倾销鸦片。到19世纪30年代，鸦片每年输入量高达4万箱，其价值已超出了输出茶丝布瓷等商品的总和，中国在对外贸易中由出超变为入超，白银大量外流，国家财政受到严重影响。清廷被迫采取严厉的禁烟措施，与英国利益形成冲突，战端渐萌。道光二十年（1840），鸦片战争爆发，中国历史由此进入了近代时期。

## 八旗与绿营

八旗与绿营是清朝常备兵的两大系统，其中八旗又是满族社会的基本组织形式。八旗的建立前文已述，分别以八种旗帜为标志，每种旗帜又有满洲、蒙古、汉军之分，不管原来是何族属，编入八旗后统称"旗人"，逐步形成统一的满族共同体。八旗制度最初是兵民合一，后来人口虽然增加而兵额基本固定，最多时只保持在20万人左右。其中一半镇守京畿，称为禁旅八旗；一半分驻全国要害之地，称为驻防八旗。

八旗兵被清朝统治者视为"国家根本"，待遇较为优厚，可领取高额粮饷。但到清朝中叶，旗下人口日增，一名八旗兵的粮饷渐渐难以养活日趋膨胀的家族，"旗人生计"成为一个严重问题。另外由于承平日久，八旗兵训练废弛，又沾染汉族社会的种种享乐习俗，趋于腐化。他们作为统治民族，倚仗国家的优待保护政策,追求享受,好逸恶劳,丧失了开国时的勇猛作风和进取精神。到清末,八旗已几乎成为纨绔子弟的代名词。

绿营是清朝入关以后收编、招募的汉族军队,用绿色旗帜以别于八旗诸色,故称绿营。人数多时达到 60 余万。八旗兵人数少,地位高,具有监督作用,故驻屯较集中,而绿营兵人数众,地位低,居于被监督的地位,故驻屯较分散。绿营兵最初是根据募兵制的原则组建起来的,入伍后基本上终身为兵,年老始得退役。募兵原则上只限本地人,不用外来无籍之徒,以便管理、控制,实际上营中出现缺额,往往即由兵士的子弟递补。因此绿营在一定程度上也带有世兵制的特点。其粮饷待遇明显低于八旗兵,在驻屯地区除日常训练外,还往往要承担一些杂役。遇有战事,则从各驻屯地抽调精锐,临时命将指挥,战毕各归原地。

清朝入关之初,绿营兵训练较正规,战斗力较强,在平定三藩之乱等内外战役中发挥过重要作用。到清朝中叶,训练废弛,作战能力日趋下降。而且由于作战临时抽调,兵将不相习,往往配合失灵,败不相救。嘉庆初年镇压川楚陕白莲教起义时,绿营兵已明显衰朽,清廷不得不另行招募"乡勇"进行作战。到近代,此类新募的乡勇成长为清朝的主要军事力量,绿营被渐次裁汰,最终趋于瓦解。

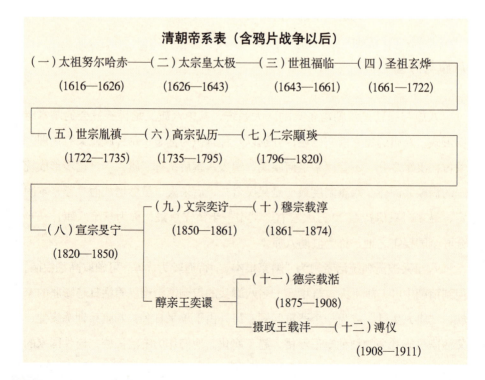

# 第二十一章 明清时期的经济、社会与文化

本章在此前四章的基础上,从纵向角度简要、概括地叙述明朝与清朝(鸦片战争前)近500年间有关经济、社会、文化方面一些重要问题的演变线索。

# 一 明清时期的经济与社会

本节从五个方面介绍明清时期经济与社会领域的一些重要问题。

## 农业与手工业

明清社会生产力的发展水平较之唐宋又有一定提高，人口增长明显。耕地面积也在逐渐增长，但逐渐落后于人口膨胀规模，形成了人口压力严重和耕地不足的局面，已见前述。

在农具、耕作技术、灌溉技术、粮食产量等方面，明清农业较之前代的发展相对有限，但农作物品种的增加，农民多种经营方式的推广，则是比较突出的成就。自明朝中期起，高产作物玉米、番薯、马铃薯自海外传入中国，广泛种植，在一定程度上缓解了人口增长的压力。烟草、花生的新的经济作物也大致于同时引进，进一步丰富了农产品结构。在江南等经济发达地区，传统的农业单一经营方式已被突破，多种经营兴盛，经济作物棉、麻、桑、蓝靛、茶树、甘蔗、蔬菜、果木、花卉等品种的种植日益广泛，产品大量流入市场。很多农民在种植经济作物时还往往进行一些初级加工，或兼营相关副业，获取更多的收入。清朝更进一步通过政府手段发展多种经营，福建、四川、广东等省尤见成效。以经济作物种植为主的地区需要依赖邻近地区提供商品粮，湖广、江西等地成为新的粮食生产中心，承担了向江南、福建、广东供给粮食的任务。另外清朝边疆地区农业的发展，较之前代也有明显的进步。

经营地主的出现是明朝后期到清朝农业生产领域中的新现象。他们与单纯出租土地、坐收地租的传统地主不同，以对农业进行农场式管理为特点，亲自参与生产过程，注重集约经营，改良土壤、水利，进行认真、细致的经济核算，对僮仆、雇工等劳动者也注意改善待遇，以提高生产效率。其所经营，通常已不是单一的粮食生产，而包括了许多经济作物的种植和相关的副、牧、渔业，与市场有着密切的联系。

明清手工业各部门的生产规模在前代基础上继续有所扩大，技术也有所提高。如制瓷业中以吹釉法代替过去的刷釉法，施釉更加均匀光泽，有利于烧制大型瓷器。采矿业较多地使用火药爆破技术，冶炼业则广泛利用煤为燃料，

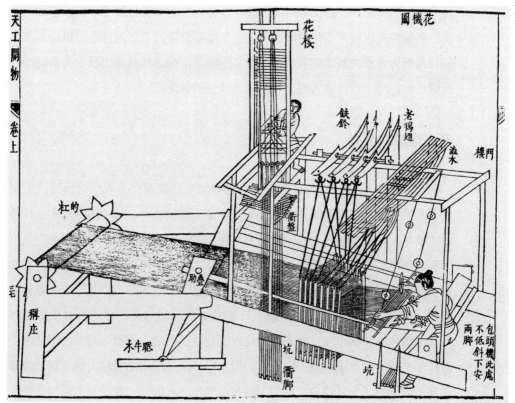

图21-1 花机(《天工开物》插图)

并使用活塞式木风箱。丝织业中改进了提花织机，使织品档次提高，更加富于变化。印刷业中铜活字普遍使用，套印和饾版、拱花技巧的发展，可以印出非常精美的彩图。明初工匠单立为匠户，从事官营手工业劳动，世代不得脱籍。到明朝中叶，逐渐可以纳银代役，身份趋于自由。清朝废除匠籍，官营手工业劳动者皆出自雇募，其规模也已明显衰落，民营手工业在手工业生产中的地位日益突出。官、民手工业的此消彼长表明手工业者所受人身束缚的减少，有利于手工业的进步。

明朝后期，在若干手工业部门中出现了使用雇佣劳动进行较大规模工场式生产的经营手段，这也就是学术界习称的"资本主义萌芽"。这方面较早的记载见于苏州丝织业。当地以织绢为生的"机户"中，一部分人已发展为拥有织机数十张、雇佣工人数十上百名的手工工场主。工场劳动者"织工"与雇主并无主奴、师徒一类依附关系，而是"利其雇募"前来的自由劳动者。类似的生产关系，在明后期南方一些地区的榨油、制瓷、矿冶、造纸等行业中均有出现。到清朝，这类情况继续有所发展，江南大机户拥有织机多者已达五六百张，矿冶业雇佣劳动的规模也明显高于明朝。一些商人插足于棉织、丝织生产，通过贷款、预付原料、提供织机等方式，以包买商的身份控制了一批家庭手工业者，将他们变成在家工作的雇佣工人。不过就总体而言，这种出于市场需求、以自由雇佣关系为基础的规模化生产，在明清两朝仍然只是出现于局部范围的局部行业，尚不足以成为整个社会经济发展的导向。

## 商品经济的繁荣

自明朝中期起，商品经济呈现出空前繁荣的局面，进入了继西汉、宋朝之后的第三个高峰。除明清之际因战乱一度受到破坏外，这一高峰基本上持续到了清朝。如上文所述，由于农民多种经营现象的推广，很多地方的农产品主要面向市场而并非自己消费，同时粮食商品化的趋势也日益明显。商业性农业的发展增加了全国各地区的商业联系，也引起了农业各部门及其与手工业相关部门之间的连锁反应和相互依赖。许多重要商品的贸易，已不再局限于地方局部范围内的狭小市场，而是被长途贩运到很远的地方销售，乃至行销全国。奢侈品在商品总量中仍占一定比例，但人民日常生活用品仍然占据了市场流通总额的大部分，尤以粮食、棉花、棉布、生丝、丝织品、盐、茶七类物品最为商品中的大宗。

在国内贸易发展的基础上，海外贸易的需求日益强烈。明朝中期，有关禁海、开海的斗争由地方达到中央，私人海外贸易与倭寇合流，成为影响沿海社会稳定的重大问题，这种情况前所未有。隆庆开放海禁之后，大批中国商品以东南亚为跳板流入欧洲和美洲，在一定程度上刺激和影响了欧洲工业技术的革新，为西方资本主义的兴起作出了贡献。与海外贸易的发展相联系，大量白银流入中国，出现了白银货币化的趋势。张居正推行"一条鞭法"时，即规定赋税折银征收。清朝也是"用银为本，用钱为末"，大额交易通用白银，政府财政以白银为计算单位。白银作为货币，具有不变质、易分割、价值高等优点，其货币化本是商品经济发展的产物，反过来又进一步推动了商品经济的发展。

在商业资本日益膨胀的趋势中，逐渐形成了一些具有地方特色的商人集团，其中尤以南方的徽商和北方的西商最为著名。徽商出于安徽南部的徽州府（治今安徽歙县），当地人多地少而物产丰富，又临近全国经济最发达的江浙地区，经商之风因而盛行，长江中下游至有"无徽不成镇"之谚。他们的商业活动以贩盐为主,亦兼营粮、棉、丝、茶等多种贸易,很多人通过与官府的合作演变为豪富特权商人。部分徽商还把经营方向发展到海外,嘉靖倭患的一些著名首领都是徽商出身。西商主要是指山西和陕西商人,他们在明朝通过经营边防军需物资起家,积累了大量资本,入清后继续为政府和皇室经营专卖物资,并兼营典当、汇兑等业务,势力经久不衰。

宋朝时开始出现的地方性镇市和集市,在明中叶以后有了更大的发展,涌现出一批具有地区工商业中心性质的专业性市镇。如江南地区以棉织业为主的松江朱泾镇、以丝织业为主的苏州盛泽镇、湖州南浔镇,都是人烟繁庶,名闻全国。清朝前期,四所规模巨大的专业性市镇广东佛山镇、江西景德镇、湖北汉口镇、河南朱仙镇合称"天下四大镇",俨然已成为新兴的城市。发展进程稍晚的近代大都市上海和天津,基本也属于同类性质。传统政治型城市如北京、南京、杭州、广州之类,本身的经济职能也在明显强化。由城市到市镇,再到星罗棋布的乡村集市,构成了一个个较大的地区贸易网络。

明朝中叶以下,社会风气也出现了显著变化,主要表现为农业人口"弃

图21-2 清人绘《姑苏繁华图》局部

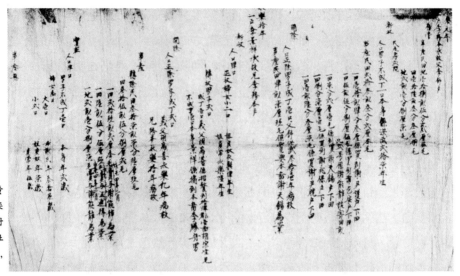

图21-3 明代黄册一页（选自栾成显《明代黄册研究》，中国社会科学出版社，1998）

本逐末"，工商业竞争激烈，金钱崇拜和追求奢侈高消费之风盛行，逾越礼制现象日趋普遍，传统伦理道德观念受到猛烈冲击。这些现象均反映出商品经济发展达到了新的高度。

另一方面，明清商品经济的繁荣仍然带有严重的局限性。中国古代的自然经济结构能够容纳一定程度的商品生产，农民提供了数量巨大的社会商品，但始终难以成为独立的商品生产者。商人大多同时带有地主、高利贷者的身份，相当一部分资本转向购买土地、放高利贷或交结官府谋求特权保护，并未真正用于商品生产的扩大。国家权力强大，从政治领域对商品经济的进一步发展形成了明显的约束和限制，严重阻碍了对外贸易的扩大和海外市场的开拓。总体而言，明清商品经济并未对传统自然经济结构形成根本上的冲击。

## 赋役与户籍

明初建立了一套比较完备的户籍管理制度，主要分民户、军户、匠户三大类。其中民户为国家常规赋役的主要承担者，军户、匠户因已有军役、匠役负担，常规赋役可适度减免。户籍管理的核心内容为里甲制。每110户为一里，推丁、粮多者10户为里长，其余100户分为十甲，每甲又以一户任甲首。里长、甲首皆轮流担任，十年轮换一遍。他们要负责管束所属人户，统计其丁、产变化状况，督促生产，调解纠纷。在设置里甲的基础上编造黄册，每里一册，登载该里110户的丁、口数以及年龄、财产状况。黄册每隔十年重新核实更造，写明十年来各户人丁、财产的变迁，分列出旧管（上次登记数额）、新收（新增数额）、开除（减少数额）、实在（现有数额）四项细目，以便官府能够清楚地了解户籍的变化，合理征发赋役。另外，还命各地编绘鱼鳞图册以登录田土。一州县中根据税粮多少划分为若干粮区，分别丈量其土地情况，详列其面积、地形、四至、土质优劣、税则高低、田主姓名，编号绘制为分图，汇为州县总图册。但到明朝中后期，黄册的更造渐成具文，地方官多简单照抄旧册予以应付，甚至提前预造以后的黄册。鱼鳞图册的编绘也基本未再进行。

明朝田赋征收基本上沿用唐宋以来的两税法，分夏税、秋粮两次缴纳，税率因地而异，差别很大。州县均划分若干粮区，各设粮长一名，以大户担任，负责该区税粮的催征、验收和解运，同时也协助里长进行基层管理。役有正役，有杂役。正役以里甲为单位轮充，每年由里长一名督率一甲十户应役，其余九里长与九甲人户在此后九年内依次轮替。其主要工作是协助粮长催征钱粮，协助官府维持治安、拘捕罪犯，办运上贡物料，支应官府公用等等。此外官府所派之役统称杂役，名目繁多，主要包括官府差遣、仓库、驿递、土木工程等工作，依据黄册所载丁、粮状况临时佥派。

明朝中期，随着土地兼并和社会分化的加剧，赋役不均的现象日益严重，弊端丛生。神宗初年张居正当权，推行赋役改革，称为"一条鞭法"。规定各州县以白银为单位通算每年正、杂役费用，得出一个"役银"数目，然后按照丁、粮两项标准将其分摊到每家每户头上，每粮一石征银若干，丁一人征银若干，最终与该户的田赋（亦折银）合并征收。此法归并了原来复杂的赋役名目，征收手续简便，使民户预知缴纳数额，官吏不易作弊。赋役统一折银促进了商品经济的发展，百姓纳银代役，所受国家人身束缚有所削弱，田赋折银则可免去运输和官吏挑剔之苦。役银征收标准也比以前佥役时更向田亩偏重，有利于无地少地的农民。

清朝的户籍不再有民、军、匠户的区分，赋役征收则基本沿袭明朝一条鞭法，原则上不再佥派徭役，百姓的主要负担固定为田赋、丁赋两大项。丁赋亦称丁银，即役银中按丁摊派的部分。康熙五十一年（1712），宣布将全国丁赋总数固定，以后每年均以康熙五十年的丁额为标准征收，此外多生人丁，"永不加赋"。丁赋数额固定后，每除（死）一丁即须补一丁，手续比较复杂，也易于引起纠纷。进一步实行改革，将业已固定的丁赋按照田亩分摊，几乎就是势在必行之举。康熙末年，"摊丁入亩"已开始在广东推行，雍正时在全国普遍推广。分摊之后，大致每两田赋银之上新摊丁赋银数厘至二三钱不等，合称"地丁银"。摊丁入亩继一条鞭法和"永不加赋"之后更彻底地简化了税则，赋税分派更加合理，表明国家对百姓的人身控制继续削弱，客观上也有利于城镇工商业的发展。

随着赋役制度的改革，里甲制逐渐瓦解。明朝后期，开始采取新的户籍管理制度保甲制，其重点在维持地方治安，与佥役无关，划分也比里甲更为灵活。清朝的保甲制进一步完善，按十进制编立牌、甲、保三级，分设牌头、甲头、保长。除维持治安外，保甲也兼管某些社会公务，如人口统计之类，成为清朝最主要的基层管理组织。

## 土地关系与依附关系

明清社会土地占有的基本形态是土地私有制，同时也存在着比较明显的国有制残余。不过，这些国有制残余的国有性质并不完整，而且都逐渐在向私有制转化。

官田——明朝存在着一批原则上属于国有、租与百姓佃种的官田，主要分布在江南的苏州、松江、常州、镇江、湖州、嘉兴六府。其"国有"性质的主要表现，是按租佃制下的地租比例向耕种者征收赋税，所纳数倍甚至数十倍于民田。官府对这些官田的管理只重赋额，对由何人耕种并不关心，耕种官田者事实上几乎等于拥有土地所有权，可以买卖、转佃。由于官田频繁转手，簿籍混乱，赋额大量积欠，政府被迫逐步采取改革措施，减轻官田所有者的负担，即在不减少田赋总额的前提下，将官田重赋的一部分转移到当地民田上面，等于承认了官田的私有化。万历以下，官、民田的分类逐渐消失，各地官田相继转化为普通的民田。

屯田——明朝屯田数量很大，有军屯、民屯、商屯几类，均属国有，而以与卫所制度结合的军屯最为重要。明朝中期以下，随着卫所制的瓦解，屯田或被军官侵占盗卖，或因濒于荒废被迫召百姓佃种、顶种，渐渐名存实亡。崇祯时规定屯田无论军种、民种，一律按民田标准征税。到清朝，卫所并入州县，绝大部分昔日的屯田完全转化为民田。

庄田——明朝的一种大土地所有制形式，包括皇庄（皇帝庄田）、王府（宗室）庄田、勋贵庄田、寺观庄田等种类，主要分布在北方。大部分来自皇帝拨赐的官田，可以世袭占有而不得买卖。也有一部分是从民间侵占、购买或接受投献所得，可以转卖。明朝后期，贵族往往违制卖掉钦赐的官田，到清朝又颁行"更名田"措施以推动垦荒，庄田遂大部分民田化。

旗地——清朝八旗成员所占土地，性质类似于明朝的庄田，主要来自清初在北方大规模的"圈地"。按制度属于国有，旗人只能占有、使用而无所有权，禁止买卖。但到清朝中叶，制度松动，旗地也往往或典或卖，大量转为民田。到近代，旗地买卖终于得到清廷承认。

明清两朝，租佃制是社会上最常见的依附关系。就法律地位而言，佃户与"凡人"同，但事实上佃户与地主之间总是多少不等地存有契约以外的依附关系。耕种贵族庄田和官、绅地主土地的佃户，更是往往受到后者挟政治权势而实施的超经济强制。即使是一般的地主，也时常对佃户进行各种各样的额外勒索。明朝后期，在社会矛盾普遍激化的大背景下，各地佃户、奴仆等纷纷采取"抗租""霸田"等方式与地主斗争，推动人身依附关系逐步走向松解。加上明末战乱的影响，到清朝，佃户的地位有了比较明显的上升。

清朝租佃制中人身依附关系的松解，尤其集中地体现在两方面。首先是定额租制的发展，在很多地方取代了原有的分成租制。在分成租制下，地主往往要干预、监控生产过程，采用定额租制后，佃户只要按时足额缴租，即可以有较大的生产自主性。其次是永佃权的兴起，一些佃户长期甚至永远享有土地耕种权，可以世代继承，以及通过各种途径进行让渡、买卖、转佃，形成多层次的复杂租佃关系。永佃权使得地主无法采取"增租夺佃"的方法勒索佃户，佃户可以有长期经营的计划，投资改良土地、精耕细作，因而产生了一批佃富农、佃中农，其经济稳定程度可能还在一些自耕农之上。定额租制与永佃权的发展，以在商品经济发达的南方表现最为突出。

佃户之外，明清社会中也存在着其他一些人身依附程度更重的社会阶层，反映出生产关系的复杂性和不均衡性。

奴婢——是法律上规定的贱民阶层，主要从事家内服役，也有用于生产劳动的。明初规定庶民之家不得蓄奴，实际上民间蓄奴者仍然很多，改名称"家人"或"义男"。清朝受满族习俗影响，产生了一批八旗奴婢，是旗地上的主要生产者。清朝中期以下，奴婢数量日益减少，很多人赎身为良，旗地生产关系逐渐转化为租佃制。

佃仆——是佃户中的一类特殊形态,一方面佃田纳租,经济相对独立,另一方面又与奴婢一样与地主结成"主仆"关系,不得迁徙、脱业,接受劳役剥削,甚至可以被随田或单独典卖,犯罪亦比照奴婢论处。主要出现在一些经济较落后、交通较闭塞、宗法势力较强的地区,尤以皖南山区最多。清朝中期以下逐渐衰减,陆续"开豁为良"。

雇工人——是明清时期具有特定法律身份的雇佣劳动者,高于奴婢而低于凡人。明制庶民不得蓄奴,但可蓄养雇工人。雇工人经济地位低下,社会上往往将他们视同奴婢。明万历时,将雇佣劳动者按长工、短工加以区分,受雇时间较长、立有文书者仍以雇工人论,临时雇佣者则同凡人。清乾隆时又规定,农业雇工平时与雇主"同坐共食,彼此平等相称,不为使唤服役者",俱以凡人论断。总的来说,明清两朝"雇工人"概念的适用范围在逐渐缩小,属于凡人的自由雇工则不断增加。

## 乡绅阶层与宗族制

明清两朝的社会结构与前代相比出现了一些新的特点,其主要表现就是乡绅阶层的形成与宗族制的发达。

乡绅一词的本义,为居乡的有功名仕宦之人,它是明清时期主要通过科举和学校制度所造就的一个社会特权阶层,大致又可细分为两部分。其上层皆有官员身份,包括现任或退职官员,主要为通过科举考试得官者,也包含了通过捐纳、封赠等途径获得官职实衔或虚衔的人。下层则是有"功名"而尚未获取官员身份者,包括已中举而未仕的举人、国子监监生、以及地方府、州、县学的生员(秀才)。这些人的举、监、生员"功名"都是终身的,非犯罪不会革去,虽未做官,但被认为已接近仕途,具有一种"准官僚"的地位。乡绅在政治、经济、法律等待遇上都与普通百姓有显著区别,特别是在赋役方面享有特权,包括合法的徭役优免和非法的欠缴、少缴赋税,因此很多人都会设法将土地诡寄、投献到乡绅名下,借以逃避赋役。

明朝后期,乡绅势力极盛,往往把持官府,包揽词讼,兼并田产,横行乡里,欺压百姓,在很大程度上激化了社会矛盾。另一方面,随着一条鞭法的实行,徭役改征役银,征收标准又逐渐转向地亩,致使乡绅徭役优免权的实际意义下

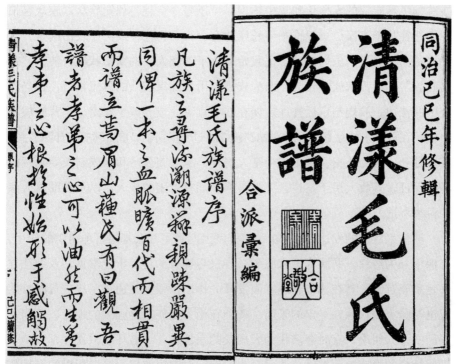

图21-4 清代族谱

降,已隐含衰颓之势。明清之际,乡绅在战乱中大受打击,清廷为稳定地方统治,又严厉裁抑绅权,特别是连续制造了几起大案,对抗清激烈的江南地区的乡绅进行重点镇压,使得江南乡绅元气大伤,声势难望昔日之项背。不过从总体上看,由于科举、学校、选官诸项制度皆仍沿袭明制,乡绅作为一个身份性特权阶层的性质并无大异。

明清乡绅在社会基层管理方面也发挥过重要的积极作用。许多地方公益事业,包括公共工程建设、慈善活动、灾荒赈济、地方志修纂,乃至社会治安的维持,民间纠纷的调解,神祇祭祀的举行,都是在乡绅的主持或积极参与下完成的。乡绅一方面代表官方在基层社区内部发挥统治职能,另一方面也时常代表基层社区的利益与贪污不法官吏进行抗争,向官府乃至朝廷反映基层社区的要求和愿望。

明清社会的宗族制十分发达。这是一种新的宗族制,始出现于宋朝,不同于魏晋到隋唐的士族宗族制,主要意义并不在于区别门第,而是更广泛地向社会基层发展,形成具有一定独立、自治色彩的农业社会群体。它包含着一些特定的构成要素。一为祠堂,是规模较大的祭祖活动场所。可以聚集大批族众,通过祭祖强化其认同感,同时还是族众议事之所。二为族长,即宗族首领,是族权的人格化和集中体现,可以号令全族,惩罚族众,族众害怕他们往往甚于官府。一般推举年长属尊有德行者担任,或考虑政治因素,选择"贤而贵者"。三为族谱,记载始祖以下本族人口的繁衍状况,注重"睦族收族",加强宗族凝聚力。四为族规,用以约束族众的思想言行,相当于族中的法律。族规制定后往往定期在族中宣讲,或刊载于族谱。违背族规者由族长在祠堂主持惩罚,轻者罚站罚跪"思过"或罚款,重者拷打、开除族籍,甚至处死。五为族田,多由族中富人捐置,是宗族公产和宗族制长期延续的经济保证,其收入用于祭祖、办学、赡养鳏寡贫困的族人,以及资助族人参加科举考试。

明清宗族制的发达,使其在一定程度上起到了社会基层管理组织的作用,与保甲互为经纬,共同为国家服务。族权与绅权的合一十分常见,乡绅往往又是宗族首领,其在地方管理方面发挥的作用,很多是通过宗族进行的。族权也与国家政权存在一定的矛盾,特别在南方宗族观念强大的地区,不同宗族间的个人纠纷,有时会演化为大规模的宗族械斗,破坏统治秩序,影响了基层社会的稳定。不过就总体而言,宗族制对国家政权仍是以积极的维护作用为主。

## 二 明清时期的文化

本节分四方面简要介绍明清时期文化的发展状况。

### 学术思潮的演变

明初尊奉程朱理学,分类汇编宋元理学家著作、言论编成《四书大全》《五经大全》《性理大全》等书,用于科举取士,理学在知识界完全占据了统治地位。但当时理学家的思想以单纯述朱为主,创新很少,学术空气沉闷。一部分士大夫因而逐渐信从并发扬陆九渊的心学,带来了学术思潮的转变。其代表人物是明朝中期的王守仁。

图 21-5
王守仁像

王守仁,浙江余姚人,号阳明,为武宗、世宗时名臣,曾平定宁王朱宸濠之乱。他致力聚徒讲学,进一步发展、完善了陆九渊的心学体系,世遂有"陆王心学"之称,与程朱理学形成分庭抗礼之势。其主要思想,一是发挥陆九渊的"心即理"命题,主张"心之本体无所不该",天下无心外之物、心外之理。二是鼓吹"致良知"。"良知"是"天理"的另一种表述形式,指人最基本的"真诚恻怛"之心。每人心中都隐含良知,但多被私欲遮蔽,将其重新发现、扩充、实行,是为致良知。朱熹强调先格物方能致知,王守仁则认为先致(良)知而后能格物。三是倡言"知行合一",针对朱熹"知先行后"的观点,强调认识与实践密不可分,知中有行,行中有知。在修养理论方面,王守仁继承了陆九渊"发明本心"的思想,主张从"本心"入手去认识圣贤之心,以自己的内心为最高权威,反对用先验观念强制管辖心灵,其思想表现出一定的追求平等和叛逆的萌芽。

王艮创立的泰州学派是王守仁后学中的激进派。他们进一步发扬王氏轻视经典、先哲的思想倾向,提出"现成良知"之说,类似于禅宗之"顿悟"。

并将玄妙的"天理"世俗化，提出"圣人之道，无异于百姓日用"，进而肯定物质欲望的合理性，其末流多带有"狂禅"色彩，言行惊世骇俗。李贽鼓吹"童心"修养理论，对传统的伦理道德标准多所否定，终被御史弹劾，下狱后自刎而死。他们的"异端"思想在一定程度上与明朝后期商品经济发展、社会风气变化的趋势相适应，影响颇为广泛。

从晚明到清初，很多士大夫开始反思心学末流之弊，对其进行修正，并出现向理学回归的趋势。明清之际的三大思想家顾炎武、黄宗羲、王夫之均在抗清失败后隐居不仕，著书立说，力图纠正心学带来的自然人性论倾向。在倡导学术经世致用的同时，又对历史和政治进行深入的总结探讨。针对心学的空疏学风，他们强调博学多闻，提倡实证研究，希望通过返求经书来解决理学、心学之争，开启了有清一代的学术思潮。

清朝统治者仍然尊崇程朱理学，但理学思想无新发展，生命力并不旺盛。大批学者则沿着顾炎武等人倡导的实证研究一途，反对空言性理，致力于用考据方法整理和研究古代文献，形成了被称为"汉学"（因其治经方法近似汉儒）、"朴学"的新学风。相反理学则被称为"宋学"，受到冷遇。乾隆、嘉庆年间，汉学进入鼎盛时期，因而又被称为"乾嘉学派"。其学术特征，是主要从事对文献材料的搜集、整理、排比、辨伪、考证等工作，并且广泛运用目录学、校勘学、版本学、辨伪学、音韵学、训诂学、金石学等辅助手段。他们的考据方法相当严密，具有较强的客观性，对传统文化的整理作出了极大贡献，但也存在着严重脱离现实的弊端。到嘉庆、道光之间，随着汉学危机日益显露，又出现了以今文经学为代表的新思潮，着重从政治学方面探讨经书中的"微言大义"，将孔子塑造为儒家教主和大政治家，宣传张三世、通三统等理论，鼓吹托古改制。后来晚清兴起维新变法运动，今文经学思想在其中起了很大作用。

**史学与文学**

明清两朝官修史书制度在前代基础上小有变化，明朝较简单，而清制相对详备。私人修史方面，明前期成果不多，至明中叶以下转盛。私修当代史尤其活跃，既不乏全面记载明朝历史的著作，又有更多专记一时、一事的作品，数量庞大，几近汗牛充栋。但明朝私人史著量多而质不高，往往抄撮他人著作杂凑而成，或是道听途说，流于猎奇和臆测。明清之际，私修明史之风进入高潮，特别是很多明朝遗民以修史寄托故国哀思，并希望总结明朝兴衰的历史教训，出现了一批质量较高的作品。清朝官修的《明史》也聘用了不少明朝遗民参加编纂，前后历时上百年始成定稿，成为“前四史”之后历代正史中质量较高的一部。

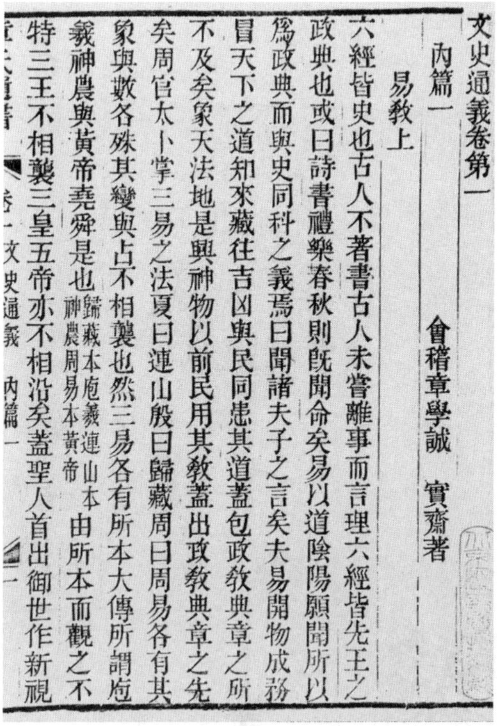
文史通義卷第一
內篇一
易教上　會稽章學誠　實齋著
六經皆史也古人不著書古人未嘗離事而言理六經皆先王之政典也或曰詩書禮樂春秋則既聞命矣易以道陰陽願聞所以爲政典而與史同科之義焉曰聞諸夫子之言矣夫易開物成務冒天下之道知來藏往吉凶與民同患其道蓋包政教典章之所不及矣象天法地是興神物以前民用其教蓋出政教典章之先矣周官太卜掌三易之法夏曰連山殷曰歸藏周曰周易各有其象與數各殊其變與占不相襲也然三易各有所本大傳所謂庖羲神農與黃帝堯舜是也歸藏本庖羲連山本神農周易本黃帝由所本而觀之不特三王不相襲三皇五帝亦不相沿矣蓋聖人首出御世作新視

图 21-6《文史通义》书影

明末清初三大思想家顾炎武、黄宗羲、王夫之在史学领域各有造诣。顾炎武在学术笔记《日知录》中撰写了不少史学考证条目，并广泛搜集实录、方志、文集等资料，编纂《肇域志》和《天下郡国利病书》，叙述各地地理、经济、风俗演变情况。黄宗羲著有《明儒学案》，开创了以“学案”体编写学术思想史的新体裁。晚年又撰《宋元学案》未毕，为后人所续成。王夫之著《读通鉴论》《宋论》，探求历史因果联系，颇多精辟之见，在历史哲学方面有独到的建树。

清朝汉学家在用考据方法整理旧史方面作出了显著成就。其工作主要包括对前代史书进行注释考订、补阙、辑佚，为后人治史提供了极大的帮助。王鸣盛《十七史商榷》、钱大昕《廿二史考异》、赵翼《廿二史札记》对历代正史作了系统的考索、整理、归纳，并称为乾嘉三大考史名著。章学诚著《文史通义》，致力于探讨历史编纂学理论和方志学理论，在清代学术中独树一帜。

明清文学以小说成就最大，戏剧其次。元末明初，出现了两部长篇章回体小说的开山之作，施耐庵著《水浒传》叙述北宋末年宋江起义故事，罗贯中著《三国志演义》叙述三国时期的政治、军事斗争，人物形象生动，情节曲折起伏，均达到很高的艺术成就。明朝中期，吴承恩根据民间长期流传的唐僧取经故事创作了《西游记》，成为长篇神话小说的典范之作。署名“兰陵笑笑生”的《金瓶梅》，截取《水浒传》中的西门庆、潘金莲通奸故事，衍化出

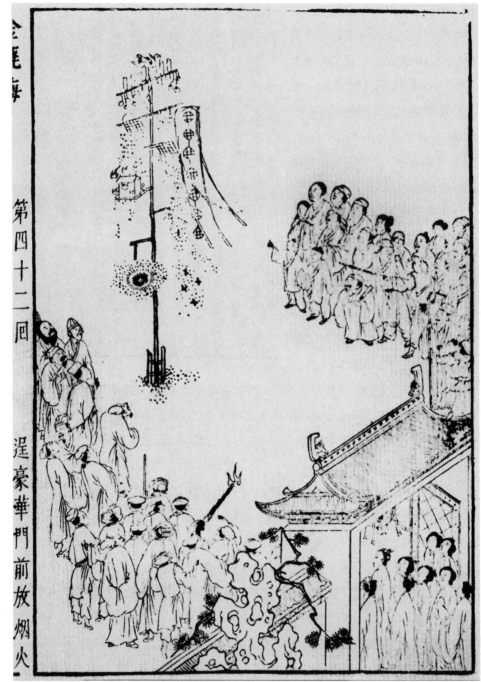

图 21-7 崇祯刊本《金瓶梅》插图

一部以城镇暴发户西门庆生平为主要线索的长篇市井小说,在细节描写和人物心理刻画等方面达到了新的水平,对明朝中后期的社会状况也有深刻反映。晚明冯梦龙汇辑宋元以来的短篇话本小说以及明朝文人创作的"拟话本",进行整理加工,编成《喻世明言》《警世通言》《醒世恒言》三本小说集,随后凌濛初也编著《初刻拍案惊奇》和《二刻拍案惊奇》,合称"三言二拍",共收录短篇小说近200篇,很多作品具有较高的思想、艺术价值。

清朝的小说创作继续发展。蒲松龄用文言撰写短篇小说集《聊斋志异》,借叙述鬼怪故事影射社会现实,体现出高超的艺术技巧。吴敬梓的《儒林外史》是一部长篇讽刺小说,以科举制度下的读书人为主要描写对象,辛辣地批判了科举制度的弊端和官僚政治的腐败黑暗。曹雪芹创作、高鹗整理续补的《红楼梦》以贵族家庭贾府的兴衰变迁以及男女主人公贾宝玉、林黛玉的恋爱故事为主线,充分展示了清代社会生活的多个侧面,写作手法精巧纯熟,人物刻画栩栩如生,是中国古代小说中最杰出的巨著。

在戏剧创作领域,元末兴起的南戏进一步取代了杂剧的地位,演变为篇幅更长、情节更复杂的传奇。明朝后期汤显祖的《牡丹亭》叙述杜丽娘、柳梦梅的爱情故事,具有浓厚的浪漫主义色彩,是明朝传奇艺术的高峰。清朝传奇以洪昇的《长生殿》和孔尚任的《桃花扇》最为著名,均取材于历史上的爱情故事,文采斐然,轰动一时。在舞台演出方面,明中叶昆山乐工魏良辅创成笛管笙琵合奏的昆曲,音效优美,压倒其他地方戏而成为最流行的剧种。到清朝,陕甘的秦腔和安徽的徽调相继流行,最终以徽调为基础,吸取昆曲、秦腔的一些优点,发展为近代的京剧。

## 艺术与科技

明朝绘画有浙派、吴派之分,浙派多为专业画家,吴派则以文人业余作画为主。明朝中后期吴派活跃,以沈周、文征明、唐寅、董其昌影响最大。清初以石涛(原名朱若极)、八大山人(原名朱耷)为代表的画坛"四僧"都是明朝的宗室或遗民,以画笔抒发亡国之恨,不拘古人成法,风格劲郁苍凉,自成一派。清中期以郑燮、金农为代表的"扬州八怪"在绘画内容、技巧方面均有新的探索。

明清的建筑艺术取得了很高成就。今天北京的宫殿园囿大部分创建于明朝，其中复杂的木结构、精致的木雕和石雕、豪华的鎏金宝顶，都体现了当时高超的建筑技巧。园林艺术在明朝有了显著发展，尤其是江南地区出现了很多私家名园，如上海豫园、苏州拙政园等，都能使建筑与自然景色巧妙地融为一体，形神俱足，情趣盎然。清朝新建的圆明园既有皇家建筑的宏大规模，又充分吸收了江南园林的精巧设计布局，以及部分西方建筑构思。北京雍和宫、承德外八庙等宗教建筑则吸取了藏族建筑艺术的风格，成为民族文化交流的体现。

明朝科技发展的成果主要表现在中后期。医药学家李时珍积三十余年之功，于万历初年写成药典《本草纲目》，是古代药物学的总结性著作。明末大臣徐光启著有《农政全书》，系统地记载了到明末为止的历代农学资料，也总结出一些在当时比较先进的农学思想，是一部实用性很强的农业科学书籍。宋应星著《天工开物》，着重阐述各类手工业的生产技术，对其中从原料到成品的整个生产过程和工序都有比较详细的说明，还提出一些对化学、物理变化的认识。徐宏祖（别号霞客）是古代著名的探险家和地理学家，所著《徐霞客游记》记载了作者到过许多地方的江河源流、地形地貌、生物形态、矿藏物产等问题，其中对西南石灰岩地区溶蚀地貌的考察与研究，在世界上居于领先地位。明后

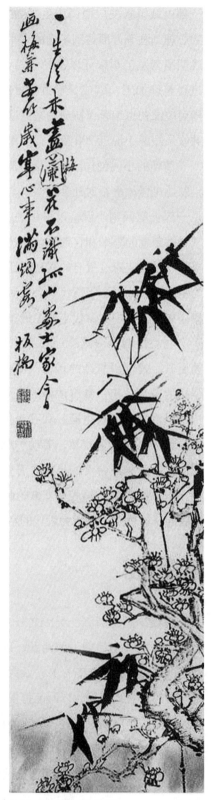

图 21-8 郑燮绘《梅竹轴》

图21-9 江苏江阴徐霞客故居

期宗室朱载堉精研音律学,将数理理论应用于音律研究,创建了音律上的数学公式"十二平均率",是音乐史上的伟大创造。

  清朝科技成就以天文历算方面表现最突出。王锡阐精通中西历法,著有《晓庵新法》和《五行星度解》等书,于日月食及行星测定多有创获。梅文鼎著《古今历法通考》,是一部全面的历学史,论述并及于回历、西历。蒙古族历算家明安图著有《割圆密率捷法》,在三角函数和圆周率的研究上有新的发明。医学方面,嘉庆、道光间人王清任著《医林改错》,对人体解剖学进行了精确的论述。

## 西学东渐

  明朝后期,随着新航路的开辟,基督教继唐、元之后第三次传入中国,并导致西方科技知识在中国一定范围内的传播,这是明清文化史上的一件大事。

第三次入华的基督教势力耶稣会，是欧洲天主教会中一个反宗教改革的组织，势力范围主要在南欧，随着葡萄牙、西班牙的扩张而遣使东来。较早来华的传教士利玛窦（Matto Ricci），出身于意大利贵族家庭，于万历十年（1582）抵达澳门，次年入内地游历，曾受明神宗接见，获准在宣武门内居住，死后葬于北京。利玛窦传教采取隐蔽迂回的策略，适应中国习俗，取汉姓利，号西泰，自称"海外鄙儒"，服儒服并钻研儒家典籍。他写作了《天主实义》，利用儒家思想论证基督教教义，传教时对中国人的纲常伦理、祖先崇拜等皆予尊重。稍后又有多名葡、西、意、德等国传教士东来，均模仿利玛窦与士大夫结交，传教工作取得很大成绩。

图21-10
利玛窦像

在耶稣会士引导下，以徐光启、李之藻为代表的一些思想开明的士大夫开始研究和介绍西方的学术、科技，使欧洲文化第一次在中国得到稍具规模的传布。徐光启与利玛窦合译欧几里得《几何原本》前六卷，译本表述准确、概念严密，创造了几何、点、线、面、平行线、直锐钝角等概念。徐光启还在传教士协助下修成《崇祯历书》，其中运用了西方数学知识和天文仪器，引进了地球、经纬度等概念。意大利教士熊三拔著《泰西水法》，介绍西方水利学知识。瑞士教士邓玉函与中国教徒王征合著《奇器图说》，系统介绍物理学中重心、比重、杠杆、滑轮等原理。德国教士汤若望著《远镜说》，介绍光学知识。利玛窦绘制、李之藻刻印的《坤舆万国全图》，介绍了五大洲、全球概念和寒温热带的划分。耶稣会传教士也逐步将中国文化介绍到西方，包括用拉丁文翻译儒家经书。18世纪的欧洲启蒙思想家莱布尼兹、伏尔泰、魁奈等都曾从儒家经书中汲取思想资料，对儒学中的合理因素十分推崇。

清廷入关后，传教士大都归降清朝。康熙在位后期，全国天主教堂发展到近300座，受洗教徒约30万人。但由于罗马教廷对耶稣会迂回传教方式不满，教皇下令禁止中国教徒祭祖祀孔，致使清廷与教会关系恶化。康熙五十六年（1717），诏禁传教。雍正即位后，因传教士曾卷入储位争夺活动，进一步严行禁令，绝大部分教士都被驱逐到澳门，教堂关闭，中欧文化交流又转入低潮。

由耶稣会士带来的西学东渐取得了前所未有的成果，但他们的活动仍是以传教为主，引进科技知识仅是传教的辅助手段。总体来看，此时西学在中国的影响尚局限于较小的范围，绝大部分士大夫仍然固守传统思想，把西方科技知识视为奇技淫巧，或当做奇谈怪论，没有予以充分的重视。西方科学思想在中国的传播，远远不是一件轻而易举的事情，尚有赖于近现代的思想启蒙。

# 后 记

本书是在北京大学出版社 2001 年出版的"普通高等教育'九五'教育部重点教材"《中国古代简史》的基础上压缩修订而成的。《中国古代简史》自出版以来数次重印，在社会上产生了一定的影响。此次修订，主要进行了以下几方面工作：

一、精减文字。《简史》原有近 40 万字，篇幅不算很大，但对非历史专业的学生来说内容仍显冗杂。此次减到 22 万字，删去将近一半。所删内容，主要是史料引文和注释，也包括一些有冗长繁复之嫌的叙述。章节目结构则基本保持原貌，未作调整。

二、改正错误。《简史》出版后，有不少读者通过信件、邮件、电话等方式与我沟通，指出书中的一些错误，包括写作时的笔误，此次修订均予更正。在此要向这些读者表示感谢。特别是刘仁军先生，他指出了原书标注今地名时的许多疏漏。相信书中隐藏的错误还有不少，以后将随时发现，随时在重印时予以修正。

三、选配插图。为增进教材使用效果，帮助读者更好地理解书中内容，选配了插图 180 余幅。插图主要取材于以下著作：

1）陈高华、王永强等主编《中华古文明大图集》，人民日报出版社，1992 年。

2）袁行霈等主编《中华文明史》，北京大学出版社，2006 年。

3）朱诚如主编《清史图典》，紫禁城出版社，2002 年。

4）谭其骧主编《中国历史地图集》，中国地图出版社，1987 年。

谨向上述著作的编著和配图者致以诚挚的谢意。另外，本次修订工作得到了 2003 年北京市精品教材立项资助，也在此致以谢忱。

张 帆
2007 年 4 月